老吾老
悠悠长生草

昆布 ◎ 著

黑龙江人民出版社

图书在版编目(CIP)数据

老吾老悠悠长生草 / 昆布著. — 哈尔滨：黑龙江人民出版社, 2018.6 (2021.8重印)
ISBN 978-7-207-11372-6

Ⅰ.①老… Ⅱ.①昆… Ⅲ.①养老—研究—中国 Ⅳ.①D669.6

中国版本图书馆 CIP 数据核字(2018)第 134194 号

责任编辑：朱佳新
封面设计：鲲　鹏

老吾老悠悠长生草

Laowulao Youyou Changshengcao

昆　布　著

出版发行	黑龙江人民出版社
地　　址	哈尔滨市南岗区宣庆小区 1 号楼
邮　　编	150008
网　　址	www.longpress.com
电子邮箱	hljrmcbs@yeah.net
印　　刷	三河市佳星印装有限公司
开　　本	787×1092　1/16
印　　张	15.5
字　　数	220 千字
版　　次	2021 年 8 月第 1 版第 2 次印刷
书　　号	ISBN 978-7-207-11372-6
定　　价	46.00 元

版权所有　　侵权必究

法律顾问：北京市大成律师事务所哈尔滨分所律师赵学利、赵景波

目　录

江湾斗技险丧生 …………………………………………（1）
弹指不惑再聚首 …………………………………………（11）
再也不能那样活 …………………………………………（23）
向快乐出发 ………………………………………………（33）
惊骇后的惊呼 ……………………………………………（44）
梅开二度待有时 …………………………………………（66）
社工有烦恼 ………………………………………………（83）
又见山里红 ………………………………………………（107）
3D 打印童年的梦 ………………………………………（124）
较量 ………………………………………………………（138）
天伦之乐有苦涩 …………………………………………（144）
倾情托付延大爱 …………………………………………（155）
走进信息时代 ……………………………………………（161）
搭伴儿情缘山外山 ………………………………………（169）
候鸟引蝶蝶恋花 …………………………………………（187）
故里情深 …………………………………………………（192）
泪滴天堂伞 ………………………………………………（198）
善举善行丐中丐 …………………………………………（211）
塞外乐园园中园 …………………………………………（225）
渔火农耕妙趣生 …………………………………………（235）

江湾斗技险丧生

穷则思变，富则思进。改革开放四十年的发展变化，让中国社会迅速向着小康时代迈进。蓦然回首，不免让那些过够了苦日子的人们有了太多的感慨。

实现新老梦想不再是可望而不可即的奢望，人们有什么理由不去尽情地享受生活呢？

各种聚会活动成为当下最时髦的社交活动，聚会方式那是层出不穷，可谓是你方谢幕我登场，一方更比一方强。

同学聚会更是花样翻新，什么小学同学聚会、初中同学聚会、高中的、大学的、研究生的、厨师班、武术班、音乐班、驾校，甚至幼儿园时的玩伴也搞起同学聚会。

什么思乡聚、忆苦聚、展望聚、游侠聚，这也好，起码为会个同学见个发小，搭建了一个平台。

初春的哈尔滨寒意尚浓，屋檐悬挂起的冰溜子，白天在阳光的照射下，水珠"嘀嗒、嘀嗒"地拍击着地面。

晚饭后，孟子丑穿上羽绒服，脖子围了条驼色暗格的毛围巾，习惯性地在小区附近的公园散步。不远处，树梢上落着两只小鸟，在不停地"叽叽喳喳"鸣叫，好像找不到家的孩子，在焦急期盼大人的到来。

孟子丑光顾着看小鸟，一不留神，脚踏在绵软的积雪上，打了个趔趄，和他一起遛弯儿的老朋友机灵地一把把他拽住："老孟，可得加小心啊，雪下边是化开的水，还没冻呢。"

"谢谢，谢谢！多亏你了，要不我可就惨了。"

这个时候，孟子丑手机的彩铃声响了起来："你从哪里来，我的朋友……"

"你好！是哪一位？"孟子丑接起了电话。

"是老孟吗？我是老梁，梁过呀！"

孟子丑听这声音似乎有些熟悉："谁？"

"你的老同学凉锅，凉锅贴大饼子……好溜那个，我老旷课溜号，想起来没有？"

"啊……啊……你好！你好！现在在哪里发财呢？"

梁过继续说："该咋是咋的，我还可以，在老家晃荡呢呗，下岗了自主创业，开个影楼和饭店，不像你们考上大学留省城工作挣工资，我们得自己刨食儿，自己养活自己啊！"

孟子丑听后说道："都做老板了还那么谦虚？"

梁过说道："前几天参加一个婚礼，碰到几个老同学，该咋是咋的，大家都挺想你的，我们毕业都有三十多年了，有的一直没有见过面，我们几个合计着，今年咋也得聚聚了，该咋是咋的，就是想念大家！"

孟子丑乐了："该咋是咋的，我也想念大家，是得好好聚聚了，我随时听通知。"

梁过见他接受自己的邀请挺高兴："保持联系，回老家我安排你们，该咋是咋的，够哥们意思，爽快！"

孟子丑道："好的，必须的，你们过来必须告诉我，我请你们喝酒。再见！"

梁过这个口头禅"该咋是咋的"说的还是那么溜。

转眼间，丁香花绽放，满城散发着丁香花的香气。公园里锻炼遛弯儿的人明显多起来。

清晨，大爷大妈们早早练起了太极，年轻的姑娘小伙儿绕公园徒步锻炼。

白天赏花拍照的人络绎不绝，亭子下弹奏《春江花月夜》的琴声，仿佛把人们带到了江南水乡。丁香仙子的雕塑下，排练大合唱的歌声穿越了松花江，在太阳岛上空回荡。

一对对拍婚纱照的姑娘小伙儿，换着各种服饰，脸上洋溢着幸福的笑容。

结婚的婚礼车队停了下来，拍照录像，记录人生中最美好的时刻。

每到傍晚，在各自的地盘上，练神鞭的兄弟们挥舞着几十斤重的钢鞭，甩出一声声清脆的"炸"响，跳广场舞的大妈们，铆着劲儿一队赛着一队。

周末，难得休息，孟子丑和爱人伊曼到公园赏花遛弯儿，伊曼特地邀请她的姐妹苗莉莉一同赏丁香花。

普通的丁香花一般都是四瓣的花，有人说找到五瓣六瓣的花是幸运的，找到越多就会越幸运。

赏花不光是看花，还要嗅它的香气，就像品一杯陈年的老酒和一杯香茶，越细品越有味道。紫色的、粉色的、白色的、淡乳黄色的花，颜色不同，气味也略有不同。

探花，要有火眼金睛的功夫，才能在万千花丛中，寻找到目标。孟子丑患有多年的颈椎病，经常头晕不能长期低头，看得他眼冒金花才找到了三朵五瓣的紫色花、一朵白色的五瓣花。

他做好标记开始炫耀："哎！老伊！伊老师，你找到几朵了？我可是找到四朵了。"

爱人伊曼悄声说："嘚瑟啥，小点声，别人还以为你喊'老姨'呢，你拿个破放大镜才找到这几朵？过一会儿我就超过你。"

"行了，都算您老找的，快照相吧。"说着孟子丑拿出了相机。

在家里两口子互相戏称对方为"您老"，"老"字还要用京腔儿话音处理。

孟子丑已经接到了月末同学聚会的通知，他要照几张标准的有活力的近照带着，好做相册和通讯录用。

老吾老悠悠长生草
Laowulao Youyou Changshengcao

调好焦头对好镜距，让伊曼按动快门。这个伊曼是笨拙中带着执着："你把头再抬高点好不好？"

"咔"一声，照了半拉脑袋。

"您老能不能左转点身？"

"咔"又是一张阴阳脸。

"您老再张张嘴，微笑点！蠢猪。"

"咔咔咔"又弄出个歪嘴子来。

孟子丑一拍大腿："我就少句话呀！您老辛苦了，快喝点水歇歇吧，不赶您老这只鸭子上架了。"

苗莉莉扛着长焦距的炮筒子照相机在抓拍着春天的气息，伊曼老师肥硕的身躯捎带的笨拙，让她看着实在着急又技痒："曼姐，你们赏花行，拍照有点外行了，这样吧，还是我来帮你们拍照吧！"

"太好了，那就麻烦你了，谢谢啊！"

"谢啥呀？刚才我就少句话呀。"

"哈哈哈。"

"咔咔咔"几个回合下来，不服专业的是真不行啊，设计几个姿势，摆弄变换着角度，选择背景，转眼间照出十几张漂亮的照片，又赠送几张合影。

孟子丑再次谢过苗莉莉，继续赏花。苗莉莉独自跑一边"猎艳"去了。

那边传来一阵阵大秧歌的锣鼓喇叭声，伴着广场舞的乐曲，还有遛弯儿看热闹叫好起哄的喧闹声。

原来这是附近小区的中老年居民自发组织的健身秧歌队和广场舞队，为了争地盘大白天斗技。

秧歌队的喇叭匠子把腮帮子吹得像要开花的馒头，眼珠子瞪得活像两只美国提子。

锣鼓手敲打着花式鼓点，一会儿东北大秧歌，一会儿安塞腰鼓，一会儿耍狮子鼓点。

一个五十岁上下，矮胖秃顶梳个圈头，紫茄子脸的大哥，手持一个叫卖大豆腐的高音喇叭，不停地煽情鼓动，耍怪搞笑，眼气着人儿："哎……停一停了，看一看了，啊……你看不了吃亏，你也看不了上当，有人帮个人场，没人你也不用帮个钱场！锣鼓声声，鞭炮齐鸣，关公再世，武松仙灵，天灵灵，地灵灵，广场舞大妈要不行！说三（山）炮，是郑三跑，要个狮子要不要？"他用他那特有的粗犷的怪声，喊得唾沫星子四溅，边喊边用飞眼儿挑逗着踩高跷的大妹子，引得围观的人一阵阵哄笑。

那边的广场舞大妈也不甘示弱，音响调到极致："东风吹，战鼓擂，现在世界上究竟谁怕谁？……"戴上小白手套，扬起不甘示弱的小拳头，穿着"阿迪"运动鞋，踢出"誓把反动派一扫光"的矫健步伐，身穿"仁爱银行"赠送的浅天蓝色运动服，配上小红帽儿，格外的整齐。

只听领队的大妈高喊一声："孩儿们，给我上！"就见一条"巨龙"仿佛从天而降，一群十五六岁的小孩舞着长龙，冲入场内，上下翻飞，大妈们的儿孙也前来助阵了。嬉闹着瞬间就把秧歌队圈在了中间，龙头里不时喷着"火"舌，一条二尺多长的血红肉舌头，突然间从龙嘴里伸出，舔着秧歌队的矮胖秃头，龙鼻子打着响鼻儿。

矮胖子躲闪不及，就被从龙鼻孔里喷出的两条乳白色的乳液淋个正着，足足的两瓶沐浴露，从头上如瀑布喷泻而下。

矮胖子猝不及防，狼狈地边跳着高地躲，边擦着头，嘴里还不停地喊："气猴儿，气猴儿！气死猴！"引得围观看热闹的人又是一阵阵捧腹大笑。

广场舞大妈队明显占了上风，矮胖秃头一边尴尬地傻笑一边拱手："各位大姐，服了服了。都是为了全民健身，咱们斗个啥气？大水冲了龙王庙啊，我看这样好不好？啊，咱们强强联合，有秧歌有舞龙，还有广场舞，咱们好好练，练好了参加市区比赛，这多好啊，是吧？"

"好啊！算你小子识相，奏（就）这么定了。"大妈队愉快地接受

老吾老悠悠长生草
Laowulao Youyou Changshengcao

了联合的邀请。

孟子丑看着两队斗技，乐得前仰后合，好久没这么开怀大笑了。他环顾四周寻找着伊曼老师，却发现小区钟大叔独自坐在树荫下发呆。

钟大叔六十五六岁，国企退休职工，年轻时候干活累伤了腰，做下了腰腿疼的老毛病，还有点脑梗。

孟子丑走过去打招呼："大叔！怎么一个人出来了？大婶呢？"

"去儿子那儿了，帮忙接送孙子。"钟大叔无可奈何地说："孩子们上班都忙，不帮帮咋整？你说我也是只有一个孩子，他条件一般，我们也不能都去，这一天天年纪大了，身体还不好，身边也没个子女，空巢老人的孤苦伶仃，有谁能体谅到啊？哎……这独生子女的负担……不说了，养老啊，等你老了以后就知道了，哎……"

孟子丑不停地安慰着老人："大叔！别担心那么多，慢慢会好的，大家互相帮助嘛，有啥事您吱个声！"

孟子丑和伊曼沿着公园湖边的栈道往回走着，忽然他感到一阵眩晕，眼前一黑一头栽进湖里，完全失去了知觉。

伊曼大惊失色："快来人啊！救命啊！"她本能地跳下水，抱起孟子丑的头。

闻讯围观过来的人纷纷跳下水，把孟子丑抬了上来。好在水不深，会点儿急救知识的人给他控水按人中，做人工呼吸。

120急救车拉着警笛飞快地赶到现场，把孟子丑送到了医院急救。

闻讯赶到医院的家人慌作一团，伊曼呆坐在长条椅子上，母亲哭泣不止。

昏迷了三天三夜，抢救了三天三夜，孟子丑总算苏醒了过来，头上缠着纱布，头顶右侧的头皮磕开两个口子，缝了十一针。

蒙眬中，他睁开了眼睛，嘴里发出微弱的声音："这是在哪啊？我这是怎么了？"

伊曼流着眼泪抓住他的手说："可把我吓死了，你可醒了，赏花那天你掉水里了，这是医院，大夫说，你四周要是醒不过来，很可能就成植物人了！"

　　大夫查房会诊，身边跟了一帮学生，例行检查过后，主治医生对学生们说："他现在没什么危险了，但还得观察一段时间，边观察边治疗。从检查的结果看，是眩晕引起的休克。产生眩晕的疾病有几十种，看核磁共振检查的片子，他患有腔隙性脑梗死和颈椎病，这两种病都能引起眩晕，从这个病例我们看到了眩晕的严重性，眩晕本身不能死人，但是很容易出现意外。"

　　大夫转过身来对家属嘱咐说："以后家属要对他加强监护，不能再出现任何危险了。去水边、登山、驾车这些危险的事，都必须离远远的。在神经内科先治疗腔梗，过一段时间得转入骨科，治疗颈椎病。"

　　请来会诊的骨科大夫说："你的片子我看过了，脊髓型颈椎病，椎管狭窄，压迫了中枢神经，这必须得做手术，你们家属研究研究，过几天转过去再制定详细的手术治疗方案。"

　　伊曼听了医生的话，腿发软，心脏突突加快了跳动，说话的声都变了："大夫，能不能保守治疗啊？"

　　骨科大夫摇了摇头："必须手术，已经压迫到中枢神经了，不打开手术，以后会瘫痪的，而且，随时随地容易发生意外，有生命危险，这次溺水幸亏水浅，抢救及时，他捡了一条命。"

　　伊曼开始查阅大量的资料，了解颈椎病的症状、危害和治疗方法，和家人商量怎么办？家里没有一个人同意做手术的，担心风险大。

　　伊曼的姐妹特地跑来劝说："可不能做手术啊，要是手术失败，直接就瘫痪了，我们叔公家的二大伯子，不就是做瘫了嘛！还不如保守治疗，赶到哪儿算哪儿吧！"

　　十多天过去了，腔梗的症状已经控制，孟子丑转入了骨科病房。

　　他让家人把收集到的资料都拿过来看看。激烈的思想斗争，折磨得他彻夜难眠，手术有风险，万一手术失败，就要躺在床上，在轮椅上度过后半生了，他还没到五十呢，他的父母还需要他养老，不能做；可是不做手术，没有生活质量，随时有危险，发展下去也有瘫痪的可能。为什么不给自己一个希望、一个机会呢？哪怕是百分之一、千分之一，就是万分之一，也要试一试！不，不，还是不手术的好，天外有天，人外有人，西医治不了，中医兴许就能保守治疗。

他不听劝阻，匆忙出院，坐上了飞往上海的航班。他呆呆地望着舷窗外变幻的"棉花垛"，痴痴地想，传说救世主的神仙就住在这天上吧，他们身背药葫芦，手持灵芝，也许，也许，他就住在哪座山头里？

排了三天的号，上海的中医专家看过他的片子直摇头："你哪里来的？有人陪护吗？"

"我哈尔滨的，自己来的，您看可以保守治疗吗？"

"你胆子不小啊，要是能保守治疗，就不会有那么多截瘫的人了，你椎管里的筋膜钙化和血管里的栓塞不是一个性质的病变，不手术会越来越重。"

北京的专家更直截了当："上吊绳勒着脖子，你说，是先挑开绳子呢？还是先灌药？你哪儿都没必要去了，手术是唯一选择。"

专家们的判令，让他有些绝望，难道就只有这一条路可走了吗？轰鸣的火车轮声，伴着不眠之夜，他回到了家乡。

坐在松花江北岸，迎着刺眼的阳光，目送滔滔东去的江水托起的过往的货轮。水汇聚于江河，船沉浮于江道，江水没有因为某一滴水的蒸发而枯竭断流。恰恰是，气生云，云生雨，雨生万物，生生不息，周而复始。他心想："你就是个胆小鬼，前怕狼后怕虎，你都不如一滴水。我怕了吗？我有担当我才犹豫。还犹豫什么？留给你的最佳时间不多了。"求生的欲望，让他不得不下定决心。

女儿听说爸爸要做手术，特意从学校请假赶回家，撕心裂肺地哭着，苦苦哀求父亲不要做手术："爸，手术风险太大了，咱不能冒这个险啊，你要是有个三长两短的，我爷我奶，我，还有咱们这个家可咋办呢？我以后养你老，只要看着有你在就好。"

母亲也抱着孙女抹眼泪："丑啊，别冒那个险了，算我求求你了行不行?"

父亲在地下直打转,伊曼坐在一边发愣。

孟子丑一时有点儿六神无主,他一见不得母亲的愁容,二怕女儿的哭。

他看着母亲,抚摸着女儿的头,轻轻地说:"妈!谁愿意挨那个刀啊,不就是为了以后不再出现三长两短,才要手术的嘛,北京的专家说了,就像有根上吊绳子勒住了脖子,不把这个绳子挑开,灌多少药都没用。再说了,我的颈椎还没压迫到要瘫痪的程度,不算重。如果趁轻不手术,会越来越重,会再出现那天的情况,说不定哪天你可真就没儿子了。爸妈,孩子,伊曼,你们都别怕,他们说的都是吓唬人的。"

母亲的态度异常坚决:"不行,手术坚决不能做,你要是敢去做,我就死给你看。自己还说不那么重,不重手术干啥?再说了,医学越来越发达,现在治不了的病,没准哪天就能治了。"孟子丑被逼得实在没有办法,好不容易下了决心,也只好暂时放弃手术。

母亲养了几盆"仙草"芦荟,有消炎败火的功效,每天她都劝说着家人吃几口。

父亲养了几槽子小麦苗,自己榨汁喝,他听人说,小麦苗是"长生草"。为了吃芦荟还是喝麦苗汁这个事,父亲母亲经常争执不休。

清晨,父亲给孟子丑端来了一杯刚榨好的热麦苗汁:"子丑,把这个喝了,有利你生发元气,阳气足了就不用手术了。"

母亲上来一把拦住:"拿一边去吧,他现在火大,得吃芦荟消炎败火。"

父亲争辩道:"大清早儿的,吃你那个凉玩意儿损耗阳气,你这是害儿子呢。"

母亲毫不让步:"就你那破玩意儿好,绿了吧唧的,你饮牲口呢,端走自己喝去。"

孟子丑劝说父母:"爸妈,你们不要争吵了,大夫都嘱咐了,让我

老吾老悠悠长生草
Laowulao Youyou Changshengcao

先静养,不能乱用药,不能乱吃东西。有病上医院,听大夫的,你们不是都知道吗?等我再恢复恢复的你们那些我再吃。"

伊曼在厨房炸锅炒菜,她喜欢把豆油加热得滚开,开放式的厨房,伴随勺子碰锅的叮当响声,油烟瞬间弥漫满屋,呛得孟老爷子老两口躲进里间打开窗户咳嗽不止。

孟子丑大声喊道:"伊老师啊,说多少次了,油不能加热到冒烟,产生致癌物质,油烟也是雾霾的一种,咋不长记性呢?"

"就顶数你事儿多,吃现成的你就消停点吧。"

"这个老肥婆,是真拿你没招啊。"孟子丑用嗓子眼嘟囔了一句。

家里看似恢复了平静,但从父亲自己"嘶……哈……"地喝着麦苗汁那特享受的表情,母亲如同咬大葱一样嚼着芦荟的动静上看,他们不只是两个人在和对方较着劲。

每天晒太阳听音乐散步,孟子丑恢复得很快,头晕的症状虽然有一些减轻,眼前还是时而发黑,这一次历险,让他做下了后遗症,经常做噩梦,半夜突然惊醒。

独具特色的五瓣丁香花

(2015年春拍摄于哈尔滨丁香公园)

弹指不惑再聚首

同学聚会，由于孟子丑生病的原因，已经往后推迟，他实在不忍心再推下去，只好抱病前来参加。

市郊的湖滨山庄，被山水环抱，春天的翠绿散发着馨香，清澈养眼润喉生津，让游人流连忘返。同学聚会就选在这里。

周六上午九点，各路同学就开始陆续到达。全班55人，4人因病身故，参加聚会的同学一共来了36人，其中在外地的同学竟然回来十多位。

三十多年不见，同学们的变化可真是不小，无论是容颜，还是各自所从事的职业，乃至思维谈吐，都不可同日而语。看开的车，看服饰打扮，就大概知道哪个人混得怎么样。

付三生，开发商，"人大代表"，一身休闲，开着奔驰600疾驰而来；梁过，酒店影楼老板，西装革履，本田雅阁；黄梦溪，公安分局刑侦支队政委，着便装，司机把他送到后开车离去；孟子丑，企业工会干事，搭车而来；两位农民同学打的前来报到；大庆、牡丹江、佳木斯、鹤岗、沈阳、烟台、桂林的同学也陆续到达。付三生派出他的商务车迎接着大家。

老同学相见，付三生握着孟子丑的手问寒问暖："最近还好吧？恢复得不错，可把我吓坏了，真危险啊，以后多加小心啊！"

孟子丑微笑着注视付三生，轻声回道："还行，就是觉得有些虚弱，偶尔还是晕，你也多注意身体呀，别光顾着挣钱了，没有好身体，有再多的钱有啥意义？"

"是啊，是啊！丑哥说得是啊。"

老吾老悠悠长生草
Laowulao Youyou Changshengcao

梁过跑过来就要和孟子丑拥抱:"可把你盼来了,该咋是咋的,可想死你了,你终于来了。"

孟子丑赶忙抬起右手和他握手:"必须的嘛,慢点,慢点,哥有伤口。"

"啊?啊!不好意思,差点忘了。"

激动的见面场景,热烈握手拥抱,晓芳拉着桂林回来的徐葛根的手问候:"葛根你好,你是最远的同学,一路辛苦了。还记得我吗?"

徐葛根爽朗地笑道:"不辛苦,不辛苦,我怎么会忘记你呢?校花呀,你咋比以前还年轻漂亮了?稍微有点发福了,富态好,也白多了。"

"现在生活好,人讲究保健,化妆品也好,可不就年轻了呗。你太太做什么工作呀?几个孩子啊?"

徐葛根显得有些不自然:"你们有钱人称太太小姐,我那就是家庭妇女媳妇,她原来在银行工作,减员增效被裁员了。上班的还敢要几个孩子,不怕被开除公职啊?"

郑晓芳"哈哈"笑着又跑过去和其他同学打招呼:"嗨!你们好!"

转过身来,徐葛根悄悄地问孟子丑:"子丑,刚才那个女同学叫啥了?"

"那不是郑晓芳嘛,和梁过是一家的。"

徐葛根不好意思地点着头:"啊……瞧瞧我这个记性,懵住了,懵住了。"

孟子丑坐在大厅尽头的沙发上聊天,猛然间透过嘈杂的人声,一个似曾熟悉的身影闯入他的眼帘,他揉了揉眼睛,站了起来,这位高挑个一席白色连衣裙,留着一头乌黑披肩发的女郎也望见了他,彼此互相点了点头。

付三生倒是很热心:"这不是你那个梦中情人,'知青战友'初馨吗?快过去呀!"

孟子丑苦笑了一下："算了，当年我就是少句话呀。"他把脸转向了窗外。

每个人交活动费用500元，分配完房间，中午简单聚餐。下午和周日上午安排联谊活动。

晚宴在欢快的轻音乐中开席，四桌酒宴谁坐哪桌自动就找地儿入座了。老板、政委、银行税务的、外地同学自然地坐到了第一桌。

孟子丑作为参加聚会的唯一的班干部，也被让到头桌，陪几位老师。农民同学、做小生意的、工薪族的同学也自动坐在一起。

付三生搬出了两箱珍藏二十多年的"可真大曲"，梁过奉献香烟茶叶水果。

开席前，付三生躲到洗手间打了一针胰岛素，恰好碰到沈阳回来的左福禄也在打胰岛素。

付三生幽默地说："你也好这口啊？"

左福禄咧咧嘴："哈哈，不好意思，没有办法，这就是咱们的长生素啊。"

梁过是总召集人之一，他起立环顾四周，咽了口唾沫，清了清嗓子："各位老师，各位同学！该咋是咋的，我们有三十五年没见了，大家都互相很是想念，都有聚会的愿望，该咋是咋的，今天终于如愿以偿。我代表本次活动组委会宣布，宴会开始！首先请学习委员孟子丑代表大家致辞！"

孟子丑缓缓站起，扫视了一下大家，轻声细语地说："尊敬的赵老师！尊敬的李老师！尊敬的卢老师！尊敬的各位同学！大家晚上好！我很想念你们！光阴如梭，弹指三十五年就这么过去了，同窗读书的情景仿佛就在昨天，在学校的岁月，我们曾经有那么多的梦幻向往，也留下了许多美好的回忆，彼此建立了深厚的师生情、同学情。感谢老师的培养教育！今天，我们能够坐在一起相聚，要感谢这个好时代，让我们有条件能够聚到一起。当然了，这次聚会要特别感谢老梁、三生、梦溪、晓芳、大海、慧燕等同学的精心组织策划和周到的安排。

老吾老悠悠长生草
Laowulao Youyou Changshengcao

我想，这次聚会是一个良好的开端，为我们再续前缘，为我们今后加强联系和沟通，搭建了一个很好的平台，我预祝本次聚会圆满成功！最后请大家举起酒杯，为了我们和家人的平安健康，为了大家事业有成，做生意的发大财，做学问的有建树，上班的不断晋级，为了三位老师健康长寿，干杯！"

下岗工人庞大海和小贩周之刃在下边窃窃私语："哼哼，'文革'开始咱上学，'文革'结束咱滚蛋，老师都教咱们啥了？我怎么都记不起来了？就连'造反'这点本事都没传授给咱们真玩意儿呀，要不到社会上咱们能老挨欺负吗？"

说不完的话，喝不够的酒，三两酒下肚，周之刃借着酒劲到各桌敬酒，大着舌头："付……付老板，说实在的，我们平时都……都仰视你，见你比见总理都难……"

他晃荡着身子给黄梦溪敬个歪礼："政委好！你说你老绷个脸，装……能……能装，我干了，瞧不起我，不给面子？说实在的，我不犯法……法……你们拿我也没办法……"

黄梦溪小声提示他："刃子，你多了咋的？喝点水。"扶他回座，周之刃小声嘟囔着趴在桌子上。

孟子丑端起酒杯邀请付三生和黄梦溪喝一个："三生啊，我很佩服你能取得今天的成就，你是成功人士了，社会名流，我想问你，你念书的时候就有做老板的理想吗？"

"那时候种点儿大葱大蒜卖，还被割资本主义尾巴呢，谁敢想啊？谁能想到啊，我是赶上了改革开放的好时代好政策，才自主创业的。哎？子丑，你那时候有啥梦想？"

"我的理想就是成为一名保家卫国的军人，可惜呀，赶上'文革'，我怎么能实现自己的梦想呢？不像人家梦溪。"

黄梦溪苦笑了一下："还提我呢？我最大的理想是成为科学家，恢复高考制度后，我连续考了两年，就咱们喝的那点墨水？"他摇了摇头接着说："我是被技工校录取了，毕业后我不甘心做工人，就又当兵去了，在部队提了干，上了军校，转业就当了警察。来来，咱们当过兵的战友喝一个。"

孟子丑碰了一下杯："算我一个，我现在是预备役军人，咱们也算是战友。"

周之刃趴在桌子上说着吃语："我要当拳王……王，我……有梦想，锻炼身体，保……保卫祖国，准备打……打……"

卢老师站起来，笑盈盈地提酒："同学们，我很高兴受到你们的热情邀请，来参加同学们的聚会，谢谢你们还记得我们！看到你们成家立业，我很欣慰。如果不是'文革'动乱，你们很多人会发展得更好，会飞得更高，走得更远。你们这些60后经历很多无奈，出生就忍受饥饿，上学又赶上'文革'，毕业还到艰苦的农村下放，工作又赶上改制，结婚赶上独生子女政策，上有老下有小，你们不容易呀。很显然，你们遇到的困难，比我们这代人遇到得更多。但是，你们又是幸运的，赶上了改革开放的好时代。梅花香自苦寒来嘛，不见风雨，哪来的彩虹啊？是不是？你们都还年轻，要继续追逐新的梦想。来！为了今后我们的生活更美好更幸福，为了中华民族的伟大复兴，为了各自的中国梦，干了！"随着大家热烈的掌声，酒一饮而尽。

慧燕开腔打场："我和我老姑、老姑父给大家敬酒了！"梁过和郑晓芳端着酒杯走了过来，慧燕跟在后面。

梁过酒量大，无论白酒啤酒，你喝多喝少，他都挨个陪一杯。

孟子丑开始调侃："过儿，你说说你是怎么甩开'小龙女'，搭上你芳姑姑的？"

大家起哄："交代，老实交代！"

"说！当年你最大的梦想是什么？"

梁过挠挠头皮："该咋是咋的，我最大的梦想就是娶个漂亮媳妇，我……看她好看……我们不就那啥了嘛。别闹了，我给大家唱个《小芳》吧，活跃活跃气氛，'村里有个姑娘叫晓芳，长得美丽又大方，一双美丽的大眼睛，辫子粗又长'……"

慧燕高喊："老姑父唱得好不好？"

"老姑父唱得好，发红包给改口钱！"大家七嘴八舌开闹，喊起了"老姑父"。

"晓芳唱一个！"

晓芳假装端起架子，不唱掌声不饶人，她来了一曲《渴望》的插曲："悠悠岁月欲说当年好困惑……"

这首歌不约而同地勾起大家的共鸣，随着晓芳的歌声，回忆起过往云烟，不免眼圈有些湿润。

周之刃的酒清醒了许多，他晃荡着来到吧台找水喝，女服务员正在按着计算器结算账单，他随口问了一句："我们花多少钱？吃什么标准啊？"

"880元一桌。"女服务员眼皮没抬地回了他一句。

周之刃嘟嘟囔囔："真他妈黑。"自己摇摇晃晃回了房间。

孟子丑表情时而开怀时而凝重，他注意到大多数同学的身材都在发福。聊天交流中他了解到，有一些同学不同程度地被糖尿病、高血压、心脑血管疾病的病痛折磨着，困扰着。

满天的星星在树梢上眨着调皮的眼睛，晚风吹拂着篝火，燃烧的火舌一面倒地舔向湖面，同学们唱歌跳舞，有几位男同学吃烧烤喝啤酒。晓芳喝得有点大，极其兴奋地轮流邀请男同学跳舞。

她羡慕地称赞付三生："咋那么年轻呢？咋保养的？今年多大了？"

付三生逗趣地说："我才三十二，心宽就年轻，常吃海参也年轻。"

一曲《青春圆舞曲》响起，初馨款款地走到孟子丑的面前，笑容可掬地伸出了邀请的手。舞步在旋转，两个人对视了片刻，又把目光移开，谁都没有说一句话。

舞曲终了，孟子丑礼貌地微微鞠躬致谢，初馨一把拽住孟子丑的衣服，悲切地说："子丑，请你不要这样好吗？都怪我当年太年轻，不懂事，你不要怪我在'青年点'和你不辞而别，那个时候我姐已经嫁了一个……你明白吗？"

"我谁都不怪，都已经是过去的事了，如意不如意也不差一件事，你不是挺好的吗？"

"我现在单身。"

"怎么会这样？他那个人呢？"孟子丑听到这个消息，惊讶地张着嘴，直愣愣地看着她。

"不要问了。"初馨扬起的脸上挂着泪珠，转脸看着树梢上的星星。

篝火晚会在意犹未尽中结束，几位男同学围坐在外面继续喝啤酒，烤肉串，唠家常。

大多数同学回房间休息。梁过串联几个同学打扑克斗地主，围观的同学看着别人的牌，支着他人的招。

孟子丑和黄梦溪住在一个房间，他有些累，靠在行李上，两人聊着天，聊着聊着，聊到了过世的几个同学。

孟子丑打听："他们几个呀，就由老五享着点福，都什么病啊？"

黄梦溪边回答边叹息："两个癌症，一个脑梗半身不遂，一个心梗，老王老吴下岗后又没什么本事，贫病交加呀，人都快没十年了！"

孟子丑不无惋惜："我前年回来还看到由老五了，怎么说没就没了？看着身体挺好的，挺富态的，有点福相啊？"

黄梦溪说道："这小子抽烟喝酒，脾气不好，天天吃喝，讲义气，开个种子经销站，生意不错，场面也多。有一天在家快要吃晚饭的时候，他去卫生间，突然前胸口难受，就瘫地上了，等120救护车赶到，已经没救了。这小子是舍命不舍财呀，你说不差钱儿的主儿，哪儿不舒服了，趁轻去医院查呀！去看去治呀！"

孟子丑叹息地说："教训啊！身体是自己的，都这么说，哎……那些酒肉朋友，告别的时候，讲究人随几百块钱的份子，过后谁还记得谁呀？记不记得又有啥用？痛苦的永远是自己的亲人。"

一声歇斯底里的号叫，惊动了树杈上睡梦中的飞鸟纷纷奔命："我他妈就喊了，别管我！这不是糟害同学吗？一桌饭八百八，说实在的，

老吾老悠悠长生草
Laowulao Youyou Changshengcao

我们的钱不是大风刮来的，明天我不参加了，退钱！我要退钱！参加一半我就要二百五！"

同学们纷纷开门探个究竟，原来，周之刃对召集人有意见，不听劝阻在那里大声发泄不满。

庞大海直捂他的嘴："干啥呢哥？不嫌砢碜啊？！"

周之刃扒拉开庞大海："上一边去，胖大海你在这给我装犊子？没你事，滚犊子！"

梁过掏出五百元钱甩了过去："刃子，该咋是咋的，你能来我很高兴，再给哥们个面子，别扫大家的兴，算我请你聚会还不行吗？"

周之刃感觉受到了莫大的侮辱，一巴掌把钱打落在地："这是钱的事吗？"然后"咣当""哗啦"两声，门的玻璃被震碎，他愤愤地扬长而去。

看着周之刃远去的背影，孟子丑自言自语道："这小子咋还这个臭脾气？"

第二天上午，孟子丑带着一种复杂的心情，和同学们回到母校参观。车还没有停稳，那几棵老榆树就迫不及待地和同学们频频点头示意，房子增高了，操场却缩小了。母校，除了这几棵幸存下来的老榆树和操场边缘的黄土，已经见不到当年的任何踪影。回不到那间教室，坐不到那张课桌前，这让大家不免有些惆怅。明知道是这样，回到母校还是让人有些激动。

没学到什么知识，自然也就没什么大作为，亲情也比不上"文革"前的老三届和"拨乱反正"恢复高考制度后的毕业生对母校的感情那么浓烈了。

校长热情地接待老教师和校友，在大礼堂搞了一个简短的欢迎仪式，同学代表向学校赠送了"厚德载物"的牌匾，之后是各方致辞。

人不亲土亲，每个人的感受镌刻在他们的内心，写在他们的脸上，孟子丑急速地搜索着在这里度过的那四年残存不全的青春记忆。这里曾经是他们的健身游乐场，并打上了烙印。

梁过和黄梦溪在操场跑道上练一个百米冲刺。付三生和孟子丑捡起滚过来的篮球，来个三分投篮，学弟们又攻过来几个球，跑三步篮已经费力，姿势还依然优美。

男女同学拉着老师在老榆树下不停地拍照留影。梁过招呼大家在老榆树下和主楼前合影留念。

孟子丑对母校怀有独特的情感。他默默地来到校办工厂的遗址，回忆那些年走过的"五七道路"，缅怀恩师。

他围着老榆树看了又看，转了又转，成串的榆树钱儿低垂摇摆，营养不良的黄钱儿叶，伴着微风极不情愿地飘来飘去。

那个时候师生还能同吃同住同劳动，一起炼过钢铁，炼过有色金属，修过电机，充过电瓶，爬过电线杆。

有一次孟子丑被老师派出去带电作业撒换电线，电线杆由于根部腐烂，失去平衡，突然倒地，恰好两侧的电线杆有防倒措施，他才能够死里逃生毫发无损。

他清晰地记得，他的启蒙刘老师，他的恩师，那位起义过来的原国民党军队炮兵司令部少将参谋、抗战将领。不多言的一口四川话，抽着"蝶花"牌的香烟，手把手地教学生们技术和做人。

20世纪70年代，刘老师就能够组装电视机，从工厂的垃圾堆里捡来配件组装拖拉机，修理电器那些个玩意儿更不在话下。

"历史反革命"的老师，关心"地主"的孙子，也属于"门当户对""同病相怜"。恩师曾经对他说过："你为人踏实可靠，是一个可以信赖的人，好好学习技术，将来凭手艺也能吃碗饭，可惜我家你姐比你大好几岁呀，要不然你们是很好的一对。"

那是1976年的深秋，恩师没能等到拨乱反正，重回讲堂的那一天，他凄凉地躺在学校废弃仓房里的两块木板上，他双目圆睁，紧握的左拳，五指深深捏进了打狗馒头里，微微扬起的右手，握不紧的那根打狗鞭子的鞭绳，被过堂风吹得飘来飘去，他似乎在诉说着无力的抗争和无奈的遗憾？瘦弱的身躯仍然保持军人威武挺拔的气质。

老吾老悠悠长生草
Laowulao Youyou Changshengcao

人生逢不逢时要赶机遇，两位"右派"下放到车间劳动改造的"师兄"老师，不但等到了"右派"摘帽，还等来了干部"四化"时代的到来。

后来一位老师做了主管教育的副县长，一位做了教育局长。每每遇到场合，碰到他们有点出息的"师弟"学生，"师兄"们还要炫耀一下："这是我的学生，得意门生。"

确实老师在炼铜的时候，教过在放冶炼铜水的时候，要戴好护目镜，要戴好口罩，那个刺鼻的咸甜的味道，让人终生难忘。

付三生包了个游艇请大家游览二龙湖，三面环山的湖水，清澈如镜，湖中小岛像一颗明珠被它两侧的龙头嬉戏。

一艘快艇绕过游艇闪电而过，两条鲢鱼在泛起的白蓝浪花间跳跃。

远处滑雪场的绿草头上，一队飒爽英姿的女运动员，脚蹬滑草板，身披红色斗篷，飞快地鱼贯而下，恰似草原的雄鹰俯冲觅食，瞬间飞向远方。

鸟瞰奇特的景观——天然形成的宝岛和半岛，湖心岛酷似微缩的台湾岛，不同的是这叶小舟不是驶向外海，而是掉头缓缓驶向"大陆"。岛上的"女王头像"注视着"海湾"上空飞来飞去的白鸽。

"半岛"的中间线——"三八线"格外醒目，南北士兵分立在"板门店"停战会议厅分界线两侧。"南方"是歌舞升平，酒吧林立，"北方"是原生态农耕渔火。

"南北"的泡菜、狗肉竞相飘香，身穿韩朝民族服装的服务员，和客人们打着招呼。

"吃特色狗肉，辣白菜炒土豆片，喝狗肉汤的思密达。"

环过山湾，只见岸边龙虎山相连的山脊"牛眠地"处，宝刹顺山势叠叠而起，这里就是广为善男信女寻觅探访的神秘"青山寺"。

相传，清朝康熙年间，反清复明的"天地会"中，有两位僧人参与造反失败，一路化缘，昼伏夜出，穿山隐行，历经千辛万苦，跋涉万水千山，逃亡到这里。

那是一个夏日，一路劳顿，饥肠辘辘的两人，躺在半山坡熟睡，师兄在睡梦中梦见观世音菩萨手持柳枝，在林间挥舞，轻轻弹着圣水。

一片白云飘过，拔地而起一座寺院，寺院门里的一个小和尚，肩扛一把铁扫帚，打开寺院的朱红大门，走下石阶，"刷——刷"扫着地。

忽然一阵狂风刮过，野猪的吼叫声惊醒了二位僧人，只见一位健壮的年轻小伙，手持木棒，正驱赶着扑向僧人的野猪群。在三人的合力驱赶下，野猪群一步三回头地远去。

这时，师兄才慢慢打量起眼前的小伙子，"怎么这样眼熟？"他拍拍脑门，又仔细看看这个小伙子，怎么看怎么都像刚才梦里所见的小和尚，再看看眼前的树林也和梦里的一模一样。

天意呀！莫非这是佛祖的点化？

二人经过商量，决定哪也不去了，就地搭起窝棚，安营扎寨。

经过八年的开荒种地化缘，又得到当地慈善会长、有名绅士张老太爷的鼎立资助，建起了三层大殿——"青山寺"，收小伙子为徒。

后来"青山寺"毁于动乱年代的"红卫兵"之手，复建于当代盛世，现改为"万佛寺"。

梁过站在游船上，手指"万佛寺"开始白话："看这风水，该咋是咋的，要不是建了寺庙，谁家祖上墓宅要是选这里，东洲这地方早就出'宰相'了。看没看见，二殿后那儿就叫'乾坤'，多长啊，如果是那样，后人必定都长寿。背靠青山脚踏川，后辈出高官。该咋是咋的，前有照，后有靠，看看，这叫'牛眠地'，高处的相对低洼地，就像老黄牛在那里卷曲睡觉一样，又像椅子背，这就是靠。该咋是咋的，你再看对面，那个平平的山脊，像不像'丞相'批阅文件的几案？那个山头就像插在几案笔筒里的毛笔，这就叫照。你再看寺庙两边的山头，左青龙右白虎，哼哈二将，多威武啊！该咋是咋的，这个青龙必须压过白虎，没听说吗？不怕青龙高万丈，就怕白虎一探头。"

梁过白话得口若悬河，嘴直冒白沫，大家听得津津有味。

孟子丑佩服得五体投地："梁大师，没想到啊，你还有这两下子，

老吾老悠悠长生草
Laowulao Youyou Changshengcao

该咋是咋的,你都可以出马了。啊呀,那次我就少句话呀。"

"少哪句话了?"

"就那句。"

大家纷纷竖起大拇指,喊起了:"该咋是咋的,大师级的水平。"

"梁大师。"

这天,恰逢赶庙会,许愿还愿的人、看热闹的人,络绎不绝。摆摊杂耍放生的也前来赶庙会。各色"乞丐"也云集到这里,祈求善男信女的施舍。

大戏台请来了一个"二人转"戏班,唱着地方戏。

一辆拉水产的箱式货车,正在整桶地卸着放生的甲鱼和鲤鱼。穿着水衩站在水里,手持抄罗子的大汉,嘴里叼着旱烟,早就等不耐烦了。

放生的和捞鱼的人对峙湖边,在众人的指责声中,捞鱼的人骂骂咧咧,暂时撤离水面,贪婪地不时回头张望。

几位外地同学感慨家乡的美,不约而同地说:

"以后我们老了还回家乡养老!"

"对,落叶归根。"

午餐时由孟子丑做简短的聚会总结,应大家的要求,要建立一个QQ群,推举孟子丑做群主。

出乎大家意料的是,这次聚会的所有费用,由几个老板同学承担了,付三生当仁不让地拿个大头,还买来纪念品赠送给大家。

在同学们一片感谢赞扬声中,付三生嘴角流露出了不易被人察觉的那种成功人士的满足而深邃的微笑。

大厅里放着歌曲《不想说再见》,更加催人泪下。没有不散的宴席,晓芳、慧燕哭得不能自己,诉说着不舍,男同学也受到感染,不停地擦泪。珍贵的眼泪,无价的情谊。

"保重!后会有期!"

孟子丑握着初馨的手告别:"保重!"

"你也多保重!"

再也不能那样活

　　同学聚会回来后，孟子丑曾一度陷入了沉默，时常一个人坐在那里发呆。初馨到底是什么情况？她靠什么生活？那个人出轨了还是离世了？她有孩子吗？

　　伊曼察觉出孟子丑有心事："哎呀，这家乡情、同学情也续了，多好的事啊，不忘初心，还发什么呆呀？"

　　"一边去，别瞎扯。"

　　"我瞎扯？你那个老情人要是给你个好脸儿，你早灿烂起来了。"

　　"胡搅蛮缠，一身肥膘。"

　　"惦念也没用，人老珠黄了吧？顶多也就是个风韵犹存，早看上你，人家能蹬你吗？自己觉得像个人似的，也不好好照照镜子，切！"

　　"你是醋熘豆芽吃多了吧？"

　　孟子丑的脑海中也在不停地思考着，"60后"再过十年八年的时间，也要陆续步入老龄社会。工作的压力、不良的生活方式、家庭的负担、健康意识的浅薄等，这些让他似乎意识到，亚健康不是一个简单的问题。疾病摧残着人们的肌体，没有健康的意识则如慢性中毒。颈椎病，腔梗，差点要了自己的命，还有腰椎间盘突出、胃病，这些都是怎么累积起来的呢？健康都去哪了？

　　健康和老龄化是个社会问题。他从事多年的工会工作，经历了许多事情，也没有这次同学聚会带给他的心理触动大。

　　他的脑海中忽而浮现那些英年早逝同学在痛苦中挣扎的身影，忽而闪现自己落水的一瞬间，忽而回荡起那首老歌："再也不能这样活，再也不能那样过，生活就得前思后想，想好了你再做……生活就像爬

老吾老悠悠长生草
Laowulao Youyou Changshengcao

大山，生活就像蹚大河……"

衰老离我们已经不是很遥远，死神和自己开了一个玩笑，它还会眷顾什么样的人呢？是啊，"再也不能这样活"了！同学的嘱托就是使命。建立一个什么形式的QQ群呢？他踱来踱去，一会儿暗暗地点点头，一会儿又轻轻地摇摇头。

应该立足建立一个健身养生的户外群才好，宗旨确定为"健康快乐，休闲养生"。先建立起来再说吧，然后再征求大家的意见。

孟子丑在户外的凉亭下独自待了良久，回到家轻轻打开房门，蹑手蹑脚地走到父母的卧室。

父母已经熟睡，他立在床头注视良久，轻轻地给父母掖掖被角。这是他多少年来的习惯，无论回家多晚，都必须先到父母的房间看看。

一股冲动在搅动着他，如同军令促使他必须立即行动。他打开书房的电脑，连夜建立起QQ群，名字叫"快乐老家"户外群，管理员由晓芳担任。十分钟申请了QQ号，建群已经搞定，先加五个人筹建，其他事项以后商议。

晓芳写了个群规：1. 本群以健康休闲养生为目的，适当组织户内户外活动。2. 本群为实名制群。3. 入群人员必须遵守群规和国家的法律法规，不得有违法律和有伤公德的言行。4. 群活动以AA制为主。5. 参加活动可以带家属。

仅仅三天就加了47人。孟子丑征求大家的意见："同学们，我把群活动的宗旨确立在'健康快乐，休闲养生'上，突出户外有氧运动，这应该作为我们新的梦想、新的追求，大家看怎么样？"

"好啊！这正是我们所追求的梦想。"

"这样最好。"

不分白天早晚，电脑的小蛐蛐声"吱吱吱……吱吱吱……"地叫个不停。

每天早晨六点三十分，晓芳的天气预报准时发布："大家早上好！把清晨的第一缕阳光送给亲爱的朋友们，美好的一天伴随着我的问候开始！

无论生活给予我们什么，是面包还是红烧肉，抑或是豆腐渣，都要学会面对现实，坦然接受。因为，二锅头再苦再辣，它也是粮食精，酒因人不同，喝多喝少的结果是不能预料的。就像污泥对莲花而言，并不是玷污，而是祝福；就像茧对毒蛇而言，并非阻力，而是助力。蛇可以灭鼠，也能咬人伤人，但是不可以贪心吞象。所以说，每一个困难和障碍，事实上都是一种隐性的祝福，好与坏，善与恶，要从不同的角度去衡量。该放下的要学会放下，因为没有什么比活着更重要，活得好活得健康快乐才是硬道理！

　　今天是2010年6月1日，星期二，祝小伙伴们节日快乐，永远有一颗童心！请远离垃圾食品，远离毒品，净化心灵，提倡健康生活方式，共建大美龙江。吃喝嫖赌抽这'五毒'从即日起全面禁止！

　　今天晴，最高气温28℃，最低气温13℃，西南风2级，午后有可能转东北风变西北风，关注台风龙卷风。温馨提示：夏季紫外线强，如果有做非洲王子公主梦的朋友，最好就不要采取任何防晒措施。从明天开始多云转阴，有小到中雨，出门最好忘了带雨具，自然淋浴有助于美白养颜，祛斑除皱。"

　　多么温馨的问候，多么幽默深刻的人生感言啊！

　　晒生活照是一大亮点，发表和转发日志是一大时尚，涵盖的知识面也颇广：养生知识、烹饪技巧、养花鸟鱼、收藏、娱乐笑话、天文地理、军事动态、文学诗歌、歌曲……

　　早晚问安，成了群里的新兴礼仪。

　　有了群，大家仿佛又找回了集体生活的大家庭氛围。群里不乏几位活跃分子，也不乏"潜水"观望者。

　　梁过发一个直升机向水里投炸弹的图片，并配有"潜水的出来"的文字，晓芳发一个把不说话的人吊起来拷打的图片"说不说???"

　　周之刃终于沉不住气了，发个检讨书："各位老大，各位兄弟姐妹同学，我悔不该酒后失言失德，给同学们聚会心里添堵了。我素质低，没文化没修养，我不是人，我该打我该骂。还望各位大人不记小人过，别和我一介草民一般见识，小的这厢真诚地赔罪了。为表达我的悔过

老吾老悠悠长生草
Laowulao Youyou Changshengcao

之意,我给每位准备一套大礼——大补牛宝,保证您吃了'你好她也好'!牛宝常在口,活过九十九!"

大家看了这个帖子,一下子沸腾起来,发笑脸怪脸点赞的不断。

梁过终于舒了一口长气,暗想你小子还算有点良知:"寡人念在与你多年同窗的情分上,该咋是咋的,准奏了!"

围绕着"你好她也好""他好你也好""大家好,才是真的好"的话题,群里热闹了一小天儿。

孟子丑一边养病,一边更加地上心学习和收集各种养生知识。他有一个刨根问底的劲头,凡事都要弄一个"不但知其然,还要知其所以然"来。

只要休息他都要看一看"央广健康节目",听听各位医学专家、营养专家的讲座,他特别喜欢两位博导的健康节目,主要是信服度很高,而且针对性强,主要针对中老年人多发的高血压、糖尿病、心脑血管疾病、骨骼疾病,传授一些养生知识。

孟子丑正在看健康讲座节目,爱人伊曼在一边不停地唠叨:"在家也不好好养病,不是电视就是电脑。这衣服昨天刚穿的,今天又换一件,来!来……过来!这鞋晒个啥?不应该放鞋柜里吗?看看……看看……说你不服是吧?又躺沙发上了,把沙发垫子弄脏了你洗呀?有病就不守规矩了?"

母亲给她的仙草——芦荟边浇水边说:"这不是在家里吗?咋没事老挑毛病呢?"

伊曼更加动怒:"都是你和爸从小给他惯出来的臭毛病!"

父亲在里屋调换着电视频道,听到捎带上了自己,就接过话茬嚷嚷:"怎么又把我扯上了?真是的。'老猫床上睡,一辈留一辈'呀,老孟家的老太太就专门黑眼风似的挑老头的毛病。小丑就算是有啥恶习,也都是你妈惯出来的,和我可没有半毛钱关系。"

伊曼生气的声音又提高了一个八度:"看看,还没惯着呢?小丑啊,这回你更有仗腰眼子的了。"

孟子丑对伊曼慢条斯理地说:"伊老师啊,您老息怒,更年期不能太激动，冲动是魔鬼怎么又忘了？家不就是疗伤的港湾嘛，能随便点这才叫家。再说了，温暖和谐的家庭氛围，有利于健康长寿。我歇一会儿拖地收拾屋子就是了，何必呢？这一天天的唠叨个没完，出去溜达溜达减减肥多好。"

伊曼咬了一下牙根，攥起拳头在孟子丑的头上比画了一下，从牙缝里挤出几个字："就你强词夺理。"

钟大叔哮喘病发作住进了医院，他在外地工作的独生儿子请假回来护理父亲。儿子苦苦劝说着他："爸，让你上我那里去住，你咋就不去呢？你说你这个身体状况，怎么让我放心得下？到我那里也方便照顾你，这次好了一定得跟我走。"

"孩子，不是那么简单的事，也不是我不愿意去。就你们小两口挣那么几个钱，那里消费又高，单说房子吧，你那三十平方米的房子，还完房贷还得二十多年吧？在那儿买一套房子，这里能买六七套，我去住哪里？咱们一大家子怎么生活？"儿子沉默了。

过了片刻，钟大叔像是自言自语："我不能帮你做啥，也不能再拖累你了，我想好了，以后我去养老院，你就管你妈你岳父岳母吧，少管一个人，就少一份负担。托生在工人家庭里，你就认命吧，爸无能。"

"爸你说啥呢？你是我爸，你就是拾荒捡破烂的也是我爸，孝敬你是我做儿子应尽的义务。"

"你不说我也知道，一年你才能休几天年假呀？超期了是不是得扣你钱？我再生病了你是不是还得回来？收入少了，你怎么生活？"

"爸，你不用担心，我有信心好好努力奋斗，以后还得加薪水，生活会慢慢好起来的，咱们得往前看。"

"哎，只怕到好起来那天，你也就到我这个年龄了，现在抚养一个孩子多大成本啊？从幼儿园开始，小学中学大学读完，再找工作成家，得多少钱啊？你可不能像我是的，连孩子买房子都拿不出钱来。还有，从年轻起就注意身体吧，抽时间多锻炼锻炼，不要再像我一样给你儿子添负担。"

老吾老悠悠长生草
Laowulao Youyou Changshengcao

"爸,你不是从小就教育我'穷人的孩子早当家'吗?你看看我的生活能力,再看看那些抱大的啃老族,我还竞争不过他们?你有啥可担心的?他们还能啃一辈子老不成?下辈子啃谁去?下下辈子呢?"

经过收集整理和请教专家,孟子丑发表了一篇《我的养生心得》的日志并转发在QQ群里:

养生主要是健康理念问题,首先必须有一个我要健康的意识,养成良好的生活习惯,改掉不良的嗜好,科学养生。世界卫生组织在《维多利亚宣言》中提出人类健康的四大基石是"合理膳食、适量运动、戒烟限酒、心理平衡",我们应该好好理解消化。中老年人多发的心脑血管疾病、骨骼疾病,多来自肥胖、缺乏锻炼、身体五脏机能的退化。肥胖所产生的一系列疾病,严重危害健康,甚至生命,这是不争的事实。最严重的是心脑血管疾病、高血压、糖尿病、肿瘤。有肥胖的年轻人在睡梦中窒息,而英年早逝者,也不乏报道。无节制地吃喝,运动少是造成肥胖和亚健康的最基本原因。

最近热播的电视剧《青年医生》很励志,实习医生赵冲毕业后放弃进大医院工作的机会,选择去社区医院。他认为在急诊科每天接诊那么多的病人,每个医生的思维是不一样的,一般医生想的是抢救生命,选择最好的治疗方案,而他除此之外还在思索,他们是怎么进的医院?为什么会这样?怎样能尽可能地避免这些不幸?社区是一个接地气,普及医学知识最好的地方。这是我多年收集整理研究的国内外专家学者在养生方面的一些成果,奉献给大家,也许对您或您的亲朋会有所帮助,有朋自康健来,不亦乐乎?祝朋友们健康长寿!

(一)学会科学地吃

1.尽量少吃甜品,远离垃圾食品。2. 水果易多吃偏酸偏苦的,如木瓜、山楂、葡萄、苹果、橘子、菠萝、猕猴桃等。3. 蔬菜类少食含淀粉高的,多食用降血脂效果好的黑木耳、洋葱、白萝卜(可榨汁,加工温度不超过70度)、卷心菜等,黑木耳还有溶栓化结石的功效。白菜、芹菜、辣椒、苦瓜等易多吃。4. 早餐,燕麦粥降脂肪效果好,牛奶、豆浆、鸡蛋、豆腐,配全麦面包。5. 多吃粗粮、荞麦等杂粮、海物。6. 适当吃些地瓜、山药、南瓜做的泥,调节脾胃,吃芋头健脾胃,脾胃不好的人有瘦的也有胖的。7. 每天吃一两枸杞有降脂肪功效,吃少对降脂作用不大。8. 营养均衡,早吃好,午吃饱,晚吃少。这就是早为皇帝餐,午为大臣餐,晚为叫花餐。

(二) 喝出健康

1. 雪菊花饮:用新疆天山特产的雪菊花泡水喝,降血脂,可配以枸杞。2. 木瓜配绿茶饮用,降血脂。3. 干荷叶10克,干冬瓜皮20克,泡热水喝,连续用一两个月,有去油腻、去厚脂肪的功效,是减肥首选特效良方。4. 每晚红酒一小杯,催眠、降脂、预防动脉硬化、心脏病、老年痴呆,有促进脑细胞再生之功效,红酒中的白藜芦醇有激活干细胞,修复机体细胞损伤的功效,原花青素能够清除肌体自由基。

(三) 必要的药物保健

1. 每个人的体内都会残留一些毒素、重金属等,导致体内形成自由基。自由基是侵害肌体细胞,使人生病衰老的元凶。必须定期保养身体,及时清除体内的自由基。2. 降"三高"、防突变(癌变)、防衰老是我们面临的三大任务。

(四) 散步是最好的运动

1. 最好的运动是步行,最好的医生是自己,这是古今多少名家所推崇的。2. 如果要减大肚子,最有效的是弯腰捡东西,可捡豆子、纽扣、玻璃球、圆形干果等,仰卧起坐也对减大肚子有一定作用。什么运动适合自己,要根据年龄和身体情况以及自己的爱好,来选择和确定强度,关键是动作一定要做到位,每天必须运动半小时或步行3公里以上,出汗才能达到效果。

总之,健康的成败,关键在毅力、在观念。养生就是预防疾病,预防衰老。必须管住嘴迈开腿,配以科学的方法。只要你根据自己的情况,选择任何一种方法,相信你都能成功。

有人问我,有没有简单的减肥方法,我说有,回到20世纪80

年代前的生活方式一段时间，会有神奇的效果，副食白菜、萝卜、酸菜管够吃，少放油或不放油，主食吃大楂子、高粱米、小米等粗粮，喝白水就成。

要长寿，就去养生；要健康，就去锻炼；要想以后少给儿女添麻烦，就认真养生。腰长一寸，短命三年，血管老化十年，则寿命缩短十年。

我们不求百岁，但求无疾而终，自己少遭罪，儿女少操心、少受折磨，金钱少糟践。千万莫千日打柴一日烧啊，把自己辛苦一辈子的积蓄，都捐献给了医院。

养生要跳过两个误区，一是每年不坚持体检。认为身体很好啊，检什么检？许多中老年朋友一生几乎没有体检过，这是撞大运，坚决不可取。有病没病也要去医院，每年体检抓预防，做到疾病早发现早治疗，避免不知己知彼养成大患。孝子们记得每年带父母进行体检哦，这比什么都孝顺。二是认为坚持运动，身体强壮，没有什么症状，就不需要用什么医疗药物干预。有专家研究，血管壁上挂的血液垃圾，一般每年造成血管1%的堵塞。心血管堵塞50%的时候，一般没有什么大的感觉。堵塞75%就是达到临界了，有很大的危险性，医生一般建议做支架。请问？挂在血管壁上形成动脉硬化的那些血液垃圾形成的斑块，什么运动能够消除得彻底？斑块一旦脱落了，堵塞心脏血液流通就会造成心梗，堵塞大脑就会造成脑梗，半身不遂就随即到来。何况吃大鱼大肉肥胖的朋友，每年血管是堵塞1%吗？

网传美国人体器官移植的价格显示，每个人的器官，从里到外都身家过亿。

我要大声疾呼，仁者智者治未病，水不来先憋坝吧。我们的房间每天都要清理打扫，我们几十万的爱车每年都要保养几次，那么我们自己身家过亿的身体，有什么理由就舍不得保养呢？每天要像打扫房间一样清理血液垃圾，消除自由基。

嘴是通往天堂和地狱的三岔路口，腿就是那个路口的红绿灯！行动起来吧，朋友们！投入到健康养生当中去吧！祝大家健康长寿！

一石激起千层浪，孟子丑的养生心得起到了抛砖引玉的作用，引起大家强烈的共鸣，点赞收藏，纷纷转发交流各种养生经验。

很多人咨询问题，一时间让群里热闹非凡："群主，腰疼、腿关节疼是怎么回事？怎么调养？"

孟子丑回答："有病去医院，到医院确诊，对症治疗。一般中老年人的骨质会出现退行性改变，关节软骨损伤比较严重需要修复，补充氨基葡萄糖类药物和骨胶原蛋白加钙，少做剧烈运动。如果腰椎间盘突出，一般是纤维环破裂导致髓核溢出形成骨刺，所以也要补充氨基葡萄糖修复纤维环损伤，还要模造恢复腰的生理曲度，腰的生理曲度是向前倾25度，可以取仰卧姿势，在腰的下部垫一个毛巾卷，以手掌厚度调舒适为宜，也可以取趴位，在前胸和大腿部位，分别垫起两个枕头让腰腹自然下垂，另外就是强筋壮骨适当锻炼和进补。"

初馨发帖求救："子丑群主，牙疼好几天了，吃了不少药也不见好，疼得晚上都睡不好觉，有什么好办法没有？"

孟子丑回复："如果是火牙，可以打一枚鸡蛋，用开水冲成像豆浆一样的鸡蛋水，再放入三分之一小勺的胡椒粉，调匀温服。"

"群主，突然闹肚子了咋整？"

孟子丑回话："生姜两片切成丝，和绿茶一起用开水泡着喝，再配合敲打按摩足三里和上巨虚、下巨虚穴位。"

"老孟，痛风有什么办法？"

"化验看看尿酸指标高不高？民间素有'南有金线莲，北有冬虫夏草'一说。痛风可以用金线莲泡茶饮，有奇效。"

"群主，酒喝多了，有什么办法没有？"

孟子丑又耐心回复："酒还是少喝有益健康，喝一次大酒对身体的损伤，相当于患一次急性肝炎的伤害。还是用金线莲当茶饮，酒前酒后喝，有解酒护肝功效。"

果不其然，这些小方法让大家屡试不爽。

初馨第二天就报告喜讯："同学们，真灵啊，用了子丑的方子，二十天来我第一次睡了一宿好觉。你们知道吗？能睡一宿好觉，吃一顿可口的好饭，是多大的奢求啊。感谢子丑老同学解除了我的痛苦。"

孟子丑异常兴奋："谢个啥呀？能为大家服务，大家都健康快乐地生活，我特别欣慰。你再巩固三天看看。"

伊曼在孟子丑身后装模作样地擦地，眼皮不住地瞟着电脑："咋咋，呦呦呦，子丑哥治好了我的牙疼，我二十天才睡一宿好觉，你知道吗？多大的奢求啊？"伊曼拧起孟子丑的耳朵："她因为什么牙疼了？你咋没问问呢？是不是想你想的？什么子丑老同学，分明是子丑老情人，给你打暗号呢，你没听明白吗？"

"伊老师，家暴，典型的精神摧残、肉体折磨，君子动口不动手，松开，伤口没长好呢。"

"我看你这些天见瘦了，你们这是单相思啊？还挺会互动啊？我警告你孟小丑，赶紧退了那个群，轻点嘚瑟。"

"这是赤裸裸的威胁，身正不怕影子歪！"孟子丑一拍大腿："我就少句话呀，惹了这些麻烦。"

"约好暗号。"

群里大家纷纷倡议：一定要坚持健康的生活方式，每年体检，在群里晒一晒体检报告，互相监督养生，比一比谁更健康。长远目标，比一比谁更健康长寿。

山野白鹅

（2015年春拍摄于英杰风景区）

向快乐出发

养生的热度在持续发酵,一盆冷水却泼了过来。庞大海又建了一个QQ群,拉进群里的还是这些同学,他的理念是:随遇而安,今朝有酒今朝醉。群名叫"活在当下"。

两个群开始论战,"快乐"群严厉声讨"当下"群搞分裂活动,同时谴责加入"当下"群的同学为"汉奸走狗"。

庞大海反击:"同学聚会,我联系的人最多,凭什么别人没费丝毫力气就享受现成的成果?再说了,人各有各的活法,凭啥要强加于人?我宣布退出'快乐'群。"

私下里传出,庞大海经常请几个同学喝酒聚会,挂在他嘴上的话是,"今朝有酒今朝醉,明日没酒再掂兑"。

这天晚上,庞大海又醉醺醺地在酒桌上讲究起孟子丑来:"别听他胡咧咧,他说的那些个破玩意儿,都是网上抄来的,要是养生能治好病,还开那么多医院干啥?还养那么多医生干吗?"

"胖大海说得对,不听他胡说八道,言论自由,结社自由,谁也干涉不着谁。吃!再整一个,干了!还是咱这个实在。"

"自由自在多好,喝酒就是自由,吃肉就是自在,没酒没肉,活着干吗?"

有的同学明里暗里有意无意间在两个群里传递着信息。有些同学经受不住谴责声,也接受不了那样的理念,毅然地退出了"当下"群。

孟子丑做梦也没想到会出现这样的情况,他更不愿意看到好不容

老吾老悠悠长生草
Laowulao Youyou Changshengcao

易找回来的同学情，就这样闹掰了。他在群里表态："武大郎耍鸭子，各爱一种鸟儿，我们要懂得尊重人权，谁都不能把自己的价值观强加在别人头上。同学们要以理性、包容、尊重的态度对待这件事。既然某些同学对我有意见，我再继续做群主就不合适了，把群主管理权转让给其他德高望重的同学，庞大海做群主我也没意见。"

"不行！有些人早干吗去了？咱们玩得好好的，为什么现在蹦出来给大家添堵？"

"他们这是在搅局。"

越来越多有正义感的同学不断地发声，支持孟子丑。

孟子丑推荐付三生、梁过、晓芳做群主都被推辞。

付三生、黄梦溪、梁过、晓芳等班级的几位"大佬"，实在看不下去，纷纷站出来力挺孟子丑，发出了有分量的声音："我们只认这个群，只认孟子丑！"

"我们就为了健康快乐！"

孟子丑心中不是很痛快，但还是盛情难却呀。

伊曼得知情况又开始唠叨："丑子，挺大个人了，咋说你好呢？不好好在家养病，非整那个破群干吗？不让你整你偏不听，好像给你窟窿桥上似的，这回好了，费力不讨好，沾手上了吧？赶紧退群。"

"你懂啥呀？'燕雀安知鸿鹄之志哉'？"

"孟小丑你就转吧，还志哉呢，不定栽在哪儿呢？"

"伊老师！请您老口上留点德好不好？"

群里要求活动的呼声不断高涨。"大好时光，不能老窝在家里呀。"

"不能光放在嘴上，要落实在行动上。"

"走啊，到大自然中去。"

为了不辜负大家的心意，经过征求大多数人的意见，决定周末到郊区登山郊游。孟子丑发出了快乐户外群活动公告：

活动内容：户外登山有氧运动——寻找长生不老草

活动时间：6月12日（周六）

活动地点：市郊英杰小三清山

集合时间：市区8:00；郊区9:00

集合地点：市区在会展中心南门；郊区在英杰景区山门

活动准备：户外运动冲锋衣、登山鞋、登山杖、遮阳帽子、
手套、丝巾、水壶、护目镜、小铲刀

午餐：农家院吃农家菜

活动形式：AA制，自驾游或者租用旅游大巴车，出车者在
名字后面注明，有油补

活动要求：1. 安全第一，必须注意交通安全和登山安全

2. 听从指挥，不单独乱跑

3. 遵守时间，保持手机畅通

4. 团结友爱，互相帮助

5. 文明出游，保护环境

6. 自主购买人身保险

报名请自动粘贴：1. 孟子丑3人（出车）

2. 梁过5人（出车）

3. 付三生8人（出车）

4. 晓芳3人

5. 慧玲2人

截至封团，报名共58人。

为了表达对孟子丑的支持，付三生他们特意多带了几个朋友。

孟子丑的爱人伊曼带着她的小姐妹苗莉莉也参加了这次户外活动。

临出家门口，父亲还一再小声叮嘱："子丑，别忘了给我找找野麦子，发现山参啥的可挖回来呀！"

由于个人出车不足，不得不再雇用一台旅游大巴。载着58人的专车，从不同方向向目的地行进。

穿梭在初夏的山野长廊里，绿帐半遮着羞涩的太阳，被飞速甩来

老吾老悠悠长生草
Laowulao Youyou Changshengcao

甩去。

久居都市的人们，那情不自禁地歌唱，伴随欢声笑语飘出窗外："跟我走吧！天亮就出发，梦已经醒来，心不会害怕，有一个地方，那是快乐老家，它近在心灵，却远在天涯，我所有的一切都只为找到它，哪怕付出忧伤代价，也许再穿过一条烦恼的河流，明天就要到达！……快乐是永远的家！……"

《快乐老家》的歌声，搅拌着透彻肺腑的负氧离子，弥散山谷。在这个大氧吧里，大家贪婪地狂吸，吐出带有山野味儿的音符，生怕错过这堪比一寸光阴的负氧离子。

放眼望去，满眼的翠绿，野花绽放，歌声回荡在山谷，香气流浪在野坡。蛇也在这个季节生蛋，孕育新的生命。

二十人一组，分三组行动，从山脚往山顶爬行。行动统一由有山村生活经验的周之刃带路，选择坡度在30度以下的缓坡登山。

城里生活久了的人，犹如在笼子里圈久了的困兽，一旦窜出笼子，野性大发。到了这里已经忘却了自我，狂呼乱跳，撒欢狂奔。

在山脚下的灌木丛旁，慧燕先发现一片蒲公英，东北人叫它婆婆丁，她的大嗓门隔两座山都能听到："哎……看啊，婆婆丁，消炎败火，降血脂。"

晓芳跑过来："开的黄花太漂亮了，给我照个相。"大家蜂拥而至，开始照相，挖嫩小的野菜。

丹丹摘下围在脖子上的大红丝巾铺在地上，用一朵朵小黄花摆着五角星，慧燕、晓芳过来："丹丹，你的手真巧，这面五星红旗太漂亮了。"

"照相留念。"

周之刃急了大喊："别停下来，大家先往上走，山上有刺五加，婆婆丁啥时候挖都可以，晾晒干了泡茶喝更好！"

三支队伍穿着各色户外服饰，慢慢悠悠地蛇行到了半山腰。

孟子丑和付三生感到有些累，凑到慧燕那边坐下来喝水。慧燕

"哈哈哈"不停地笑："太好玩了，真开心！"

这时飘来晓芳清脆的山歌："唱山歌哎，这边唱来那边和，山歌好比春江水，不怕滩险弯又多哦弯又多……"

付三生听了一再叫好："好听，好听，刘三姐，好久没听到这么亮的嗓子了，歇过来了走啊！"

孟子丑被扶起："唱歌能减轻疲劳，咱们就边走边玩边唱，来个快乐有氧运动好吧？"

"好！"

孟子丑走起来开始吃力："这次我是登不到山顶了，我在半山腰等你们，三个队拉歌，快乐一队先开始吧。"

"这怎么行？不能把群主扔下。"几个男生找来木棒，绑一副滑竿，硬是把他按上去，抬起来就走。

伊曼跟在担架后边，累得呼哧带喘，眼睛却不停地四处搜寻。唱着歌大家不知不觉地很快就过了半山腰。

周之刃发现了几朵白色的芍药花，高喊："过来呀！过来！这有芍药花，野生的芍药。芍药是一种药材，山里也不好采，它的花有白色的，有粉色的，它的药效治肚子疼、骨痛、脚气、刀伤、鱼刺鲠喉，还有……就是……回去上网查去，观赏照相吧！"

梁过带来的摄影师忙得满头大汗。女士们恨不得把家里的箱子底都翻出来，频繁地更换着衣服，照过旗袍，换婚纱，照过婚纱，照儿少。无不释放着忘我无拘的那种奔放情怀。

终于到了山顶，山上的微风，吹干了头顶的细汗。

付三生就着清风抿一口清茶，眺望远处的小山村，一条小河的河水流过村口的小桥，此情此景使他想起了自己的童年，情不自禁地哼起了《父老乡亲》："我生在一个小山村，那里有我的父老乡亲，胡子里长满故事，憨笑中埋着乡音，一声声喊我乳名，……啊父老乡亲……我勤劳善良的父老乡亲，……树高千尺也忘不了根……"

"子丑，别往边上去，离石头远点。"

老吾老悠悠长生草
Laowulao Youyou Changshengcao

孟子丑注意到，付三生的眼角和自己眼角流下的都不是汗水，两人的手默默地用力握在了一起。

周之刃寻找到了山野菜："大家跟我走，刺五加、老蕨菜、猫爪儿、猴腿儿在背阴坡，过了山脊稍微往下边的慢坡走走，大家散开点。"

周之刃举起一把刺五加："这就是刺五加，矮棵，叶子上有油汪汪的亮光，它的秆儿，带有毛刺，叶子的味道有独特的清香，都闻闻，它的药用能安神补脑，根和叶都可以入药，叶子能吃，用水焯了做汤、包馅、炒鸡蛋都行，现在正是最嫩的时候，小嫩芽先不要采摘，让它再长长。"

"哎呀，我的手扎了，梁过快过来给我拔刺。"晓芳疼得龇牙咧嘴。

梁过扔给她一副手套："让你戴，你偏逞能，该咋是咋的，不听老人言，吃亏在眼前了吧？"

"梁老大爷，该咋是咋的，多谢你了！"

伊曼坐在晓芳跟前，表示关切："哎呀，我看看毛刺剥离出来没有？得顺茬拔。"

"啊，疼，别动。"

"你都不如人家初馨，人家咋没扎手呢？"

"谁？在哪呢？"

"那不是吗？"

"嫂子你可真逗，那是丹丹，初馨在几千公里以外，昨天我们还视频通话了。"

"你看我这个眼神，老眼昏花了。"伊曼傻笑着自嘲下台阶。"他们招呼我了，我去挖菜。"

周之刃又开始介绍："这是老蕨菜，是长寿菜，营养丰富，一尺来长最好，它嫩小秆儿细，头上往下耷拉打卷儿，味道微涩有黏性，营养价值高，有解毒、清热、润肠、降血压作用，出口日本，可以炒肉、凉拌、做馅、做汤。"

孟子丑喊过来周之刃："刃子！帮我找找野生麦子，我爸爸认准了野生麦苗是长生不老的仙草，说榨汁喝抗肿瘤，调五脏升阳气，提高免疫力，平衡体内酸碱度，常喝这个，人就能童颜鹤发，活过120岁轻松小菜。"

周之刃问道："真的吗？"

大家跟随周之刃漫山遍野寻找起了野麦子。一片类似麦苗的野草吸引住了大家，伊曼带来的同小区的姐妹苗莉莉激动地高喊："找到野麦子了！"

梁过揪下两叶放嘴里嚼了嚼，直摇头："这不是野麦子，长出来的穗儿有点类似麦穗儿，颗粒小不饱满，这样的草好多地方都有。"

大家失望地继续寻找。

一阵微风吹过来一股鲜亮的熟悉的清香，似乎在哪里嗅到过，顶风寻过去，在一片荆棘丛生的杂树下，大家停住了脚步，一小片三寸多高、绿油油的嫩草，随微风摆动。

孟子丑俯下身来仔细嗅嗅："是刚才闻到的那股味儿，梁过、刃子，你们闻闻，是这个草吧？"

周之刃蹲下身，揪了几根草闻了闻，又放在嘴里咀嚼，吐了几口："这个是山韭菜，不会错。子丑，你就挖点这个回去吧，你爸不就是用这么高的麦苗榨汁喝吗？反正你爸也不认识野麦子，吃山韭菜对人体更好。"

孟子丑说："这怎么能行呢？"

周之刃介绍道："这山韭菜本来就是药材，学名叫'长生草'，也叫'野麦冬'，你看这个名，有长生还有野麦这几个字，这不是都符合你爸爸的要求吗？这个山韭菜养血健脾，强筋骨，增力气，治疗跌打损伤和刀伤，包饺子，炒鸡蛋特香。还犹豫什么？挖呀！"

孟子丑连根挖了一些，大家伙儿一听说山韭菜能吃，从根上像割草一样，转眼间就把这片山韭菜罢园了。

周之刃的耳尖，他听到了不易被人察觉的杂草"嗖嗖"声，他扬起一只手示意大家别动，一条小蛇已经悄无声息地跟随人群好久，周

老吾老悠悠长生草
Laowulao Youyou Changshengcao

之刃一手拿着一根带叉的木棍儿，一手护着瑟瑟发抖的晓芳。

这个不速之客可把女士们吓得不轻，尖叫乱躲，慌作一团。心不在焉的伊曼躲闪不及，小蛇从她的脚面子上爬过，她的魂儿都不知道哪去了，还没回过神来，脚脖子又崴了。

孟子丑关切地扶起她："没事吧您老？我就少句话呀。"

惊魂落魄的苗莉莉，狠命地往后躲闪，不小心转身踩到了蛇尾，蛇一个猛虎回头，她被蛇咬了下鞋绑。苗莉莉脸色煞白，跌坐在地。

梁过赶紧跑过来扶起她，安慰道："这是刚孵化出的土球子，没毒，不要害怕。"

周之刃嘴里嚼烂一把山韭菜，吐在手上，来到坐在地上揉脚脖子的伊曼跟前："嫂子，把鞋袜子脱下来，这个敷上止痛。"

"这不把鞋袜都弄埋汰了吗？"

"不要脚了？鞋袜重要还是脚重要？回去再洗，要不我给你买新的。"

太阳升过了山冈，大家已经累了，也该满载而归了。

山脚下，一个牧童放着一群牛，老牛低头啃着嫩草，时而抬头警惕地打量这些生疏的面孔，时而"哞……哞……"叫两声，提示小牛犊儿防范这些不速之客。

初生不怕虎的小牛犊儿在母牛身前身后蹦跳着穿来穿去。

小溪中，一群白鹅戏水觅食，遇见下山这么多人，几百只鹅"嘎……嘎……"地躲到小溪对岸，向山坡逃去。

牧童用他漏风的豁牙子呼喊着、奔跑着圈赶鹅群，微风吹动着他的小褂儿和他独有的歪桃小辫发型。仿佛间，似乎穿越到了大清，遇见了勤工俭学的私塾学童？

孟子丑惦记着父亲交代的任务还没有完成，他边帮牧童圈鹅边问道："小朋友，你们这山里有人参吗？"

牧童天真地看着他："有啊！"

"快告诉叔叔，到哪里去挖？你能带我去挖吗？我多多给你钱。"

牧童不解地说:"谁还费那个劲啊,那边的参场里多得是。"

孟子丑沿着牧童指引的方向来到了参场。远远望去,在刺眼的阳光照射下,山坡上一排排褐色的小棚顺山势排列整齐,小棚下培育的山参,正值生长期。展览大厅里,陈列着各种加工制作的人参标本礼盒,看看标价也真是不菲。

孟子丑询问接待的女孩:"买一棵活的人参回去养着,得多少钱?"

"多少钱也不卖,我们只卖成品的人参,还没卖过人参苗呢。"

"小妹妹,通融通融呗。"

架不住大伙的软磨硬泡,接待员给场长打了电话。

孟子丑接过电话:"你好!场长,是这样的,我们家老爷子有点老年痴呆,他整天磨叨着养人参,你说这做儿女的不就是为了尽尽孝心嘛,对!是!图他个乐,我呀打听好多地方才找到你们这里来的,麻烦你了场长,求你行行好给行个方便吧,我们是一个百人的群,有很大的购买力,以后再多给你做做宣传。"

"是这样啊,难得呀,大孝子,我挺敬佩你的,今天就破破例,就按成品价的三折给你。"

"谢谢了场长,谢谢!"

孟子丑买了两株人参苗,苗莉莉一株,梁过一株……

在山村的路边集结候车,梁过游性尚浓,从车里拿出一个纸箱子拆开,用五彩笔大写几个字"卖山野菜,10元四斤,5元二斤",又借来村里小孩子拿的梢条编筐,蹲在路边滑稽地叫卖,引得大家一阵嬉笑。大家挤过来继续拍照,也纷纷过过菜贩子的瘾。

午饭,在农家院吃农家饭菜。饥肠辘辘口舌干,小葱豆腐胜海鲜,无欲方晓养尊处,不是神仙亦神仙。

酒是少不了的,杨过两瓶啤酒下肚,脖子粗脸红,抢过农家院小剧场的麦克风,点了一首《站台》"……我的心在等待,永远在等待……"

晓芳是夫唱妇随,蹿上台伴舞,两口子借着酒劲"……哦……哦,

老吾老悠悠长生草
Laowulao Youyou Changshengcao

在等待!"连唱再蹦,险些把舞台蹦塌了腰,听得老板直皱眉头。

这次户外活动以这样的高潮结束返程。

坐在回程的车里,伊曼调侃孟子丑:"我说小丑,才发现啊,你不但是说谎高手,还是糊弄爹的高手,你爸硬让你给整老年痴呆了,让你挖野生山参,你给弄个养殖的回来,让你找野麦子,你给弄点山韭菜。等着,这回你要再敢惹我,瞧好吧你。"

"威胁我?这是赤裸裸的威胁,而我从来不在压力面前低头。"

"那是你还不知道啥叫压力山大。"

"野麦冬和野麦子有区别?冬就是指能越冬的野麦子,它不还叫长生草吗?它就是一个玩意儿。"

苗莉莉一边笑一边说:"大哥这不是应变能力强嘛,不那么说,人家也不能卖呀。"

孟子丑接茬说:"就是啊,这不是哄老爷子高兴嘛,再说了,价格也很便宜呀,以后啊就买人参苗养,养大了再卖,价格能翻好几番。"

伊曼撇撇嘴:"得了吧你,嘴上说说吧,你能干成啥?你那也叫山参?哎?你爸要是得到真山参,还不得活个千八的呀?看以后你爸要养大熊猫、养狮子老虎啥的你到哪里整去。"

"只要他老人家高兴不糊涂,就不会提那些要求,你说你瞎操什么心啊?回去称称分量,看这次减掉几斤肉,制订个减肥计划,别像个球似的。"

梁过闭着眼睛嘴里淌着口水:"困啊,谁吵吵呢?真有精神头。"

孟子丑的母亲有一个爱好,就是去活动室玩儿个小麻将,父亲爱下棋,也爱扭大秧歌,整天知足常乐的自豪感写在脸上。

这一天,父亲在凉亭里下着棋,嘴里也不闲着:"我跟你说呀,大兄弟,就我那四个儿女,真给我长脸,那些'造反派'现在都赶不上我这个老地主了,你说一个个的,不是早死了,就是栽歪的,你说整人的人,他咋都这个下场呢?报应啊!下辈子他们也休想赶上我这个团队呀!中午到我家吃饭,'刺五加'馅的包子,'刺五加'你见过吗？山菜，药材，安神补脑降血脂，是我老家的镇长给送来的。一会儿再让你见识见识我在山里挖的野生山参，还有那长生草，这些比金条都值钱。"

孟老爷子说得正起劲儿，一没留神被他大兄弟踩了一个马："大哥，咱先尝尝马肉馅的包子吧！"

老爷子伸手要去抢马悔棋，母亲在身后直撇嘴："吹……这回知道吹牛上税了吧？搭进去一匹马，别再把山参搭进去！大兄弟，你不知道吧？你大哥弄来两棵大山参，这回吃了山参，他一准能活个千八百的了，可就成老千岁了。"

父亲不耐烦了："去去去！一边待着去，不打麻将，来这儿瞎搅和个啥？"

母亲阴阳怪气地说："不是没有面和手嘛！老地主，啊不，得叫老千岁了，我说，孟老千岁，您该用膳了，回去晚了，这膳可就凉了，膳凉了不要紧，要再让'旺旺'给吃了，你就蒙圈去吧你。"

在家中，电脑成了抢手货，都争着第一时间传照片，晓芳让摄影师教着做了一个音乐相册。

群里第一个相册也建立起来了，浏览这些记录着快乐瞬间的照片，回味那快乐的时光，免不了让大家偷偷傻笑了好几天。

对于音乐相册，许多人第一次接触，觉得神奇惊艳。每个人的经典照片，伴随《春天在哪里》的儿歌，一幅一幅滚动闪现，让视觉和听觉得到一次抚慰心灵的完美享受，仿佛又回到了童年。

这些人的童年虽然青涩，但是也有许多留恋和美好的回忆，童年天真年少的活力，童年少得可怜的没有污染的绿色食物，还有那率直的小伙伴，大家纷纷忆起童年。

群主孟子丑因势利导："大家热情很高，最近群的讨论主题就确定为'致敬童年'吧！"

老吾老悠悠长生草
Laowulao Youyou Changshengcao

惊骇后的惊呼

事情能够做成做好做大,靠的是天时地利人和,人气最重要。何为群?何为众?三五成群,聚多为众。君羊二字合一为群,君子正直,羊善良,正直和善良的人聚在一起,才能成为一个走得直,行得正,不断走向远方的群体。

古人云:"天下事常出于人意料之外,志同道合,便能引其类。"

孔子曰:"道不同,不相为谋。"

正是有了对健康、对快乐的共同追求,有了对友谊的珍视,大家才能聚在一起。

玩也是上瘾的,群友们不断地打听下次什么时间活动?针对60后的特点,孟子丑和大家商量着该如何开展大型户外活动,觉得每个月出去一到两次是一个不错的选择。

下了班,孟子丑有些疲惫,坐在沙发上看着健康养生节目。受他的影响,父亲能够接受养生理念,经常坐下来也看看讲座。

孟子丑招呼母亲:"妈!你忙啥呢?快点过来看看电视节目吧!看人家专家讲的多在理啊!"

母亲在自己的卧室里,手拿电视遥控器播着台,等着看她喜欢的古装电视剧:"我才不看那个呢,都是套路,做广告骗人,这人该井死,河里是死不了的。你爸那点养老金啊,都买保健品吃药了,这要是活个千八的,制药厂可妥妥的了。老千岁呀!你就等着制药厂给你发杰出贡献奖吧。这个电视剧拍的,不是整天打打杀杀,就是进屋不换拖鞋,谁家人一进屋穿个大皮鞋就往屋里走啊?再不就是外边门铃一响一敲门,里边的人看都不看猫眼儿一眼,也不问问是谁,跑过去就开门,那抢劫的坏蛋,可省着砸门撬锁了,什么导向?脑残!驴踢门挤了脑袋,也整不出这些玩意儿呀!看这些东西,能教育出好孩子来才怪了?"母亲唠叨着。

最近健康节目在讲病从口入,吃出来的疾病是如何从轻逐步演化到严重的过程。专家正在讲述阿尔茨海默病的病理过程。

看了一会儿节目,父亲去里屋问母亲:"你知道啥是阿尔茨海默病吗?"

"知道,不就是帕金森吗?"

"人家讲的是老年痴呆,你说什么?怕啥……怕金身?"

"我说老千岁,还天天学养生呢,连帕金森都不知道,还金身,你念佛呢?吃斋去吧你。"

"我告诉你,人家专家讲了,最初期是失眠健忘症状,再往后逐步是头晕反应迟钝,再发展就是找不到家,意识模糊不认人,最后生活不能自理,严重的瘫痪。"

"那不还是不能动弹吗?"

"那可不一样,海默症是脑子出了问题,你那个是怎么回事?"

"别听那个专家瞎掰扯了,当初不是有个专家说吃茄子好吗?你这顿吃啊,咋样?最后连那个专家都瘪茄子了。"

"你瞎扯什么呀?自己对对号,失眠睡不着觉,老忘事,加点小心吧你。出现老年痴呆,你知道啥原因吗?"

"啥原因啊?"

"吃出来的呗,专家说了,逐年产生的毒素不能排出体外,挂在血管壁上形成斑块,使得血管慢慢变窄,一点点开始堵塞,脑细胞供血供氧不足,小脑慢慢就萎缩了。以后各个方面都得注意了,一个字——少,少吃肉,少放油。"

"我还是那句话,该井里死,河里死不了。你养你的生,我看我的电视,咱们井水不犯河水,出去,出去。"

老吾老悠悠长生草
Laowulao Youyou Changshengcao

"死脑筋。"父亲嘟囔着回了客厅继续看养生节目。

孟子丑和父亲边看边交流："爸，讲的是不是有道理？好好体会教授强调的三句话吧，'最好的医生是自己，医未病大于天，有病去医院'。咱们总算搞明白这个病的原因了，多可怕呀，以后都得注意了，别老吃大鱼大肉了，血液需要净化，血管需要清理。"

父亲急切地说："那就赶紧清啊？"

"爸，不能着急，得慢慢来，明天你和妈先去体检，看看大生化指标怎么样，再让医生会会诊。但是有两点咱们得明白，第一，血管挂了几十年了，不是一朝一夕就可以清理干净的。第二，如果不清理血管，现在没有症状，不代表以后就不发病，咱们这就是预防。"

母亲又开始固执已见："你们爷俩爱咋折腾就咋折腾去，别拉着我，我才不去遭那个罪挨扎抽血呢。抽出去的血，我得养半年，有芦荟吃，啥病我也不会得。"

"妈，体检是给自己的身体把把脉，心里好有个底，有啥不好的？"

"我没病，不去！别浪费那个钱。"

孟子丑向大家推荐，有时间一定多看看健康养生节目。他在家里学起了做养生药膳，还特意买了几本药膳的书学习。

下基层单位工作他都要去职工食堂看看，倡导清淡饮食文化。向工会主席建议，聘请省内一流的心脑血管专家和营养专家，给职工上了一堂生动的健康养生知识讲座课。

然而，生命的脆弱带给人们的往往是秒杀心灵的震撼。受厄尔尼诺现象的影响，这一年的盛夏酷热难耐，地球的纬线就像经不住龙卷风席卷的铁丝网，除了南北极，再没有凉快的地儿。

孟子丑午后正在办公室里整理材料，通讯员慌忙敲开他的门："孟叔，经理让你马上去医院，他们都过去了，单位一个职工死了。"

孟子丑急匆匆赶到医院，还没走上二楼，就听到撕心裂肺的哭喊声："大倪呀！你早晨出去还好好的呢，你这是咋的了？"

"嫂子，怎么回事？"

"子丑啊，我可怎么办啊？你哥没了。"倪大嫂就像抓住了一棵救命的稻草，摇晃着孟子丑的膀子哭诉。

"大夫，这个人是怎么死的？什么病这么快？"

"心肌梗死，到这就不行了。"

揭开床单，大倪脸色紫青，歪着头，穿着工服，衣服袖子上沾着一片儿豆角叶。

孟子丑用酒精棉给大倪擦身擦脸，泪水伴着汗水流淌着，脑子里却不停地画着问号："他什么时候发的病？在哪里发的病？怎么来的医院？来医院之前到底发生了什么？"

穿戴好作古的七件衣服，大倪第一次"享受"到了专车的待遇。

作为工会干部，孟子丑帮助同为师兄弟和群友的倪师傅家人料理完他的后事。

人事部门把大倪的工伤报告送了上去。没多久棘手的问题来了，工伤报告被退回，人寿保险理赔也被拒绝。两家单位虽然都第一时间出现场调查取证，但是认定结果却大大出乎意料。

孟子丑和人事干事领着家属来到人社部门。接待他们的是一位业务水平不高的年轻人："经过我们调查后的结论是，他不能认定为工伤。"

孟子丑听了这话，为民请命的热血一下子冲上头顶，大声喊起来："怎么就认定不上？上班的路上出现意外都是工伤，有没有搞错？他在上班，难道非得在单位发生生产事故伤亡了才算工伤？"

小办事员也提高了嗓门："有理不在声高，你喊什么喊？喊也没用，用事实说话。我们调取了你们单位的监控录像，九点五十二分之前他确实在工作单位，九点五十二分之后，他出了大门，就再没看见他回来的身影，医院接诊的记录是中午十二点三十九分，请问，这两个多小时，他哪里去了？我们有理由怀疑，他是脱岗办私事去了。再说了，他死在医院，要是医疗事故，你也找不着我们啊！"

老吾老悠悠长生草
Laowulao Youyou Changshengcao

家属异常激动，大骂办事员："死人的钱你们也克扣，没人性，不是人！"

随后，家属们被请进了接待室，工作人员播放了拷贝回来的监控视频。

保险公司更是荒谬，拒绝理赔的理由竟然是"有欺诈行为"。理赔员傲慢地回答说："这个人有心脏病史，隐瞒不报，买保险的时候蒙混过关，不能赔付。"

孟子丑怒不可遏："劝人家买保险的时候，你们恨不得跪地下给人家磕头叫爹，现在你们装大爷了？卖保险的时候你们都干啥去了？你们脑袋发昏了？还是灌水了？啊？为什么不领他去体检？有过错也不在他，在你们！咱们法庭上见！"

"啪！"一巴掌拍裂了柜台的玻璃。

这还了得？公然大闹公共场所。几名保安冲过来抓住孟子丑的胳膊把他控制住，倪师傅家属见状上去就撕扯保安，大厅里陷入一片混乱。

随后他们被接警赶来的110警车带进了警局。警察开始询问："都说说吧，到底怎么回事？"

保险公司："他们骗保，无理取闹，故意打砸损坏公物，那个女的还打人。"

孟子丑陈述道："警察同志，我们这边人没了，是来索赔的，在理赔的问题上我们存在巨大分歧，保险公司硬说我们是骗保，不予理赔。正好，你们保险公司不报案，我们报案，让公安来调查，到底是谁骗保，还是谁赖保。我承认我有些激动，不冷静。我向天发誓，我不是故意的，话赶话赶到那了。损坏的玻璃我认赔。"

警察对倪师傅的家属进行了批评教育："大嫂，有理说理，不能动手打人。扰乱公共场所秩序，是要依法受到行政处罚的，看在你家里边刚刚出了事，对你就免予其他处罚了，你要记住今天对你的警告训诫，你可以回去了。"

"不，老孟是为我家的事进来的，要回去一起回去。"

"他暂时还不能走，我们还没调查完。"

孟子丑劝说着哭泣的家属："嫂子，你先回去吧，没事，放心吧，我一定帮你们讨回公道！这也是为我们工人自己讨个说法！"

他又嘱咐人事助理："小马，麻烦你回去给你嫂子打个电话，就说我下乡防汛去了，得几天回来，千万别说我在这儿。"

这一夜，孟子丑在派出所里度过。

公安局法制科连夜在研究派出所报来的对孟子丑给予行政处罚的治安案件。到底该怎么批？这让法制科犯了难，有人主张："这是由经济纠纷引起的治安案件，按照治安管理法取一个中间线处罚，怎么的都能经得起推敲。"

有人主张："保险公司不是说他们骗保吗？这可是刑事案件啊，可得慎重，批治安处罚，保险公司能服气吗？退回去重新侦查。"

"保险公司口头说人家骗保，报案了吗？没报就是心虚。退，退给谁去呀？人家孟子丑可说报案了。可是他要是告就得告诬陷罪，要么到法院打经济官司，那也不归咱们受理呀。"

"不管是谁，不管是什么原因，触犯法律就要接受法律的处罚。"

"这保险公司也不撤案，为了慎重起见，我看批孟子丑行政拘留5天，罚款200元，就这么定了吧，让他自己去赔偿损失。"

次日上午十点多，办案民警向孟子丑宣读了"治安管理处罚决定书"，并告知权利："……孟子丑，如果你对这个治安处罚不服，可以向上级公安机关申请行政复议，还可以打行政官司。"

"不必了，把笔给我。"他唰唰签下了自己的名字，然后把笔一扔："我签字并不代表我对治安处罚的认可，但是请你们放心，签了字我就不会反悔，关我进去，有人会付出代价的。走吧，往哪里去啊？"

倪大嫂眼巴巴地看着孟子丑又上了警车。

五天在别人看来，是一眨眼工夫就过去了，对于孟子丑却显得那么漫长。

老吾老悠悠长生草
Laowulao Youyou Changshengcao

回到家里,母亲埋怨他:"这几天你去哪里了?连个电话也不给家里打一个?"

"妈,我下乡防汛去了。"

"那也得打个电话呀?给你打也打不通。"

"抗洪抢险,那里断电了,没有信号啊。"

伊曼斜倚在门边上眨巴一下眼皮:"住单间的房子,墙又高,房盖又厚,那里能有信号啊?"

孟子丑赶紧摆手给伊曼使眼色,沉痛地对母亲说:"妈,大倪走了。"

母亲诧异地问:"走?谁走了?走哪去了?开会去了?旅游去了?还是出国了?"

"妈呀,大倪没了,都烧完头七了,我就少句话呀。"

"啥?你说啥?"半天没回过神来的母亲喃喃自语:"多好的孩子呀,他才多大年纪呀?怎么说没就没了呢?"

"妈,他是突发心梗没抢救过来。要是注意养生,他也不能这么短命。妈,咱们以后是不是都得注意点了?黄泉路上可没老少啊。这大倪工伤认定不上,保险公司还说骗保,真不讲道理。"

"讨公道啊,你要是不给他讨还这个公道,以后就别回这个家。"

出了拘留所的孟子丑立即开始调查倪师傅事件的真相。他翻看了大倪手机里当天的通话记录,找到通话人了解情况,反复调看当天的监控视频,试图还原当事人那两个多小时的活动轨迹。

孟子丑决定从医院往回查。他来到医院,找到那天接诊的大夫,递上倪师傅的照片:"你好,吴大夫,患者不多啊,您还记不记得,那天你接诊的这个心梗的患者?"

吴医生看了一眼照片:"记得,记得,太可惜了,还不到五十岁吧?他平时肯定是酒肉不离口。"

"是的,您说对了。吴医生,是什么样的人把他送来的?请您好好回忆回忆。"

惊骇后的惊呼

吴医生想了片刻："是一个四十多岁的中等个的男人把他送过来的，穿一件短袖T恤……啊……黄色的，浅黄色的，有白色的横条杠，留……留寸头，好像是个出租车司机，对了，你调一下医院监控录像看看。"

孟子丑来到医院监控室，好说歹说，才同意他调看监控视频。视频显示，在医院大厅和走廊，明显看到了死者生前在事发当日中午十二点三十五分被人搀扶的身影。

他把视频拷贝下来，张贴寻人启事，带着视频截图的照片，走访出租车司机，他一定要找到那位好心的司机。

两天过去了，没有任何结果，他还没恢复的身体，有些吃不消，浑身不住地冒虚汗。

马路上奔驰的出租车车门上的喷字提醒了他，他一拍脑门："瞧我笨的，为什么不去出租车公司总部去找找看？"

功夫不负有心人，在走访到第六家出租车公司的时候，保安看了截图后肯定地说："这是我们公司的满师傅！"

孟子丑要来满师傅的联系电话，约定中午在江边见面。他买来冷饮在树荫下等待。自己擦着汗，等满师傅喝罢饮料，他递过去视频截图："师傅，还记得您送医院的这个人吧？"

满师傅看过截图，有些狐疑："记得这个人，好像是心脏病发作，我送去的医院，没收车钱，怎么了？"

孟子丑轻声说："人没抢救过来。"

满师傅惊讶地瞪大眼睛："啊？你说啥？他可是走着进去的呀！说没就没了？才五十来岁，看着也不像个短寿的人啊！人怎么这么脆？"

"满师傅，你说这五十来岁就没了，老天对他是不是很不公道？我们就是要给他讨回个公道才来找你的。"

"对，应该讨个公道。"

"你是在哪里拉到他的？"

满师傅很有把握地说："在城外，铁道东三……三公里吧，有一个

老吾老悠悠长生草
Laowulao Youyou Changshengcao

储料场,道边,我那天过去是送一个朋友回他妈家,十二点左右回来,这个人在道边拦住我上的车,说去医院,在车上他紧捂胸口,满脸大汗,一个劲地催我快开。"

"好!满师傅,我不耽误你出车了,我要为咱们工人阶级维权,能理解吧?你回去能给我写个证言材料吗?过两天我联系你,到法庭上希望你能出庭做证。"

满师傅一拍胸脯说:"这没问题!"

已经有了一个人证,能够证实倪师傅出现的时间地点,这让孟子丑对追查事件真相增强了信心,他要继续调查下去。

这天下午,孟子丑接到了一个匿名恐吓电话:"你是XXX公司的孟子丑对吧?"

"你好,是我,你是哪位?"

"好你奶奶个球!小子,最好少管闲事,汽车可是有刹车失灵的时候,艾滋病毒也没长眼睛。"

他明白,这是有人心虚,才玩起了这样的下三烂。

单位的领导迫于某种压力,找孟子丑谈话:"来来来,子丑,坐坐。"他殷勤地给孟子丑沏了一杯茶:"子丑啊,最近身体怎么样?可得多注意呀。你说你溺水住过院,又刚在那里出来,长点记性吧,老倪那边我把慰问金都送过去了,又多给开三个月的工资,够意思了吧?你说咱们前后脚进的公司,虽然不是一个师傅教出来的,咱们的师傅可是师兄弟呀,咱们也算同门叔伯师兄弟呀。咱们都不是外人,我明确告诉你,不要再过问这件事了,有点正事吧。"

孟子丑不卑不亢:"谢谢你了大经理。你还记得有师兄弟这码事啊?那当年……"

"哎!老孟,小丑兄弟,打住,打住。好汉不提当年勇,不要恭维我了,胜者王侯败者贼嘛,我也有不少败笔呀,不提了不提了。"

孟子丑轻蔑地看着这个师兄弟经理的拙劣表演。

他不会忘记,就是这位所谓师兄弟的经理,早年就把与人为善、心不设防的孟子丑视为假想敌之一，凡是他认为挡在他仕途道路上的障碍，都必须不择手段地定点清除。每当换新领导之时，孟子丑就会重新遭二茬罪，这个师兄弟都会使出浑身解数，大展溜须拍马之绝技，胡诌诬陷之能事。他悔恨自己没有生姑娘，影响了他的联姻外交。靠着不择手段，他一步步爬上了大位。

有一次他喝醉了酒，酒后失言和他的心腹道白："你知道我为什么能坐上这个位置吗？就是踩住了孟子丑，他文凭比我真，学历比我高，能力比我强，人缘比我好。呗！有个屁用？还不得乖乖地捏在我的手心里。"

有了这个缘故，过去和孟子丑关系不错的人都渐行渐远。这个经理的雄心壮志还蛮高，很早他就觊觎市级副总经理的位置了，听说这位副总经理年底到站，他加紧了运作的步伐，扯钩拉纤和上上级重量级人物论上了同学。

孟子丑没有理会那些压力和威胁，继续调查下去。他隐约注意到，身后总有一双眼睛在盯着他，有几次走到僻静处，都有一辆摩托车从他身边呼啸而过。他早有防范，专门选择在路边的人行道上穿着树空走。

一日黄昏，孟子丑饭后出来遛弯儿，广场舞的舞曲吸引了他，驻足观看片刻，情不自禁地跟在队伍后边模仿舞动起来，一个轮滑男飞速从他身边闪过，似乎有所刮擦。回过神来，他的心紧缩了一下，下意识地环顾四周。

天色渐暗，忽然，狂风大作，天上飘过来一片乌云，一道闪电过后，淅淅沥沥的雨滴犹如断线的珍珠，激起地面的尘埃四处飞溅。

孟子丑只顾急切地往回走，拐了一个弯，迎面匆匆过来一个穿雨衣，蒙头罩脸的人，他下意识地回头张望，身后紧跟两个撑雨伞的人，边走边窃窃私语，他的心怦怦乱跳，即将和蒙面人擦肩而过的瞬间，他飞速躲到一棵大树旁，呼喊："三哥，等我一会儿！"

俗话说："不怕贼偷，就怕贼惦记。"星期天，孟子丑早早起来去

老吾老悠悠长生草
Laowulao Youyou Changshengcao

逛早市。早市上人头攒动,嘈杂的叫卖声,震得耳膜一阵阵嗡嗡作响,琳琅满目的果蔬让人眼花缭乱。年轻的商贩叫卖声高亢洪亮,遛市的却难得碰到几个年轻人,更不要说艳遇年轻娇嫩的美人了。

难得一见的一位"老干部"拐着年轻的娇妻,手拎几棵大葱,被妻子拽到韭菜摊位前,讨价还价。

一元钱三斤的茄子,吸引来几位老头老太太,大兜地装着。孟子丑也凑过去弯腰挑起茄子,他被后边猛挤了一下,一头扎进茄子堆里,等他爬起来才猛然意识到,刚才臀部好像被蜇了一下,他下意识地用手去摸摸,黏糊糊摸了一手的血。他没有声张,暗自咽下了这颗苦果。

他来到医院处置,左臀一个针眼儿,右臀一个0.45厘米宽、0.8厘米深的刀口。处置过后,大夫建议他到防疫站检验一下,看看有没有艾滋病病毒感染的可能。

听了这话,他的头嗡了一下,耳朵不停地鸣叫,头发丝刷地一下竖了起来,他陷入了恐惧之中。

防疫站的试纸检验结果显示HIV病毒抗体为阴性,这让孟子丑舒了一口长气,这口气还没舒完,防疫人员的一句话又让他的心弦再一次绷紧。

回来的路上,他的耳边反反复复响着防疫人员的话:"七天之后,你的抽血化验结果才能出来,再看看那个结果。对了,现在是初筛,你还处于窗口期,三个月后你还得来检查。"

"什么是窗口期?是潜伏期吗?现在筛查的不准确吗?"他的脑子陷入一片空白。

警方介入了调查。

在家休息养伤,闲得无聊,他忽然想起了从小一起长大的发小司连冠,挺长时间没联系了,看看他在忙啥?

司连冠的手机一直处于关机状态,拨打他爱人的电话也不接,他预感到他们家有点什么情况发生。

连续几天,孟子丑总惦记是回事,让伊曼不断地给司连冠的爱人打电话。

对方可下接了电话,伊曼迫不及待地问:"这忙啥呢?急死我了,电话也不接?"

对方在电话里"呜……呜"地哭泣起来。

孟子丑急切地把电话接过来:"不要哭,你慢慢说,别急,到底出了什么事?"

司连冠的媳妇在电话那边哭诉着:"子丑啊,你差一点就见不到老司了。他在两个月前得了急性爆发性胰腺炎,住进了医大附属医院,入院时还能说能走的,没几天医院就发了病危通知,住进了ICU病房,重度昏迷了一个多月。今年夏天酷热,他长期昏迷脑缺氧,大夫说他脑细胞大批受损,现在不能说话,生活完全不能自理。花了好几十万的医疗费,命是勉强捡回来了。大夫说了,以后恢复得好,智力也要严重下降,就得坐轮椅了。"

孟子丑不住地安慰:"咱们谁和谁呀?有病也不说一声,慢慢养不要着急上火,会康复好的,我受了点外伤,等我再好点的,回去看你们。"

防疫站的化验结果还没有出来,忐忑不安的孟子丑正在吃晚饭,手机收到了一条短信:"孟子丑先生,我们遗憾地惊悉您不幸感染了艾滋病毒,对先生的遭遇我们非常同情,向你表示诚挚的慰问!同时对此事我们也深表关切,先生继续活在世上,会让大家深感不安啊。对了,防疫站有没有给你打破伤风和狂犬疫苗啊?七天了还来得及。祝你天天开心快乐,早日升天!"末尾还有几个鬼脸。

气得孟子丑把手机重重地摔在地上,父亲母亲和伊曼都很惊讶,"怎么了生这么大的气?"

"和谁生这么大的气呀?"

"谁惹你了?还是你又惹啥事了?"

"没事。无赖逗闷子。"

孟子丑开始自觉地和人们保持着距离。

老吾老悠悠长生草
Laowulao Youyou Changshengcao

钟大叔冠心病发作，孤独地躺在医院的病房里，老伴儿不在身边，独子远在国外出差。

看到别的患者有家人陪护，他的心里酸酸的，临床家属见他可怜，帮他打水打饭。

万般无奈，他只好打电话求助于孟子丑："子丑啊，我是你钟叔，我这又病了，在医院呢，你弟弟出国了，一时半会儿回不来，还得麻烦你呀。"

"大叔，你放心，你的事就是我的事。"

放下电话，孟子丑犯了难，自己的刀伤还没好，活动也不方便，自己还处于窗口期，这万一……不能去。不行，不能不管啊，怎么办呢？

他想到了苗莉莉："莉莉呀，我是孟哥，在家呢？有个事想麻烦你一下。"

"孟哥，你说吧，千万不要客气。"

"钟大叔病了，住院没人护理，他儿子在国外最快也得十天八天才能回来，我这几天出去不方便，你看能帮忙想想办法吗？"

"这点小事啊，放心吧哥。"

苗莉莉拎着水果找到了病房："大叔，好点了吧？孟子丑有点事情暂时来不了，让我来护理你。"

"这怎么行？你一个女孩子家不方便，不行不行。"钟大叔一再推辞。

苗莉莉实在没办法，只好把孟子丑受伤的事说出来了："大叔啊，你就别客气了，我不在这，还能让孟子丑来呀？他受伤了。"

"什么？又受伤了？伤哪里了？严重不严重？"

"是刀伤。"

"和人打架了吗？谁干的？凶手抓到没有？"

"报案了，可能是得罪什么人了。"

到了晚上，钟大叔说啥也不让苗莉莉留在医院："孩子，你快回去吧，你也有家人，晚上你不能在这里，我没事。"

同病房的护理也劝她回去："有我们呢，你就放心走吧。"

苗莉莉觉得还是不放心，悄悄给雇了一个男钟点护工，专门负责晚间护理。

她嘱咐护工说："工钱我一天一结，记住了，对那个大叔就说你是我哥，来帮我的，千万别提钱，记住了。"

苗莉莉好不容易熬到了钟大叔的儿子从国外回来，向孟子丑交了差。

哪家孩子也不是吓唬大的！孟子丑稍微好一些，又继续调查下去。满师傅开着出租车把他送到了那个储料场，这里是单位存放拆旧物资的地方，白天一般没人，晚间有更夫值班。

"这里离单位的值守点有八百多米，大倪来这里干什么？"带着这个疑问，他又回到了值守点调看监控视频，这次让他有了新的发现，倪师傅手里拎着一把锄头离开的值守点。

他还了解到，储料场院内有空地，值守点的值班员都在那里开一块地种点蔬菜，值班的时候做菜食用。

值班员领着孟子丑又返回储料场，指了一下："这块地就是老倪的。"

在地头扔着两只空矿泉水瓶子。他们开始在院子里搜寻，在院子内东侧厢房的北房山头的地上，发现了一把锄头，三瓶矿泉水。经过这位值班员辨认，这把锄头就是倪师傅的。

孟子丑把这一切都照相录像取证。

孟子丑心中已经有了数。他又找到当天和倪师傅通电话的人，这个人证实："我们是同学，当天我父亲过大寿，我要他来喝喜酒，他来不了，说单位值班现在就他自己还停水，一会儿得出去买水做午饭。"

当天和倪师傅值班的师傅也证实："当天确实停水，我临时出去一会儿，回来就不见他了。"

孟子丑在自来水公司的维修记录本上，查到了事发当日那条输水管线停水维修的记录。

老吾老悠悠长生草
Laowulao Youyou Changshengcao

附近仓买店的女老板看了倪师傅的照片证实:"当天大概在十点多钟,倪师傅在店里买了几瓶水。"至此,真相大白。

孟子丑的心中轻松了许多,领着倪师傅的家属正在和法律援助中心的律师们商量起诉的事情。

老朋友应大哥打来了电话,开门见山:"子丑你没出门吧?"

"没有啊。"

"明天早八点,参加金大哥的葬礼。"

"啥?你说啥?再说一遍!谁没了?"

"金大哥没了。"

"哎呀!我就少句话呀。"他泪如泉涌,呜咽着说:"上个月咱们不是在一起吃火锅了吗?他哪来的病?"

放下电话,他跌坐在沙发里,双手叠握支着垂落在胸前的下巴,两眼一动不动地看着地发呆。

金大哥和孟子丑原来是一个工作单位的好哥们,退休才五年,陪老伴儿去北京看病,他妹妹见哥哥有些消瘦,就劝哥哥做个体检,结果却检查出患了淋巴癌,已经到了晚期开始扩散,回来不到二十天就过世了。

这三位哥们的共同特点是抽烟喝酒,不注重养生预防,没能早发现早治疗。

发小司连冠和金大哥,近几年就没有进行过体检,总是自我感觉良好,不知道自己身体的真正状况是啥样。

司连冠更是自以为是,有胰腺炎、胆囊炎、胆结石,自己不知道,一直认为是胃病,不去大医院检查,还擅自到小诊所去打什么封闭针,最后疼得实在支撑不住,小诊所不敢再留诊了,县级医院也让他转院,这才不得不去省城大医院就医,结果错过了最佳治疗时机。

要说他们缺钱吗?都是有医保的呀,家里经济条件也不错,最主要的就是健康意识出了问题。

孟子丑的心情几近降到了冰点。身边的几个好友纷纷倒下去,让他痛心不已！痛心震惊之余，孟子丑在群里，在他所能够影响到的人群中，用铁的事实，大声疾呼：珍惜生命！关爱健康！

钟大叔的儿子一晃回家护理父亲已经有四十多天了，工作单位一遍又一遍地催促他回去上班："小钟啊，出口的这项外贸业务是你经手的，你得跟踪到底，别人插不上手啊，你不能对公司不负责任啊。"

"经理，我实在是没办法，我爸爸就我一个孩子，他生病了躺在医院，我不管谁管？等他再好好的我就回去上班。"

"小钟，我理解你的难处，可是，独生子女不都这样吗？你可以请护工啊？"

"护工能当儿子使吗？不给他钱他能干吗？他能给我爸养老送终啊？"

钟大叔开始撵儿子了："你回也得回，不回也得回，我已经好了，再住几天大夫就让我出院回家了。孩子啊，找个工作那么容易呀？上次我就耽误你那么多天。"

"大不了辞职不干，再找更好的工作。"

"你是要气死我呀？你要是不走，我也不治了，活着还有啥意思，尽拖累你。"钟大叔说着拔下了点滴管子。

孟子丑和苗莉莉从门外就听到了爷俩的争吵声。孟子丑劝说道："大叔，你这个病不能激动，不能生气。老弟呀，大夫都说了，大叔再过三五天就可以出院了，这里有我们呢，你就安心回去吧，好好工作。这样，你爸恢复得会更快。"

钟大叔的儿子双眼噙着泪花，给孟子丑和苗莉莉深深地鞠了一躬："谢谢哥哥姐姐对我们家的帮助！"

地球不会因为几个雷声而扰乱它的运行轨迹，太阳也不会由于乌云蔽日就改变它的东升西落。

"行多久，方为执着；思多久，方为远见。"路在脚下。

这一年的伏天显得格外的闷热。孩子们快放暑假了，家长也有意让孩子多接触大自然，群友们开展户外活动的呼声也越来越高涨。

老吾老悠悠长生草
Laowulao Youyou Changshengcao

　　苗莉莉提出了一个暑期户外活动策划方案——家长带孩子参加一次湿地夏令营活动，搞一次暑期避暑漂流活动。

　　避暑漂流已经整装待发，目的地——帽儿山。这次群友们的装备更加专业，品牌户外衣裤，品牌登山鞋，更有趣的是，还带了一些玩物道具。

　　晓芳借到了四套红军的服装，带个会吹小号的"挂儿"，要一展风采。

　　帽儿山坐落在市郊东南83公里处，因地壳造山运动，鼓出一个酷似帽盔儿的大山头，因而得名。

　　带有浓郁东北特色的避暑山庄，清一色的木刻楞建筑，颇有点苏俄风格兼威虎山的森林神韵。

　　进了山，才知道什么是天然的凉爽，越往山上走，越是清凉，爽！

　　这次户外活动，增加了几位70后的新人。鲁东胜，心内科大夫，就是在这次活动中他和社区工作的苗莉莉开始相识。

　　上午9：30分开始爬山，上山的路陡峭，蜿蜒漫长，走走停停，需要保持体力。

　　大家学起了孟子丑，把冲锋衣扎在腰间，没带登山杖的人找根木棍作为登山杖。爬了一个多小时还没有到达顶峰脚下。

　　苗莉莉有些体力不支，刚停下来要擦汗，一不小心滑倒在地，身体顺势往下翻滚，吓得她"妈呀！妈呀！"地惊叫，恰好被身后的鲁东胜上前把她拦住。

　　苗莉莉惊魂未定，脸色煞白，紧紧地抓住鲁东胜的胳膊不放，背包里的水壶早已不见了踪影。

　　鲁东胜拿出自己的水壶递给苗莉莉："你没事吧？喝点水压压惊，歇歇再走。"又跑下去找回水壶："我叫鲁东胜，医生。"

　　苗莉莉很是感激："谢谢你啊，鲁大夫，我叫苗莉莉，社区工作者。"鲁东胜抢过苗莉莉的背包，两个人边聊边向山顶登去。

　　山谷里突然响起阵阵冲锋号角，悦耳的号声，无疑像给人们打了

▶ 惊骇后的惊呼

一针兴奋剂，听得满山遍野的各路户外人不约而同地呐喊："冲啊！"

最后登顶这二百米是考验人体力耐力和毅力的关键时刻，坡度足有七十度，要折返着迂回前进。

关键的路段，孟子丑拿出绳索五个人一组，拴在自己的腰上。梁过在前面拉，鲁东胜在后面推，苗莉莉苦苦哀求："不行了，我上不去了。"

孟子丑跟在后面，不断地鼓励："坚持就是胜利，都到这了，咬咬牙，上去就是一哆嗦的事儿。"

鲁东胜也给她鼓劲："还差几十米了，加油！下来咱们就走栈道了。"

梁过晓芳率先登到山顶，梁过舞动起了群旗高喊："哎……我们来了！"

晓芳的"挂儿"燕子，高高举起红色的纱巾，嬉笑着，呼喊着，迎风跑来跑去。

这真是，登山人山头立，手舞纱巾旗漫卷。

多数人登了顶，征服大自然的喜悦都写在每个人汗珠滚动的脸上。

孟子丑站在山顶，边擦汗边欣赏山下的美景。登高远眺，在主峰周围有众多戴着小帽儿的兄弟们簇拥着这位大哥。山脚下的高速公路如同爬行的"白蛇"，翘望着山脚下蜿蜒曲折、潺潺流动的"青蛇"。几条"小白蛇"或掠过寺庙，或掠过村庄，或飞向远方。山下的村庄好似各色排列的火柴盒，玉米大豆水稻列着各式方阵。

孟子丑边欣赏美景边对苗莉莉说："莉莉呀，你说这要是不上来，这趟山不是白登了吗？得多遗憾啊，咱们也是挑战了一下极限，挑战了不可能啊。"

苗莉莉连忙说："是啊，是啊，多亏了孟哥和鲁哥了，谢谢你们俩了。"

鲁东胜接过话头："客气什么？咱们是一个团队，要讲究团队精神，就得互相照应。"

老吾老悠悠长生草
Laowulao Youyou Changshengcao

山顶《斯卡布罗集市》的小号曲响起，整个大山一下子沉寂了，鸟儿站立枝头，空气仿佛把人们凝固在那里一般，只有树叶在优美的旋律中调皮地扇动着翅膀。

人们陶醉在美妙的乐曲中还没有醒来，悦耳的《娘子军连歌》又吹响："向前进！向前进！战士的责任重，妇女的冤仇深，古有花木兰替父去从军，今有娘子军扛枪为人民……"晓芳、燕子和一位女群友，身着娘子军的军装，腰扎皮带，头戴八角帽，木棍比作钢枪，伴随着军歌的旋律，跳起了芭蕾舞。

半路杀出个"党代表"，梁过一身灰色的红军装，高大挺拔的身躯，上扬的单臂，旋转的单腿，给舞蹈增添了几分色彩。

这边刚刚谢幕，那边的沙家浜《智斗》又闪亮登场。梁过的刁德一，黄梦溪的胡传魁，晓芳的阿庆嫂。

是谁带来块蜡染的蓝花布，上书"夏凉高山茶馆"，挂在树上。大家自带茶水，边歇息，边听戏饮茶。

黄梦溪的肚皮被塞了好几件衣服垫个大肚子，刚唱了句："想当初，老子的队伍才开张。"他衣服下边的纽扣开了，从衣角里掉下来一个恶作剧的胸罩，逗得大伙笑得前仰后合。

登山的一位京剧票友受到气氛的感染，即兴演唱了京剧《空城计》。

各路驴友呼喊着要再听听小号演奏，小号手又连续演奏了《西班牙斗牛士》和《拉德茨基进行曲》。

这几个表演赢得掌声阵阵，也引来各路登山群友的赞扬："太爽了，以后咱们也得这么玩。"

要求合影的，要求换衣服表演的，要留QQ号加群的，更有好事者起哄："我出50元，我先照（相）。"

那位也不示弱："我出100元，衣服我先穿。"

鲁东胜和苗莉莉也换上红军服装，被梁过抓拍到合影，孟子丑开了个玩笑："莉莉，这里和丁香公园照出的相，可不一样，背景和人物选择可是关键元素哦。"

苗莉莉不好意思的脸有些泛红:"我再给你和大姐照一组写真,回去我给你们制作写真集!"

"好啊,先谢谢了"。

劳累一扫而光,娱乐和运动的结合,再一次证明了有氧运动的魅力。快乐运动!运动并快乐着!

夜幕降临,帽儿山下,篝火燃烧得越来越旺,红红的火舌和高高挂起的大红灯笼,把整个院落笼罩在红玫瑰花瓣浸染般的梦幻之中。

孟子丑、晓芳、梁过拉起大家的手,围着篝火跳舞,尽享这森林夜色凉爽惬意的美。

梁过读高中的儿子霖霖和苗莉莉读初中的女儿禾禾,都是第一次参加户外活动,他们站在烧烤的槽子旁,手拿钢钎和烧烤师傅学习烤羊肉串。

霖霖颇有感触:"看到父母这么开心,真是发自内心的高兴,他们尽为我们操心了,我们以后得好好报答他们啊。"

禾禾频频点头:"这趟没白来,我们读书都读傻了,出来才知道大自然原来这么美,大自然就是一个大课堂啊!"

跳罢舞,品尝烤全羊的美味。它是用哈尔滨啤酒配二十八味名贵中草药,秘制坑烤而成。开坑的那一刻,如同儿时崩爆米花撬开压力锅时的那声炸响,异香飘向八方,吃得几个小孩儿这块还没啃完,又去摸那一块,大人们是原汤化原食,痛饮啤酒。

深山初升的太阳,总是羞答答地落在报晓的公鸡后面。鸡鸣狗吠,迎来新的曙光,起床号响起,穿衣洗漱一个小时搞定。

上游的阿什河水位比较浅,河面不宽,水流平缓,适合漂流。孟子丑和小孩儿以及稍微年长的女士,坐在宽大的竹筏上,大人们坐上充气的橡皮筏子上。大家的防水衣、救生衣、泼水盆、戏水枪,各个是全副武装。

孟子丑用一根细绳把自己系在竹筏上,艄公见状略有嘲笑:"小孩

老吾老悠悠长生草
Laowulao Youyou Changshengcao

都不怕，有我你怕什么？"

"以防万一。"

艄公一个哨子，漂流启动出发。只见这艄公，瘦高个儿，四十开外，黑里透着红的脸颊，一双看穿人的眼睛，头裹白毛巾，青裤白褂，脚蹬千层底的布鞋，手中的竹篙上下支撑，一会儿竹筏就漂在前边。

孟子丑望着两岸的群山，和孩子们交流："是不是有点'轻舟已过万重山'的感觉呀？"禾禾、霖霖欢喜得好不惬意，频频称道："嗯，太有诗情画意了。"

苗莉莉坐在橡皮筏子上，好不容易追上艄公的筏子，高喊："禾禾！往这看，举手，扬水！"抓拍了几个镜头。

漂过一个缓坡，转了一个弯，驶入一段水流缓慢的河段。梁过舀起一盆水，向苗莉莉的筏子泼去，鲁东胜也不示弱，回敬了两盆子水，苗莉莉、慧玲操起水枪扫射过去，禾禾、霖霖也持水枪加入"战斗"。混战已经分不清阵营，见人就泼，打一枪就躲。

一堆乱石阻塞了河道，中间不到两米的水流，漂筏到此几乎搁浅，顺流而下者多被激流掀翻。梁过被阻在后面，无奈之下，充当起好汉，梳理交通，勇救落水者。

顺流而下，驶入一段弯道，河面开始变窄，两岸生长着茂密的柳条。苗莉莉光顾欣赏两岸的美景，冷不防，岸边柳条里传出一声呐喊："打劫，缴枪不杀！"水枪水炮，一齐开火，打得苗莉莉、鲁东胜丝毫没有还手之力，鲁东胜拼命地划着筏子，苗莉莉淘着水，柳条通里发出一串串得意的怪笑声。

总算跌跌撞撞逃离了伏击圈，回头望去，又一拨漂筏遭到了伏击，两个失去控制的橡皮筏子，径直"自杀式"地撞向柳林，"扑通、扑通"落水湿身。这几个人觉得亏大发了，干脆留下打起伪装，做了"海盗"，誓把"损失"找回来。

擦罢脸，鲁东胜提示："莉莉，快给孟哥他们打电话，小心这里有埋伏。"

惊骇后的惊呼

晓芳、慧燕进入了伏击圈,隐蔽在柳条下的袭击者哪里知道这是为了吸引火力。正当他们得意之时,目标暴露无遗,被岸上悄悄接近的梁过和周之刃带领的弟兄们,来了个凉水灌耗子。

"啊、啊"几声尖叫,如同鼠洞里灌出了几只水耗子。晓芳开心地高歌:"……问渠那得清如许,为有源头活水来……"

拔掉了"暗堡",大家继续漂流,又漂过一个险滩,过一道坎,上下一米多的落差,水流湍急,苗莉莉不小心被颠下了水:"啊……"

鲁东胜见状,本能地一个猛子扎下去,脚没够到底,他在水中急切地搜寻苗莉莉,苗莉莉上下乱串,双手胡乱地抓来抓去。不好,救生衣的带子开了,她又沉了下去,顺水流快速往下漂,嘴里一口一口灌着水。就在苗莉莉又要下沉的当口,鲁东胜紧游了两下,一把抓住她的后背衣服,把她托出了水面。

惊魂未定的苗莉莉,紧紧抓住鲁东胜的手,双目紧闭,脸色煞白,趴在岸边大口大口地往外吐着绿水,浑身如筛糠一样,不停地颤抖。

苗莉莉出现了突发情况,影响了后续队伍漂流的进程,漂过来的筏子纷纷靠岸围拢过来询问情况。

孟子丑、禾禾也从岸边跑过来,禾禾抱住苗莉莉哭喊:"妈妈!妈!你可不能有事啊!"

鲁东胜拉起禾禾:"孩子,你妈妈没事,就是呛了几口水,休息一会儿就好了。"

孟子丑说:"没事了,大家继续漂吧,泼水不要太猛,不要坐偏了,手把住橡皮筏子两边的套儿,还是不要再泼水了,一定注意安全。"

有惊有险,略有遗憾的漂流就这样结束了。

梅开二度待有时

这次漂流过后，鲁东胜了解到，苗莉莉曾经有过一段不幸的婚姻。苗莉莉也在朋友处得知，鲁东胜三年前痛失爱妻，两个人没有孩子。

通过户外活动，他们都互有好感，尤其是苗莉莉怀有一种莫名的感激之情。

在家休息养神，冥想之际，期待的关怀如约而至："你好！小苗啊，我东胜，你好点了吗？没事吧！"

苗莉莉一把抓起电话："你好！鲁大夫，我没事，休息两天就好了，我还没来得及谢谢你呢！太感谢你了！多亏了你相救，要不我真的是回不来了，真的。"

鲁东胜平和地安慰她："不要客气呀，哪有那么严重？不算啥事，救死扶伤本来就是医生的职责，你要是方便的话，下班我去看看你吧！"

苗莉莉犹豫片刻回道："不用了，你那么忙，不麻烦你了，真的不用。"

鲁东胜不舍地说："那好吧，你多保重，过几天再看你，拜拜！"

"你也保重！拜拜！"那边已经挂断了电话，苗莉莉的手机还举在耳边。

第二天上午，苗莉莉被社区主任喊去取东西，一袋红枣、两盒阿胶、二十个苹果、一盒酸奶。

主任调侃她："小伙子是谁呀？文质彬彬的，人挺不错啊。"

苗莉莉的脸忽地红到耳根："主任，别瞎说，就是一个普通朋友，群友。"

一种多年没有被人关心呵护的渴望,忽如久旱逢甘霖,让苗莉莉心中荡起一片片涟漪。

女儿放学回家,看到这些好吃的东西,诡异地追问起来:"妈,家里来客人了?"

"没有啊。"

"你去超市了?"

"没有,啊,去了。"

"你惊慌什么?你怎么舍得花钱买这么多东西?花多少钱?小票呢?哪个超市?"禾禾笑眯眯地继续审问母亲。

"还不老实交代,谁送的?"

"小票丢了,社区送的。"

"不说我也知道,是不是救你那个人来了?"

"去去去,一个小屁孩瞎操什么心?人家能看上我吗?"

"啧啧,有心事了吧?这涉及你的幸福,关乎咱们家的将来。妈你是不是喜欢上他了?我看这个人不错,英雄救美,真勇敢啊,有担当,是个好男人。"

"一边去。"苗莉莉躲到了卧室。

"他什么情况啊?干什么的?有家室没有?我可告诉你呀,不能做小五她姐姐。"禾禾紧追不舍。

"胡咧咧什么?他媳妇去世好几年了。"

"啊呀,厉害呀,我的妈呀,亲妈呀,了解得挺透彻呀?他有孩子吗?这要是招到咱们家做上门女婿……不行,双方家长得见个面,我必须得把把关。"

周日,孟子丑做东为苗莉莉压惊,自然少不得鲁大夫。付三生、梁过、晓芳、黄梦溪,大家也应邀前来赴约。

聚会地点特意选择在松花江湿地公园里面的水上餐厅。据说落过水的人恐水,容易落下后遗症,多接触大自然的水,就能舒缓恐惧

老吾老悠悠长生草
Laowulao Youyou Changshengcao

心理。

湿地公园毗邻太阳岛，坐落在呼兰河汇入松花江的交口处。原生态的蒲草，一望无际的芦苇荡，栖息在这里的野鸭子、山鸡、各色水鸟飞来飞去，自由翱翔。

黄白色的沙滩上像蘑菇一样支起各色遮阳伞，林隙间一顶露营帐篷里传出优美的吉他曲，年轻的姑娘倚在网兜床里，轻轻地摇荡。

躺在沙滩上晒日光浴的少男少女，总会误导视力欠佳的飞鸟，高兴抵临，失望而去。

这里正在举办暑期夏令营活动，年轻的家长带上父母，游玩助兴，有家长的陪伴，使得活动热闹非凡。

沙砌的城堡，打造了一个童话世界，少年儿童沙雕比赛的作品，吸引着参加活动的孩子们。小贩抓住商机贩卖塑料锹铲、模具、塑料桶。现场体验，大人提水，少儿制作。

情景剧比赛现场，评委老师给孩子们点评历史故事《草船借箭》，让孩子们对课本知识有了更直接、更深刻的理解。

湿地一隅，参加中学生环保夏令营的孩子们，采集水样，禾禾与同学测试土壤pH值。

老师在不停地讲解："同学们，湿地是地球的肺，没有呼吸，生命就会停止。鸟儿为什么选择在这里栖息？因为这里满足了它们生存的环境条件。鸟儿是人类的好朋友，是人类生存的晴雨表、风向标。城市里为什么没有这里的鸟儿多？谁来回答这个问题？"

禾禾举手："老师，这里空气水质都比城里好，城里污染严重。"

"是这个意思，有机会带你们到农村去看看，同样是城外，那里的鸟儿为什么没有湿地的多？这个问题先留给你们慢慢思考。同学们从小一定要牢固树立环保意识，为生态文明建设献策出力。记住了，破坏环境，就是自掘坟墓，连鸟儿都逃离的生存环境，人生活在那里能健康长寿吗？"

呼兰河与松花江交汇处的岸边，矗立着一座五星级酒店——雪莲城堡酒店。

通体白色装饰，远看恰似白雪公主微笑着款款走过金色地毯，这里被游客誉为"呼口白宫"。

清澈的河水倒映着蒲草，微风吹拂着绿浪。幸运的人会看到"海市蜃楼"的奇观。

在太阳的照射下，呼口的上空，偶尔会出现红、橘黄、绿、青、紫色五彩的晕圈，挂在"白雪公主"颈项上，使得她那万般迷人的身姿，更加美轮美奂。

水上餐厅造型独特，天鹅厅、海螺厅、鳄鱼厅、荷花厅、威虎厅、乾龙厅，还有神龟厅。

各厅漂浮于蒲草芦苇间，服务生划着小船送菜，啤酒以管道输送，用水表计费。

这里的招牌菜是"神鹰献瑞"，鱼鹰捕鱼，现场烹饪。

孟子丑他们坐着小船，摆渡到神龟厅，餐厅正中悬挂的曹操《龟虽寿》的书法作品吸引了大家的目光。读罢诗词，移目壁画赏析，赞不绝口。

鱼鹰衔着盛有菜肴的草编篓，献上来了招牌菜，八哥在一旁不住嘴的唠吧："请您慢用！欢迎光临！"

打开酒龙头，啤酒花的香气绕梁飘逸。东北人特有的豪爽，四菜开喝，孟子丑举起酒杯："小苗，今天你是主角，主题就是为你压惊，我也落过水，不要怕，慢慢就好了。大家难得周末放松一下，都别客气，吃好喝好，喝好吃好！'盈缩之期，不但在天；养怡之福，可得永年。'为伟大的政治家、军事家、诗人曹操干杯！"

鲁大夫不停地给苗莉莉夹菜："这个鱼呀得多吃点，尤其是深海鱼，对心脑血管特别有好处。木耳呢，是血管的清道夫。鸡蛋含有卵磷脂，对心脏有保护作用……"

黄梦溪见状："呵呵……呵呵……鲁大夫，不愧为医学专家，你是三句话不离本行啊，接着讲，我们也学习学习。"

老吾老悠悠长生草
Laowulao Youyou Changshengcao

孟子丑试着征求鲁大夫的意见:"说真的,群里真的是太需要保健医生了,鲁大夫,你如果能抽出点时间的话,能不能给大家做个保健顾问?"

鲁大夫放下筷子:"东胜求之不得,愿尽绵薄之力。"

苗莉莉低头抿嘴笑,晓芳看看鲁东胜又看看苗莉莉:"看把莉莉高兴的,你同意了?"

"那就这么定了。"

付三生甚是高兴,自己打开酒龙头又放了一杯,他举起酒杯提议:"为我们的'华佗'干杯!"他破例又干下一大杯啤酒。

孟子丑说道:"这几次户外活动的视频发到网上去了,都看到了吧?点击率还很高,要求加群的人也不少,我们的影响力没想到会这么大。"

鲁大夫说:"快乐健康是个境界,许多人没有预防的意识,特别是感觉身体还不错的人,尤其是年轻人,那真是傻小子睡凉炕——全凭火力壮,我们接诊的各色病人,都是一本本活教材呀!咱们做这个事儿非常有意义!一定得坚持下去!"

孟子丑说:"现在养生,是为以后我们老了做点健康储蓄,可是我们转眼就会老的,十年八年就是一晃的事儿,我在想啊,等我们老了还是结伴养老好,我们不能光顾着锻炼养生,还得做点别的,人老了吃饭是个问题、医疗是个问题,需要有人照顾啊。一家一个孩子,有的孩子还不在身边,谁家能照顾过来?怎么个照顾法?莉莉,你知道啊,咱们小区的钟大爷、顾大婶,吃饭、生病护理都遇到困难,感觉到他们有多孤独,这不是个例。他们的今天,就是咱们的明天啊。鲁大夫你知道的,发达国家的医院、医护人员、床位和人口比例,都是怎么配置的吧?咱们是多少?"

鲁大夫皱着眉点点头,又轻轻地摇摇头:"子丑哥说的是啊。我们的病区经常遇到五十岁左右的患者,他们的独生子女请长假来护理他们,工作和尽孝不能兼顾啊。"

苗莉莉思索着说:"志愿者服务是个方向,能解决一些照顾老人的问题。"

黄梦溪问:"我们能加入志愿者行列吗?怎么加入?"

苗莉莉继续说:"我们小区就在招募志愿者,这个队伍会越来越壮大和完善它的管理机制,现在是试行服务项目和服务小时计时积分制。等志愿者到老了,可以享受相应项目小时的免费照料服务。"

"这样好!"大家纷纷叫好称赞。

孟子丑接着说:"居家养老是最现实的做法,小区的功能也不完备,新开发的小区有会所,注重精神层面的需求,阅览室、书画室、棋牌室、健身房、舞厅。莉莉,这些咱们小区还不错,有的小区连一间活动室都没有,食堂和医务室就更别说了。三生啊,你以后再开发是不是得考虑多功能,考虑老龄这个群体了?我认为这是个新需求方向,不能光顾着建商服超市、建学校幼儿园了。"

付三生显得为难:"这得需要政策,需要大量投入啊,会提高开发成本。"

梁过闷了老半天了:"找政府要啊!"

付三生哼了一声:"我就不愿意看有些人装腔作势的嘴脸。"

小芳也憋不住了,冒出一句:"他们就不会老?他们的爹妈就不会老吗?"

黄梦溪说:"要相信政府,国家富强了,一切都会好。中央提出了要让改革开放的红利惠及人民群众。三生啊,你好好研究研究,会有政策支持的。文明社会的一个标志,就是老年人的幸福指数,我建议你的房地产企业也搞一搞需求侧管理。"

聚餐结束后,鲁东胜和苗莉莉在松花江边散步。彼此清晰地感受到了对方释放出来的那份亲切的善意,鲁东胜找着话题:"你看这天不咋热,是吧?吃冰棍吗?"

苗莉莉笑个不停:"看你后背的汗。"又指指他的脸:"都满脸淌汗了,还说不热!"说着又笑个不停。

老吾老悠悠长生草
Laowulao Youyou Changshengcao

鲁东胜憨笑地擦着脸,递上老式冰棍,苗莉莉接过冰棍,笑盈盈地猛然把冰棍送到鲁东胜的嘴里,让他咬了头一口,自己才细细地品起冰棍的味道:"嗯,是小时候的味儿,你知道吗,我小时候最爱吃五分钱一根的了,那是最贵的,奶香加鸡蛋,舍不得钱就老买三分钱的吃,能多吃几根。记得有一年夏天,雨水特别大,我们屯子边的河水涨得平了槽,两岸的人被河水隔断,靠一根绳索传递东西。那天来了一个骑自行车卖冰棍的人,车后座上驮了一个泡沫箱子,外面包了一层棉被。河这边的小孩儿们架不住对岸叫卖声的诱惑,跑过来抢着把自己的几分钱放在小筐里,传到对岸。等轮到我的时候,三分钱是传过去了,往回传冰棍的时候,滑轮卡住了,冰棍在离我两米多远的地方说啥也不动了,眼看着融化的冰棍在小筐里往下滴答水,急得我大哭起来。还是大人跑过来用木杆拴钩,搭过来小筐。我一把抓起冰棍,你说咋的了?"

"咋的了?快说呀!"

"就剩那么一点残渣,还掉地下了。我口叼冰棍杆儿坐在地上心疼地这个哭啊。"

鲁东胜感慨地说:"我那个时候连三分钱的都很少吃,记得冬天的时候,弄点糖精,自己冻冰棍。我还蘸过糖葫芦呢,你爱吃啥味道的?以后我给你蘸,让你丁把儿(总是)吃!"

"丁把儿是谁呀?丁把儿吃了,我吃啥呀?"苗莉莉打着哑谜,啃着冰棒,斜睨着鲁东胜:"啥时候能吃上你蘸的糖葫芦啊?我要吃海棠果的。"

鲁东胜说道:"那得等到冬天,夏天蘸出来不是那个味儿。"

苗莉莉伸出右手的小手指头和鲁东胜拉钩:"说好了,一言为定!"

情人的话语就如同这滔滔江水,直到华灯初放,映衬出夜幕的色彩。

鲁东胜说:"时间不早了,送你回去吧。"

计程车没有打空调,他们并排坐在后座,大汗淋漓。鲁东胜接起一个女孩的电话:"鲁老师,太阳岛的鱼好吃吗?我也想吃了,我在老地方等你。"

"你谁呀?真是莫名其妙。"鲁东胜有点气恼。苗莉莉不露声色,她感受到了他的反应。

电话又打过来,还是个女的:"鲁老师……"

"你谁呀?有完没完了?"鲁东胜压低的声调明显带着愠怒。

"我是护士站,有急诊请你马上回来。怎么这么大脾气?"

"师傅,先去医院,快!"鲁大夫接到医院打来的急诊电话,只能改道,迅速回到了医院。

"莉莉,对不起,不能送你了。"

"都啥时候了,还说这些,快走吧。"苗莉莉付了车钱,随后也跟进了医院。

救护车拉来的是一位七十多岁的男性老年患者,诊断为心梗,已经出现昏迷症状。

经过五个多小时的急救,患者还没有苏醒过来,处于危险状态,他的家属二十多人都赶到医院,焦急地围在抢救室门外。

忙了二半夜,鲁大夫回到医生值班室,见苗莉莉趴在桌子上睡着了,就脱下白大褂,披在她身上。

苗莉莉轻轻抬起头,揉揉眼睛问道:"几点了?"

"十二点多了,你怎么没回去呀?"

"我有点不放心你。"

鲁东胜说:"看到了吧,我们夜班接诊这样的病人是常事儿,治疗并不复杂,以后护理可就需要人手了,黑天白天地倒班,五六个子女的也会折腾得筋疲力尽,以后出院回家,也离不开护理的人了,你说子女少,老人多,能忙过来吗?"

苗莉莉说:"是啊,往后都不敢想。"

苗莉莉起身去洗手间,她洗洗手,用冷水扑扑脸,理理头发,这

老吾老悠悠长生草
Laowulao Youyou Changshengcao

时从镜子里看到洗手间的过道上跌跌撞撞晃荡过来一个男人，她赶忙转身欲离去，腿刚迈出洗手间的门，迎面和这个急匆匆闯进洗手间的人撞个满怀。

这个满嘴酒气，头和手缠着纱布的男人张嘴就骂："你瞎呀？"。

苗莉莉愣了一下，她认出这是她的前夫武大本。

武大本也愣住了，见是苗莉莉骂得更起劲了："你大半夜不好好在家待着，跑这儿骚浪啥来了？"

苗莉莉还口："这是我的自由，你算老几呀？管得着吗？"

"我是孩子他爹，我得为孩子负责！"

"你也不照照镜子看看，就你这个德行，不是喝大酒，就是要大钱，你还配当爹？"

武大本抡起巴掌，咬牙切齿地扇了苗莉莉一个日本大耳刮子："你再说一遍？"

苗莉莉转身便跑，武大本边骂边追。

闻讯跑向走廊的鲁东胜，上去拦住了武大本："住手！不许在这撒野！你什么人？凭什么打人？"

苗莉莉顺势躲到鲁东胜的身后。

"你是谁？滚开！少管闲事，这是我们的家事！"武大本怒吼着，继续转圈地追打苗莉莉。

鲁东胜拼命地阻挡，苗莉莉死死地拽住鲁东胜的衣服，摆过来，摆过去。

这个老鹰抓小鸡，却被母鸡护着的举动，更加激怒了武大本："啊……这就是你那个奸夫啊？怪不得他这么护着你！今天我正好一块收拾！"

鲁东胜被一拳打个趔趄，苗莉莉又重重地挨了两脚。

"护士站，报警，有医闹！"

武大本被闻讯赶来的保安架走，嘴里还不住地怒骂："奸夫淫妇，你们给我等着！"

让武大本这样一闹腾，已经全无困意。苗莉莉被打怕了，惊慌地不住地看着门口，鲁东胜安慰她："别怕，有我呢，这会儿，他应该在派出所醒酒呢。"沉默片刻，他似乎是在自言自语："就这样的人，他怎么能是你的前夫呢？"

"我这一辈子都不想再见到他，不想再提起这个人，冤家路窄呀。"

苗莉莉含泪讲述了她不幸的身世和婚姻。苗莉莉出生在农村，家里五个子女，她排行老大。受封建思想影响，为了延续香火，母亲不停地怀孕，这个刚会走，那个就降生，苗莉莉则一个个带着妹妹们。

由于超生，家里已经被罚得家徒四壁，破旧的两间土坯茅草房，屋里经常只剩半袋粮食，一筐土豆。

接连不断地哄孩子，看护老二、老三、老四、老五，她勉强读到小学三年级。

随着年龄逐渐长大，她经常发现，同学看她的眼神有些不对，背后老像在嘀咕些什么。

有一次她和一个同学因为扫地发生点摩擦，那个同学随口扔出一句："你好？野种、私生子。"

她痛哭着跑回家中追问母亲："妈！他们骂我是私生子，他们说的是真的吗？"

母亲心疼地安慰她："别听他们瞎说，你是妈亲生的。"

"你是不是和别人偷情生的我？"

她注视着母亲的眼睛，从母亲游移的眼神中，她读出这里面一定有故事。

从此，她经常闷闷不乐。闲下来，坐在镜子前，望着自己发呆，再看看父母和妹妹们，和自己长得真有些不一样啊。

她不开心了就跑去后山坡，站在那里凝望松花江。她勤快手巧，也经常去大娘家，帮大娘干点活，陪大娘唠唠嗑，深得大娘的喜欢。

有一天，同学又欺负她，她直接跑到大娘家哭诉。大娘不住地唉

老吾老悠悠长生草
Laowulao Youyou Changshengcao

声叹气:"哎……苦命的孩子,你可得对得起你爹妈呀!他们把你养大不容易。"

"大娘,我求求你了,快告诉我,我到底是哪儿来的?"

"哎,作孽呀,当年流放来一帮北京'知情',大丫头大小儿的,一来二去就有了你。"

听到这个消息,苗莉莉并没有赶到多大的意外。

苗莉莉从十三岁开始就跟父亲下地干农活,她懂得报答养父母的养育之恩。每天天不亮就起来做饭,家里的衣服都是她洗,放学回家放下书包,她就领着二妹妹去后山捡柴。村民们只要看到后山那个背着柴火晃悠悠弱小的身影,就知道那一定是苗家懂事的大丫头。

女大十八变。一晃,苗莉莉出落成了大姑娘,高挑的个儿,白皙清秀的面庞,婀娜的身段,走起路来,后腰摇摆着两条长长的辫子,别说十里八乡,就是走在县城的大街上,也能招来回头羡慕的目光。

相亲说媒的一拨接着一拨。那个年代还是父母之命,媒妁之言。

不幸的是,她被恶棍武大本看中,他放出风来:"我看中的女人,看谁敢动?"

从此,她家再没人敢来提亲。父亲天生胆小怕事,爱贪点小便宜。为了巴结权贵,图个安生,最后父亲逼迫她和村长的儿子武大本订下了亲事。

吃定亲饭那天,苗莉莉郑重地告诉武大本:"你们定你们的,在我这不算数!"

这个"纨绔子弟",一天书不读,倚仗父亲那点权势,横行乡里,东家走,西家串,抽烟喝大酒,放赌抽头,推牌九,谁家要是来客人忘记请他老人家作陪,半年别想消停。

父亲怀揣着一万元彩礼,又添了几个钱,到城里开回来一台小四轮拖拉机。

武大本三天两头跑来套近乎讨好苗家,不是送点豆油,就是拿点白面,再就拎一条子猪肉,捎来一条大鱼。那个爸妈叫的,别提有多亲了，不知情的还以为是亲儿子呢。

苗莉莉一看到他，就恶心得想吐，立马躲到一边去。那天，见他又来献殷勤，摔门而去，武大本追出大门外，就往回拽："干啥去呀？你长这么好看，不在家里守妇道，南北二屯的骚浪个屁？会谁去呀？"

"我爱会谁会谁，你管得着吗？"

"呀哈！我管不着？你和我订了婚，就是我的人，生是老武家的人，死是老武家的鬼，死了都得埋老武家的祖坟地去！"

苗莉莉回头吐了他一口："呸！不嫌碜碜，你家祖坟爱埋谁埋谁。"

武大本蛮横地在大街上撒泼，强行往回拽苗莉莉，看热闹的人出来一胡同子。

武家担心夜长梦多，秋收过后加紧操办婚事，苗莉莉闻讯跑到亲属家躲来躲去。找不到苗莉莉，武大本放出狠话："我一定要见到人，退婚可以，活要见人，咱们当面谈，彩礼加嫁妆还有违约金，拿回来三万，这是约定好了的。她死了，我也要收尸，她是老武家的人，得埋在老武家坟地里，将来和我并骨。"

武大本一天一趟跑到苗家要人"逼债"，口中念念有词："爸妈，你说你们怎么养了这么个忘恩负义的白眼狼？要不就别找了，那点儿彩礼什么的，我爸问过法庭了，连本带利，到年底也就五六万块钱，两年才十来万，好商量。"

"大本啊，要不你先把四轮车开回去，我再想办法。"父亲哀求着武大本。

急火攻心，父亲从此一病不起。

消息传到亲属家，苗莉莉气得牙根痒痒："这个挨千刀的无赖。"为了报答养育之恩，不得已，她绝望地迈进了家门。

"莉莉呀，都怪爸糊涂啊。"养父拉着苗莉莉的手，老泪纵横。

母亲烧水做饭，眼泪"吧嗒……吧嗒"砸在铁锅沿上："回来干啥？就当没养过你。"

老吾老悠悠长生草
Laowulao Youyou Changshengcao

苗莉莉还没坐稳，嗅觉灵敏的武大本带着酒肉前来慰问老丈人，见到苗莉莉，把这小子乐得屁颠屁颠："哎呀，莉莉回来了，你说你去串亲戚，也不往回捎个信儿，看把爸妈惦记的，都有病了。"

"别在这儿猫哭耗子，你到底想咋的？"

"没咋的，结婚，我一直就要和你结婚啊。"

"我是不是迈进你们家大门一步，就算嫁给你了？"

"没错，过往的账一笔勾销。"

"这可是你说的！"

"没错，就是我说的。"

"滚吧，回去准备。"

天空飘着鹅毛大雪，十九岁的苗莉莉被几名彪形大汉"保护"着，"押"上了接亲的四轮车。

她哭天天不应，叫地地不灵，母亲抹着眼泪："这就是她的命啊！"

从新婚之夜开始，苗莉莉不脱衣服睡觉，囫囵个头朝里，躺在炕梢，这在农村叫整捆的柴火——不打腰儿。

她整夜地盘算着怎么逃出这个虎口。

三天回门，她被看在家里，武大本独自回老丈人家，说是苗莉莉感冒了。

婆婆吧嗒着大烟袋，嘴里吐着烟圈，一边往炕沿上磕打烟灰，一边磕打着武大本："你个不中用的东西，丢尽老武家的人了，这好使的骡子马，是哄出来的？你小子压根就没长那小子骨头，废物篓子一个，还不如撒泡尿沁死得了。"

武大本黑天白天地喝酒，晚间就枕着炕沿儿，边喝酒，边折磨苗莉莉，把她手脚绑上，一会儿扒拉一下，不让她睡觉。

折腾得也累了，武大本趴在炕沿儿上睡了。

蒙眬中，他被外面的狗叫声惊醒，猛一抬头，发现苗莉莉不见了踪影。

他奔出屋外，沿着狗叫声一路追去，只见一个黑影向村外狂奔。

苗莉莉光着脚穿着单衣，实在跑不动了，瘫倒在地，武大本像提溜小鸡一样，连拖带拽把苗莉莉提溜回来，免不了一顿暴打。

冻伤了手脚，活动不便。武家加强了防范力度，请人在主要通道安装了脚踏式防盗铃，窗户加了铁栏杆，外加一层铁丝网，安两道铁门，房前屋后各拴两条大狗，晚上还要加岗，加一条苗莉莉从来没见过面的狗，理由是狗咬生人。这样建立起了全方位的人防狗防技防物防的防范体系，令苗莉莉插翅难飞。

日子久了，苗莉莉的心已经开始麻木，每天机械地重复着做饭，扫地，洗衣，整日不说一句话。

武大本仍然不放心，她走到哪里，他跟到哪里，和哪个男人说句话，回来就得挨顿骂，稍有顶嘴，就要被拳脚侍候。

"小满"过后，苗莉莉的表妹要结婚了，约定好的让她去送亲。这天苗莉莉起得很早，找出好久没穿的新衣服，照着镜子试衣服，衣服有点肥了，武大本见状强行把衣服扒下来："不是告诉过你了吗？你不能去！长这么好看，花枝招展的，给谁看啊？咱家的东西不能便宜了别人。让你出这个屋就已经开恩了，别她妈蹬鼻子上脸。"说着拿起剪子，豁开了衣服。

苗莉莉不知道哪里来的劲，上去就抢衣服，两个人撕扯到一起。

武大本把苗莉莉从后腰抱住，按倒在炕沿上，不让她动："我看你往哪去？"

苗莉莉被压在那里，动弹不得，左手在炕上一划拉的当儿，在衣服底下，碰到了那把剪刀，她操起剪刀，往脑后戳去。武大本根本没有防备，被扎在了肩膀头上。疼得他妈呀一声，按住苗莉莉左右开弓，扇了一通脖拐，嘴里骂骂咧咧："你长脾气了，敢跟老子动刀了？"

苗莉莉双耳"嗡嗡"地响个不停，好像被灌进了水，武大本骂啥她压根没听到。

趁着武大本打累了喘息时，苗莉莉操起剪子杀出一条血路，跌跌

老吾老悠悠长生草
Laowulao Youyou Changshengcao

撞撞跑回了娘家。

武大本追来要人，操起木棒把她娘家前后的玻璃全部砸碎，气焰十分嚣张，并扬言说，不跟我回去，杀你们全家。

武大本在老丈人家安营扎寨，他白天三顿酒，晚间和衣头朝里倒在炕梢，半夜大葱蘸大酱，啤酒烧酒再加一个夜宵。酒足饭饱后开始在磨刀石上"咔咔"地磨刀，磨一会儿，就用满嘴的酒气吹吹刀刃，磨累了，坐在板凳上，用锋利的刀刃一根一根刮胡子。

苗莉莉的父亲怀抱一把大斧头，坐在炕沿边上，日夜守护着在炕头缩成一团的全家人。

几天过去了，苗莉莉的耳朵仍然"嗡嗡"叫个不停，别人和她说话，她要大声地问。

到医院检查，是受到外力冲击，左耳耳膜穿孔。那个年代也没有条件医治，治疗不及时，结果落下了病根。

苗莉莉再也不想这样过下去了，她提出了离婚。

恰在此时，苗莉莉发现自己怀孕了。这下武家慌了阵脚，动用了说和人，武老爷子带着礼物，亲自登门赔不是。

武大本一改常态，鼻涕一把、泪一把地跪在地上，做着保证，发着毒誓。

说和人的话，让苗莉莉的心软了下来："出一家门进一家门的，那么容易呢？再说了，孩子是无辜的，能投胎来找咱们，那是老天爷、是佛祖的恩赐，多大的缘分啊！那可是你自己的亲骨肉啊！小生命做掉了，这可是做损啊！大本不是做保证了嘛，就给他一次机会吧！"

转眼间，孩子已经两岁了。武大本又赌输了钱，借着酒劲，大着舌头要苗莉莉戴的手表："我得去翻本，最后再玩一把，就一把，以后要是再玩，你把手给我剁下来，我出门就让车轧死。"

苗莉莉怀抱孩子很是生气："你那还叫手啊？都不如那个狗爪子，你发誓剁多少回手了？怪不得人家都管你叫'武剁手'，你挺那啥呀，下海撑船去吧！"

这话刺痛了"武剁手",他上来一把撸下苗莉莉的手表,摔在石头上,举起锤子,砸个粉碎。一边砸,嘴里还一边叫嚷:"我让你戴!让你戴!"

苗莉莉眼皮一眨巴,脸一扭,嘴角露出了不屑:"狗改了吃屎,还叫狗?你都不如一条好狗。"

第二天一大早,来了两个赌棍,进屋就嚷嚷:"'武剁手'呢?赶紧给我倒房子,这房子他输给我们了。"说着,手里晃动武大本打的字条。这个丧门星,不知躲到哪里去了。

苗莉莉眼前一黑,彻底陷入了绝望。她默默地给孩子喂好饭,洗了衣服,抱着孩子看了又看,亲了又亲,眼泪掉在孩子的小脸上。

她把孩子送到她叔伯大姑姐家,托付照看一下,回到家关紧门,喝下了农药。

幸好她被及时发现,送医院抢救了三天三夜,总算捡回一条命。

母亲劝她说:"傻孩子,不过就不过呗,咋干这个傻事啊?"险些出了人命,武大本被公安狠狠地教育了一番,他害怕了。

这次,一向软弱的父亲首先表态:"离婚,必须得离,一定得离,再和这个牲口过下去,我姑娘就被他折磨死了。"

为了躲开武大本的纠缠,苗莉莉躲到外地的舅舅家继续养病。夜里实在思念孩子,偷偷蒙上被哭泣。

法庭很快开庭,判决他们离婚。苗莉莉获得了自由,可是她没有生活来源,女儿的抚养权,她没有获得。

从此她开始四处漂泊,以打工为生。好强的她开始补习文化知识,最后获得大学文凭,应聘到现在的工作岗位。

条件好转一些了,她要回了孩子的抚养权,并开始寻找自己的生父生母。她只是想知道自己是哪来的,想亲眼看一看自己的亲生父母就知足了。

武大本哪里甘心这个结局。这些年他也边打工,边不间断地寻找着苗莉莉和女儿,幻想着破镜重圆的那一天。

老吾老悠悠长生草
Laowulao Youyou Changshengcao

就这样,苗莉莉和鲁东胜聊到天明,听得鲁东胜目瞪口呆,陪着苗莉莉流了不少眼泪。

他怔怔地看着苗莉莉:"莉莉呀,真没想到,你的经历这么坎坷呀,不去想那些了,都过去了。"

鲁大夫继续上白班,苗莉莉回到社区,她体验到了救死扶伤医护工作者的艰辛。

禾禾早早做好了晚饭,等待母亲下班回家。苗莉莉的鞋还没脱下,禾禾就跑过来,神秘兮兮地说:"失踪了一天一夜,哪去了?是不是跟那个大夫在一起了?太阳岛的鱼好吃吗?"

"那个电话是你打的?"

"侦查一下,给你把把关,发现他有什么反应没有?"

"小死孩崽子,尽捣乱。"

"告诉他,约个时间,双方家长见个面。"

"滚一边去。"

满山红叶似彩霞

(2014年秋拍摄于英杰温泉景区)

社工有烦恼

社区改选，苗莉莉当选为新一届的社区主任。她深感肩上的担子沉重，上班时间更早，下班更晚。社区是一个小社会，必须了解每一个家庭、每一个人的情况，才能把工作做扎实，社会才能够稳定和谐。

这是一个居住了五千多户，一万三千多口人的大型社区。虽然居民家庭人口的基本情况，社区通过人口普查，有些档案记载，但是对老年人、弱势群体的普查资料还很有限。苗莉莉要对这个群体做个普查，掌握第一手资料。

苗莉莉亲自到住户家走访，在活动室、在广场，都能看到她和老人详细交谈的身影。

孟子丑的父亲陪着苗莉莉，在广场的树荫下详细了解钟大叔家的情况，苗莉莉递上一张表："大叔，您最近还好吧？把这个填上，多大年纪了？住多少号楼？几单元？多少室？居住面积多大？家里联系电话多少？子女工作单位？联系电话？您原来的工作单位？社保医保状况？身体状况？有什么病史？老伴儿姓名？年龄？身体状况？您家和您有什么困难需要帮助？您对社区工作，对老龄工作有什么意见和建议？"一连串的问题，记录得她手有点发麻。

钟大叔为人爽快，有啥说啥，填完表格他耿直地说："莉莉主任啊，太感谢你前一段时间，在我生病住院的时候，对我的照顾，你心地善良，为人忠厚，是做主任的料。我就实话实说了，我家的情况，社区还是了解一些的，老孟大哥也知道，老主任也没少帮助我们。要说咱们小区，条件确实不错，超市、学校、幼儿园、浴池、活动会所

老吾老悠悠长生草
Laowulao Youyou Changshengcao

啥的应有尽有，附近小区没有咱们小区功能多。可就是没有医务室，我年龄还不算太大，还能自理，你看那些七老八十的老人，有的活动都有些困难了，需要陪伴照顾。七八十岁了，心脏病啥的，需要有一种对身体情况变化的监测。另外，我们吃饭也有困难，有独居的老人不爱去养老院的，有老伴儿长期去子女那边的，有身体不好需要别人照顾的，有压根就不会做饭的。去养老院需要钱啊，老年人经济条件也不一样，有多少家庭能承担得起？有的人有社保医保，有的没有。同样是一家社保局开养老金，同样是一个行业，开的钱也不一样，有多有少，过去缴费制度不完善，捅捅咕咕的就过去了，该缴纳的没缴，谁的过错？吃亏的是老百姓。算了，不说这些了，总之仨事儿，医疗、吃饭、孤独是目前最大的问题。生存的基本问题没解决好，精神上怎么能充实起来？你们工作也不容易，有的事你们也解决不了，我很理解。但是，你们可以呼吁呀，可以向上反映情况啊，那个，中央领导不是说嘛，'不能让国企职工年轻时流汗，到老了流泪'吗？还说了'人民对美好生活的向往，就是我们的奋斗目标！'说到我们老百姓心坎里去了！大多数人富裕了，有些人还在温饱线上，为老有所养，病有所医而担忧，我们盼着尽快全面实现小康社会呀。"

苗莉莉不停地记录，心里五味杂陈："大叔，感谢您对社区工作的理解支持，我都记下了，放心！您提出的问题，我会如实向上反映，一定会得到解决的，有事找社区！我给您留个电话号码，我24小时开机。"

办公室里，舞蹈队的大妈们在焦急中盼回了苗莉莉："苗主任啊，你可回来了，'舞动龙江'广场舞选拔大赛，区里这关咱是过了，能不能过市里这关，就看咱们能不能提档升级了！"

"服装不改观一下，跳得再好，也不行啊！还得请舞蹈老师编排，不能老那一套了，需要钱啊，这可是咱们社区的荣誉呀。"

"主任肯定有办法。"

苗莉莉坐下来犯了难，社区哪里有钱啊，可群众文化体育活动还是要搞的。

魏大妈端过来一杯凉开水，满脸堆笑："主任，你喝点水凉快凉快，快给主任拿扇子。"

张大妈殷勤地给苗莉莉扇着凉风，魏大马试探性地出了个主意："要不咱再求一回孙行长？"

苗莉莉犹豫了一下："试试吧！"

她勉强拨通了"仁爱银行"孙行长办公室的电话："你好！孙行长，我是社区小苗啊。"

孙行长接起电话："啊……小苗啊！啊……当上主任了，祝贺你！年轻人好好干，大有作为！大有作为！不用谦虚。"

苗莉莉说话慢条斯理的："啊……大家信任呗，行长，你工作忙吗？现在业绩还好吧？储蓄额稳定吗？啊……好，天气热了，要多注意身体呀！"

孙行长说："业绩还行，储蓄额大区第一，哎！小苗，你是不是有啥事啊？不要客气，请讲！"

"孙行长，是这样的，需要我们做宣传啥的，你就吩咐，我们……这个……不好意思，总是麻烦你，还真有点事想请你帮忙，'舞动龙江'广场舞选拔赛，我们有希望参加省里比赛，就是服装旧了点，啊……啊……是……"

小苗是一个腼腆型不爱求人的人，孙行长挺爽快："这点事啊，好说，好说！得多少钱？啊，一万三，好！好！没问题，正好省行刚拨下来一笔宣教费用，你下午派人来取吧！你们那些人以后的……"

苗莉莉乐得合不拢嘴："明白！明白！谢谢行长！我回头动员一下储蓄，你放心吧。"

落实了资金，苗莉莉舒了一口气，魏大妈不停地夸赞："真有能力，佩服！佩服！年轻人就是有魄力！"

"银行对咱们支持这么大，咱们该怎么回报人家？"

"明白，明白。"

"回家我再动员一下我那两个孩子和亲属。"

老吾老悠悠长生草
Laowulao Youyou Changshengcao

隔壁办公室，办事员小艾正在调节37号楼的邻里纠纷，双方争执不下，小艾只好请主任处理。

四十多岁的于姐姐浓妆艳抹，一脸的不服气，比画着锋利的红指甲抢先发难："主任，你给评评理，我家养只小狗，碍着谁了？他为老不尊，老上我们家敲门去，这不是扰民吗？我要不是看在都是邻里的份上，早就报警了。"

楼下的洪大爷气愤地诉说："我家老伴儿心脏不好，怕动静。她家的狗白天叫也就算了，半夜三更地号叫，还挺有点，都在后半夜12点多叫，有时候闹的我老伴儿整夜都失眠，后来我老伴儿就得等它叫完了才睡。有两天我老伴儿左等也不叫，右等也不叫，一直等到天亮，那狗也没叫，过后一打听，人家带着狗回娘家了。你不在家，你倒知会一声啊！"

"我回娘家，还得像停水停电贴告示不成？"

"真不讲理，还有，狗随地大小便不说。有一天下午，就一个《涛声依旧》你唱了五十多遍，狗给她伴唱，鬼哭狼嚎的，要在调上也行。主任你说说，那可是卡拉OK呀，晚间她家的狗扰民，白天组团扰民，你们俩是一个组合呀？还让不让人活了？"

"你们家才是人狗组合呢。"

苗莉莉了解情况后，严肃地批评于姐姐："洪大爷说的都是事实吧？大家一个小区住着，特别是楼上楼下，都是缘分。遵守公德是居民最基本应该做到的，敬老尊老，讲团结，讲友善，你家没有老人吗？我们都有老的时候。换位思考一下，要是你的父母碰到了这种情况，你会有什么反应？要是把老人弄个好歹的，人家儿女能饶过你吗？你的狗有证吗？不管有没有证，都不能扰民，能做到吧？如果做不到，赶快送走，必须送走。"

于姐姐自知理亏，脸不再上扬，侧过去注视墙边那盆刺玫，口咽唾沫默不作声，在苗莉莉一再劝导下，她勉强承认了错误，下了保证："对不起了，大爷，我管好自家的狗，不乱叫，不乱跑。"洪大爷的气消了一多半。

这场纠纷调解得还算圆满,一天下来,着实把苗莉莉累得不轻。

这天,鲁东胜休班,早早地来到社区,既是看看苗莉莉,也是来帮她做点什么。孟子丑家住在一楼,米粥的清香让路人都忍不住咽两下口水,好奇的目光总想探得个香从何来。庭前,苗莉莉和孟子丑坐在小桌前喝粥商量事。

孟子丑见鲁东胜到来,站起来摆了摆手:"鲁大夫,稀客!稀客!没吃早餐吧?来……来……来!尝尝我的药膳粥。"

"酒香不怕巷子深,鱼香猫自来。"

鲁东胜也不客气,坐下来端起饭碗,先闻闻味道,用小勺轻轻搅动,喝了两小口,赞不绝口:"嗯,口感不错,配方也合理,清火解毒消暑,有营养。薏苡仁冬瓜羹、天麻菊花粥正适合这个季节喝。哥,这个玉米面豆沙馅大饼子,要是铁锅烧柴火贴出来的,就更没治了。"

"以后你们跟我回老家,咱们贴一回。"

苗莉莉说:"孟大哥,志愿者的事,咱们是不是扩大一下年龄段?不能只招募年轻的吧?大妈们觉得咱们的群活动形式很吸引人,要求加入群,也去户外锻炼锻炼,见识见识,你看?……"

孟子丑注视着鲁东胜:"鲁大夫也在,我看啊,咱们社区把普查的老年人情况先分分类,看哪些人需要志愿者服务,都需要做什么事?先有针对性地招募那些有技能的人做义工。志愿者的年龄放宽好,尤其是五十、六十岁左右,身体好的人,这样能扩大志愿者的队伍,激发这个群体的积极性,等五六十岁的人老了,活动不便利了,需要志愿者服务的时候,他们能有十年到二十年的志愿者服务的储蓄记录,到时候来支取享用,多好的事啊!要加群的嘛,你审核一下把把关,可以把大妈拽进来。同事、同学、战友也可以介绍进来,这样既可以壮大志愿者的队伍,又可以提高志愿者的影响力。志愿者队伍也得有个名啊!"

苗莉莉点着头:"东胜!你是专业的医务人员,钟大叔和一些老年

老吾老悠悠长生草
Laowulao Youyou Changshengcao

人提出的医疗问题，是最迫切需要解决的问题，你看怎么解决好呢？"

鲁东胜略加思索："难，也不难，现在比较盛行的是居家养老、社区关怀，还有就是医养结合。我看这个小区就来个两者兼而有之的模式。先开一个社区医务室，我可以协调运作医院方面的医疗资源，你们小区是智能化小区，具备居家养老的技术支撑条件，可以开通对老年人身体健康方面的远程监测，还可以开通远程呼救和家庭病床，平时的保健，小毛病就在社区就近解决。医务室得有个场所，保健医生和护士有个地方待，这个就得找政府解决了吧？"

苗莉莉又想起个事："对了，还有吃饭问题！"

孟子丑有些为难地说："这个就难了，需要场所和资金，还有人手，要办就办好，调查好早午晚都有多大需求？测算标准，人手好解决，义工排班就差不多，房屋场地设施怎么办？开销不够哪里补？也得找政府解决。把用餐标准，按成本测算出来是多少？不能收太多，得给老年人点补贴。找找老龄委、民政局、慈善机构。有政策则好，没政策就想别的办法试试！"

鲁大夫夸赞："孟哥！你的粥就是一大特色呀！早餐可以端上餐桌，配几个小菜，蒸几屉包子就能开张了。"

伊曼老师收拾着灶台搭上话来："还别说，每天都有熟人来蹭粥喝，都快成粥铺了。"

她看看鲁东胜和苗莉莉，觉得说秃噜嘴了，不好意思地笑笑说："不好意思啊，别介意，你们是家里人，天天来喝，就是多添两瓢水的事。"

苗莉莉抿嘴笑着："我们就不拿自己当外人了。"

孟子丑有些自豪："钟大爷就爱喝我家熬的粥，有些居民还以为我家开粥铺了呢，时不时跑来买粥。"

苗莉莉顺势对伊曼说："嫂子！在厨房餐厅没解决之前，我想先麻烦你们家一下。"

伊曼倒也爽快："这个……这个，啊哈，不成问题。"几人会意的笑容挂在脸上。

要出去办事，苗莉莉显得底气不足："哥，你见识多，请个假陪我跑一趟呗，我去了不知道怎么说。"

孟子丑鼓励她："士气，不能没出征就打退堂鼓，坚定信心，一定是'得道多助，失道寡助'，还有鲁大夫呢。"

苗莉莉以社区的名义写了个报告，陈述社区老龄工作的现状、发展设想以及诉求。

她和孟子丑早早地就来到公交站，倒了两趟公交车，去拜访老龄委。

老龄委主任办公室的门被轻轻地敲开，主任挺客气："请问你们有什么事吗？"

苗莉莉自我介绍："您好主任，我们是金瑰湾社区的，我姓苗，社区主任。您要是有时间的话，我想把我们社区的老龄工作向您汇报汇报！"说着话把报告递了过去。

老龄委来客很少，有求者登门，虽不能有求必应，但对于他们来说，自然是有些受宠若惊。

听到来意，主任起身热情地和他们握手："快请坐，稀客，稀客，来得真早，我们这好找吧？今天路不那么堵了吧？"说着话，涮过水杯，沏了两杯浓茶。

主任戴上眼镜，拿起报告。苗莉莉透过镜片，看到了两道一闪而过的光彩。主任把报告放在桌面上，摘下眼睛，右手摆弄那支蘸水的黑钢笔，慢条斯理地说："苗主任，你们的老龄工作确实做得很出色，让我耳目一新，非常适合当前中老年群体的特点，有的设想也是超前的，具有探索意识，应该大胆地往前走，探索出一条具有东北特色的、有示范意义的新路来，我全力支持你们。这个，你也知道，啊……这个，我们这个部门是清水衙门，办公经费有限，这样啊，我把你们的情况介绍给财政、民政部门，你再跑跑？我们老龄委一定会全力支持你们的工作，全力支持，抽时间我去你们社区看看，总结推广一下你

老吾老悠悠长生草
Laowulao Youyou Changshengcao

们的老龄工作经验。"

老龄委主任在苗莉莉递过来的报告上签下了"商请财政、民政等单位对老龄工作予以关怀支持为盼！"落款处盖上了老龄委的鲜红大印。

捧着这份盖有老龄委鲜红大印的报告，苗莉莉心中暖暖的，尽管在这里没能讨到一分资金，但是得到了指点和官方介绍。她一再道谢，赶往下一个部门。

孟子丑见得苗莉莉的喜悦，及时鼓励："莉莉，还是有效果的，旗开得胜，这几个字，字字值千金啊，这个大印含金量可就更大了。"

财政局的大楼独处一隅，两块大木牌子立在门两侧，台阶也明显比左右邻居的楼房台阶多出好些级数。苗莉莉、孟子丑在门前徘徊了一会儿，还是鼓足了勇气迈上台阶。

门口的保安还算客气："哪个单位的？证件。"

苗莉莉递上自己的身份证："我们是社区的。"

"会见谁？有预约吗？"

苗莉莉没来过财政局，也不知道找谁，她看着孟子丑。

"我们是社区的，老龄委介绍来申请资金，你看我们应该找谁？"孟子丑说。

"找预算中心，我给你们问问，填会客单。"保安拨通了预算中心的电话："刘主任，老龄委介绍来两位社区的同志申请资金，你有时间接待吗？"

预算中心主任："我要接待的人、处理的业务，上午都排满了，下午还有个会，让他们明天上午来吧！"

怀揣希望，又挤上公交车，第二天，苗莉莉和孟子丑早早坐在财政局会客室外的长椅上等候，本以为来得早，就能先见到领导。进进出出，左一个嘴角上扬的人出来，右一个耷拉着八字眉的人过去，快近午休时分了，才轮到接见他们。

苗莉莉小心翼翼地递上报告，赔着笑脸："领导你好！我是社区工作的主任，老龄委介绍过来的，这个报告，请您过过目！"

预算中心主任是位年轻干部，戴一副近视眼镜，颇有几分书生气，坐在转椅上，正了正领带，他放下报告，起身伸伸筋骨，从饮水机倒了一杯水，回座喝了两口，注视苗莉莉片刻："主任同志，我很钦佩你们所做的老龄工作，也很同情你们遇到的困难，可是财政也没有这笔专款预算啊！就算有预算，今年的预算盘子也安排满了，你看这教育经费、公益事业、基础设施建设、医疗卫生、公务员开支、扶贫都得财政拿钱啊，财政收入有限，请你理解。哎？……对了，民政部门有扶贫资金啊，你再找找民政局。"

苗莉莉目光暗淡，咽喉发紧，谢过领导，起身退出，孟子丑心里堵堵的。

从清凉的大厅走出，一股热浪从头泼到脚跟，浑身立马大汗淋漓。迈下最后一级台阶，苗莉莉趔趄了一下，他们奔向驶过来的公交车。

中午简单吃个盒饭，苗莉莉感慨地说："我们登了那么多的山峰，当我们站在山顶的时候，那种征服大自然的成就感，真让我们自豪，可这几步台阶，我怎么觉得比登上帽儿山都难啊？"

"莉莉，登山锻炼人的体魄，磨炼人的意志，这才哪到哪？啥都不算，以后还会有许多困难等着我们呢，只要坚强，广开思路，什么困难都会战胜。莉莉呀，对不起呀，漂流我就少句话呀，让你……"

"哥，对不起的是我，我是社区主任，出来跑，是我的工作职责，大热天的让你陪我出来受罪，真过意不去。"

"莉莉，你这样想就错了，社区住着我和我的父母，我不也有老的那一天吗？我没有那么高尚，这不也是在为我们自己的将来在努力、在布局嘛。"

下午继续拜访民政局。这次苗莉莉要找民政局主要领导，传达室告诉她："一把手去外地开会了，要三天后才回来，别人你还见吗？"苗莉莉这次下了决心，这次谁也不找，一定要见到一把手。

连续五天，苗莉莉独闯民政局都没能堵着领导，她已经灰心，不

老吾老悠悠长生草
Laowulao Youyou Changshengcao

想再去了。

孟子丑劝慰道:"行就行,不行就拉倒呗,跑跑腿,废废嘴,咱们也没搭啥呀。"

"哥,你说,那样的脸……真是的,行就行,不行还扯那些没用的。"

"这样,莉莉,我再最后陪你去一趟。"

他们紧赶慢赶,这次见到了领导,民政局领导正要关门出去,苗莉莉也顾不了那么多了:"领导,我是社区的,有事向你汇报,就耽误你五分钟。"

领导接待了她,照例她把报告递上去,领导戴上眼镜看罢,缓缓地说:"这个,民政是有扶贫救济资金,发大水呀、地震呀、着火呀、自然灾害什么的,这得救灾、救济。贫困人口、够低保救济条件的你们有吗?得够救济条件,专款专用。老红军、老八路、抗美援朝的老兵有没有啊?救济是讲政策讲条件的,救济款不能随便发,是有审计跟着的……"

听得苗莉莉的左耳"嗡嗡"作响,心里又是好顿郁闷,半天没说出话来,她冲领导摆了摆手,起身轻轻地推开门,迈着沉重的步伐,不知道怎么离开的民政局。

回到社区,中心广场围着一群人,武大本声泪俱下地在控诉着苗莉莉,一副受害者的模样。

苗莉莉冲过去高喊一声:"武剁手!你这个无赖,咱们都离婚多少年了,你还来纠缠不休?你要是再这样胡搅蛮缠,可别怪我报警抓你!"

"呀哈!你个养汉老婆,你还长本事了?"

孟子丑劝导大家离开:"都散了吧,别听这个人胡说八道,他早上出门忘吃药了。"

武大本耍起泼来更加来劲,扯大嗓门呼喊着:"大家都看看这个不要脸的破鞋啊,都认识她吧?就是她。扯仨拽俩,这又挂上一个鞋底磨出窟窿的，你这个不要脸的破鞋，你报警啊？报啊？"

边喊边扑过去撕扯苗莉莉的头发："像你这样的破鞋，就得挂个大牌子游街示众。"

孟子丑不顾一切地冲上去解围，他抓住武大本的手，用力往开掰，怒吼："放开她！大家快拨打110报警。"

这更加激怒了武大本，他抽出一只手，照着孟子丑的面部就是一拳："奸夫！我让你护着她。"

孟子丑的鼻孔喷出两条鲜红的抛物线，他像一根木头一样，仰面朝天栽了下去。

苗莉莉哭喊着扑到孟子丑的身上："孟哥，孟哥！你怎么了？你醒醒啊！"

武大本的拳头僵硬在半空中，整个人傻在那里。有人高喊一声："警察来了！"他方从梦中醒来，兔子撒鹰一般逃窜。

孟子丑再一次进了抢救室。他鼻梁骨骨折，影响到了呼吸，靠呼吸机帮助呼吸，头部水肿让他一直处于昏迷状态。

苗莉莉一再跟伊曼赔着不是："姐，都怪我，让姐夫受这么大的伤害，对不起啊。"

伊曼哀叹一声："姐怎么能怪你呢？这就是他的命，谁让他不听劝，老爱管闲事呢。"

颈椎手术又被提到了日程，骨科大夫不无遗憾地说："上次要是手术了，他就不会受这么大的伤，幸亏头部没磕到尖锐硬物上，该下决心了，如果不做手术，下次兴许就没这么幸运了。"

骨科大夫详细地给孟子丑及其家属介绍手术的方案，告知一切可能的风险，特别交代：出现任何情况均属正常，患者已被院方告知，自愿接受手术，任何风险和院方无关。

伊曼又一次打了退堂鼓，母亲只是不停地哭泣，孟子丑异常坚定："我宁可这样死，也绝不那样活！"

无奈之下，伊曼颤抖的手在手术意见书上签下了自己的名字。

老吾老悠悠长生草
Laowulao Youyou Changshengcao

　　社区建立医疗室的事，鲁东胜和院长苦苦游说："老师，您看，咱们三甲医院得和国际接轨，发达国家早就这么做了，再说了，两万来人口，还有附近社区，多大的医疗资源啊，各家医院的竞争您又不是不知道。"

　　院长说："小鲁啊，你是我的得意门生，你的过人之处就是不但业务水平精湛，而且你身上具备一种一般人没有的素质，你可不要辜负我对你的期望啊。这件事容我考虑考虑，办这事也得开院长办公会研究啊。"

　　院长和院办工作人员来到社区实地考察，了解民意，钟大叔反映情况："我们一般没有大病是不去住院的，小毛病能就近打打针、吃点药就行，药得大夫来开呀，再就是就近做点常规检查。"

　　"主要是平时的保健，还有我们小区离最近的医院也有三公里，现在交通堵塞这么严重，真有个心梗啥的，等120救护车到这，都错过最佳抢救时间了。"

　　"那老谁家那谁了的，才多大岁数啊，不就是因为堵车，救护车来晚了，就没了嘛，太可惜了。"居民们纷纷反映情况，表达诉求。

　　大爷大妈们渴望祈求的目光在院长的脑海中闪现了好几天。他召开了院长办公会，院长首先说："金瑰湾社区请求建立保健医务室的事，私下我和几位院长还有科主任沟通过，我们也实地考察过，大家有不同的意见，今天想再听听大家的看法。"

　　副院长说话直截了当："这个事我不赞成，理由有三：一是上边没有要求我们必须进社区，二是需要很多投入，三是我们会背上包袱。"

　　心内科主任："我们接诊的患者，本来就忙不过来，但是我们心内科接诊的急诊多，心梗的死亡率还是很高的，进社区普及健康知识，也是我们应该做的工作，进不进社区各有利弊，还是院长定吧，我们执行就是了。"

　　争论正反方意见各不相让，院长权衡后果断拍板："暂且不说医疗市场的占领问题，如果医疗健康知识普及到位，能减少重大疾病的发病人数，推迟发病的时间，能减少多少人的痛苦？减少多少家庭的负担？能节省出来多少医疗资源？就近及时抢救，能捡回多少人的命？成全多少完整的家庭？我想这些，大家比谁都清楚。我们常讲爱国敬业，怎么体现？国是啥？没有人民空有江山吗？记住我们医务工作者的社会责任，救死扶伤就局限在医院的一亩三分地吗？不要再争论了，我看办这个事值得，推广建立社区医院是个方向，国外和发达地区已经在探索医养结合了。没别的意见了吧？啊？好！就这么办了！社区暂时腾出两间房做医务室和诊室，医生轮值，护士嘛，固定的好，家庭病房可以搞，远程监测这事，了解一下国内外先进的设施设备，测算一下再定，先把目前能做的干起来！"

苗莉莉第一时间接到鲁东胜的电话，得到这个消息让她欣喜，一下子把最近到各个部门跑资金遇到的不悦，抛到了九霄云外。

孟子丑被护士从病房里接出来，躺在手术车上，几百米的长廊显得那么的漫长，他被推进了手术室的头道门。

门外，家人们忧心忡忡，在走廊里走来走去。

门里，孟子丑躺在手术车上，脚冲着墙，排着队。

伊曼和女儿每隔几分钟就透过门缝往里边看看，赶上有医护人员进出，她们都要和孟子丑摆摆手，朝他笑一笑，鼓励着他。付三生、梁过、鲁东胜坐在椅子上默不作声，苗莉莉持有几分愧疚地陪着伊曼。

前面排有五个人，都静静地躺在车上，眼睛望着天花板，脑子里各自想着各自的事。

室内死一般的寂静。

孟子丑在遐想中听到护士轻声喊道："刘菁素！"排在第一位的患者举了一下手："我是。"

这位患者被护士推走的车轱辘声，惊得第二个患者身上不停地发抖，车底板渗出的黄水，"嘀嗒！嘀嗒"敲打着地面砖，就像冬天里的铁锤砸在心上一般。

又一名护士出来接人，还没等靠近她，只听"嗷"的一声，她发了疯一样逃出了手术室。

老吾老悠悠长生草
Laowulao Youyou Changshengcao

等待，一个小时的等待，好像过了一个世纪那么漫长，让孟子丑体验到了从来没有过的煎熬。拉皮肉的时候我会不会有知觉？我能忍受住疼痛吗？拉骨头会用什么锯呢？我万一要是下不了手术台……我可什么都没交代呀。

他猛然想起，送已故的亲属老人去殡仪馆火化的情景，等待火化的遗体就是这样躺在架子车上，脚冲着墙，排成这样的队等候，这让孟子丑不寒而栗。

突然，手术室里一片漆黑，滚滚的雷声带起的凉风撩动着窗帘，闪电划过，惊动了一张张骷髅一样的脸。

听说过有候任总统，也有候任长官，今天在这里见识到了，啥叫候任挨刀儿的。

恢复了供电，护士轻轻的脚步声和柔和的话语，把孟子丑从惊悚的胡思乱想中唤醒："孟子丑！哪一位？"

听到喊自己的名字，他的心颤抖了一下，暗暗给自己壮胆，上了贼船，就是手一牟拉，心一散，两眼一闭，爱咋咋的！

"我，孟子丑。"

躺在手术台上，麻醉师和他聊着闲嗑："多大了？挺会保养的。"

"四十八。"

"不要紧张，就拉一个小口，像拔根刺儿一样。"

话音没落，都还没感觉到麻醉师是怎么靠近自己的，人已经完全被麻翻在地。

家人们在手术室外的走廊里焦急地等待，母亲坐在排椅上闭目祈祷，女儿靠在她的怀里发呆，父亲在走廊里不停地走来走去，伊曼翻看着资料，哥哥妹妹手拿面包和水劝说着大家垫补一下。

六个半小时过去了，手术室的门开了一次又一次，门灯再次点亮，终于，孟子丑被推了出来，他满脸蜡黄，双目紧闭，静静地躺在手术车上。

护士拎着三个吊瓶，麻醉师不停地喊着："老孟！老孟！"并用手轻轻地拍着他的胳膊。

到了病房，孟子丑蒙眬中看到几个人影，伊曼晃着手指："这是啥？"

"啊？"他从牙缝里挤出个声音，又昏睡过去。

过了半个时辰，孟子丑轻轻咳嗽了一声，女儿摇摇他的胳膊："爸，爸，你醒了？"

孟子丑慢慢睁开了眼睛，女儿喜极而泣："爸，你看都谁来了？"

他用微弱的声音说："爸妈、莉莉、三生，你们都来了。"

伊曼叫来了大夫："大夫，他醒了，醒了。"

手术大夫慢慢俯下身："动动手指，这个手，一个手指一个手指动，哎！好！再动那只手，好！动脚趾，大拇指，小拇指，哎！好！再动那只脚，好！哎！一切正常，手术成功！病人需要休息，你们留一个陪护，其他的人都撤吧。"

女儿擦着眼泪露出了笑容，父亲、母亲、伊曼悬着的心，一下子放了下来。

当夜，由于麻醉药的作用，孟子丑没有感觉到怎么疼痛，昏昏沉沉进入了梦乡。

伊曼整夜未眠，每个小时记录一次监视仪的数据和尿样的数据，时不时按动一下止痛泵。她看着点滴的进度，疲惫地进出呼喊护士换药。

对床老爷爷那喘息的哨鸣，如同草木余灰的炉火，无力地撩动水壶盖儿的气阀。

伊曼迷糊了一下，自己已经老态龙钟，孟子丑始终没有苏醒过来。她瘫倒了，在墙角加了一张床，像那个老爷爷一样，浑身插满了管子，土墙窗户糊了一层层结了壳的报纸，潮湿的雾气伸手不见五指，冰冷的露滴吧嗒吧嗒落在脸上，呼叫铃怎么也按不下去，灯泡的灯丝熔断，满屋腥臭。新孵化的小鸟，生出两颗牙，狠命地啃嚼那唯一的冻豆包，羽翼尚未丰，刚欲扇动，一把鬼头大刀的刀背就砸断了翅膀。

老吾老悠悠长生草
Laowulao Youyou Changshengcao

一个戴着面具的人闯进病房，柔声细语地劝说："像你们这样的人还活着干什么？安乐死吧，赶紧把这个喝了，好给好人倒地方。"

"我早都活腻了，可是我的孩子还小，我死了，她怎么办？老头怎么办？她会痛苦的。"

"你都是要死的人了，还操什么心？我给你一个安全账户，把你家的钱都转到我的卡里，我替你保管扶养她呀，房子也必须过户给我，我给你们修一个上天堂的天梯。"

一个年轻的男子，梳着一撮马尾辫，文着细细的柳叶眉，身披白色的拖地纱衣，手提一个无底的水果篮，飘了进来，不容分说，嬉笑着搊起她就是一顿捶背，血红的大嘴巴贴近她的耳朵，两只带鱼钩的大耳环挂住了她的腮帮子，双手摇晃她的肩膀，嗲声嗲气地撒娇："亲爱的，人家就是要你买这套保健品嘛，吃下去变成十八，我们就能比翼双飞了。"

一个凶神恶煞的人闯了进来，不容分说，魔爪掐住孟子丑的脖子，把他提溜起来，绕了一圈，甩到墙上摔断了气，鬼头大刀架在她的脖子上，瓮声瓮气地吼着："和她啰唆什么？委托书按上她的手印，填表，捐献器官！手术刀拿来，要活体的，趁热乎，抽血灌血肠。"

手起刀落，切开了伊曼的肚子，她"啊"的一声喊叫，惊醒了孟子丑："你怎么了？"

"吓死我了，做了个噩梦。"她喘着粗气，拽过毛巾，擦着额头的冷汗，"以后咱俩要是像这个大爷一样躺在那儿，一边一个，孩子可怎么受得了？"

"要不我怎么老让你减肥呢，积累了好身体，这才是财富，少得病，不得重病，就是对孩子最大的帮助。"

麻药劲儿已经完全消失，疼痛让他再也无法入睡，按动止痛泵的频率明显多了一些，身体插了几根管子，左右动弹不得。

女儿早早溜进病房，打水打饭，给父亲擦脸洗手。护士换过药，她边给父亲喂流食，边给他讲学校的事："爸，你知道现在的大学生和你们那时候有什么不一样吗?"

"说说看。"气若游丝的孟子丑想,聊天分散注意力,能减轻点疼痛吧。

"你们那时候有挂科的吗?"

"怎么可能?挂科拿不到文凭,大学不是白考了吗?"

"不知道了吧?我们班就有六个挂科的,这几个人有的也挺努力,有的是真玩儿啊,泡网吧、打游戏,都玩出了花儿了。学校为了激励学生学习,想了好多办法,最后一招就是抓,听说用3%的挂科比例,抓那些不学习的,每学期都有劝退的学生。"

"怎么这么不争气?考大学的苦白受了,怎么对家长交代?孩子,你不会挂科了吧?"

"凭你姑娘的智商能挂科?"

护士查房,护士长说:"二床留一个人护理,其他人等到探视时间来探视。一床把东西放柜里,不许用电热。"

女儿说:"妈,你熬了一夜了,回去休息吧,我在这。"

"千万注意,不能翻身,有事及时找医生护士。"

"放心吧,妈。"

女儿继续和爸爸聊天:"爸你是没看见啊,被劝退的学生家长来学校,老泪纵横,苦苦哀求啊,都给校长跪下了,你想啊,要复学,可能吗?我们看了是真不落忍啊。"

"这些孩子都是怎么了?怎么就不知道珍惜呢?是富家子弟呀?"

"哪里呀,就一个家里条件还不错的。现在同学关系也复杂,爸你不知道吧?一到周末有的同学就被小车接走了,大家就猜测他们的家庭背景,是大家闺秀,还是官宦子孙?神秘呀,人家那才叫深沉,在校从来不嘚瑟,衣着朴素,一样和大家在食堂排饭。"

"这就是教养吧。"孟子丑喝着女儿榨的苹果汁,"给老爷爷削一个苹果。"

护士点滴的小车推到了门口:"一床二床家属出来拿药。叫什么名

老吾老悠悠长生草
Laowulao Youyou Changshengcao

字？签字。"

女儿把点滴袋挂在点滴架上，护士发了一圈药，进来又核对一遍名字，扎静脉针，点滴管里的药液嘀嗒嘀嗒进入孟子丑的体内。

孟子丑看着点滴管里的药液一秒一滴地落下，感慨地说："药是慢慢地随着分分秒秒地流逝，最后就见底了，压力越大，放得越快，空得越快。孩子，你想过吗？我和你妈假如得重病长期卧床，你怎么应对？"

"那还用说？侍候你们呗。"

"你不上班工作？不结婚啊？你如果工作去了外地，如何兼顾？"

"爸，你没事瞎琢磨什么呢？"

"不是爸瞎琢磨，我和你妈终归有老了的时候，有动不了的那一天，你可怎么办？到那个时候你上有老，下有小，四个老人呢。你看你爷爷奶奶，有我们四个儿女呢，大家可以分担养老的压力。"

对床的护工出去打水，股骨头骨折的老爷爷咳痰不止，伸了几次手，没能够到纸。

"孩子，过去帮帮老爷爷。"

老爷爷接过纸，擦拭嘴角，无神的眼睛凝望天花板，连说："谢谢，谢谢。"

"大爷，怎么没看见你的家人呢？"

老爷爷沉默良久，哀叹："都死了，我两个儿子，小的死于车祸，老伴儿经受不住打击，没一年也跟去了。大儿子脑瘫，我们侍候了他五十多年，还不如死了呢。"

"对不起，大爷，没想到会这样。"沉默了一会儿，孟子丑试探性地问："大爷，你住医院了，大儿子怎么办？"

"亲戚们帮助照顾呢，就是儿女也有够的时候啊，这不找我几回了，要送福利院。"老爷爷咳嗽两声，又像在自言自语，"我要是不摔，还能照顾他，那点退休金，都不够给这小子治病的。"

"可以申请办低保啊。"

"人均收入过线儿了。"

孟子丑只觉得如鲠在喉,一口气没上来,憋得他满脸涨红,脖子好像被锯了一下。女儿跑出病房呼喊护士。

"喉管痉挛,病人不能激动,喂水不能急了,不能太热,也不能太凉,千万不要呛肺。"

"孩子,你赶紧回学校吧,我没事了,记住了,知识改变命运。"缓过气来的孟子丑劝说女儿回去上学。

三天过去了,大夫才允许他翻身。孟子丑的颈椎换了一节人工关节,脖子的骨头相当于断了又接上的,所以头和身子要像一根木头一样,一厘米一厘米地整体缓慢翻动,每翻一次身,都会疼痛得满头大汗。

熬过了五天,在家人的搀扶下,他在病房里可以慢慢走动了,这一周来,站在窗前,第一次看一看外面的世界,阳光、绿叶、楼房、空气、飞鸟,都显得那么亲切。

他记得小的时候,他们家住在农村,村前有一条蜿蜒曲折由南向北流淌的小河,河岸长满了茂密的柳条。河里冷水鱼做的鱼酱味道,让他不能忘怀。每要入冬,他都会把鸟笼子拎来,挂在柳条树上滚苏雀儿,地上撒一片谷壳,笼子翻盘边上系两束谷穗,作为诱饵。成群的家雀儿在附近盘旋,脑门暗红的苏雀儿围着谷穗叽叽喳喳,从来不落入圈套。

某日,一只绿脑门的小雀儿,贪吃滑进了笼子。暗红脑门的老雀儿,闻讯惊慌失措地前来营救,不慎也跌了进去。孟子丑欢喜地拎着战利品打道回府。一进村子,小伙伴们就前呼后拥,把他护送回家,他把鸟笼子挂在园子里的果树枝上,偷偷把爷爷喝酒的酒杯盛满水放进去,小瓷碟里放了一捏小米。躲在屋里,不时用哈气吹开窗玻璃的霜花,观看外面的动静。小雀儿在笼子里蹦来蹦去,不停地鸣叫,老雀儿哀鸣的长短音,引来一只暗蓝头盖儿的老雀儿,蹲在枝头蹦上蹦下,不停地喊喊喳喳,安慰它的家人,三天三夜,不肯离去。小蝶里的小米没有变样,酒杯的水冻成了坨,蓝盖儿老雀儿口衔小虫,隔着

老吾老悠悠长生草
Laowulao Youyou Changshengcao

笼子，口对口喂食小雀儿，舍不得吃的麻籽投放在红盖儿老雀儿嘴边的小盘里，警觉的目光不时扫视着四周。

奶奶劝说道："丑啊，放了它们吧，再关几天就折磨死了。"

"奶奶，没事的，多好看啊，放了怪可惜的，待几天习惯了就好了，有吃有喝的。"

奶奶说是去后街表姑家串门，让他看家，随手从外面把门上了一把大锁。三个小时过去了，孟子丑想上厕所推不开门，没办法，只好在灶坑解决了。肚子叽里咕噜叫个不停，可盼到开锁的钥匙哗啦啦响了，"奶奶，你咋去这么久啊？人家都快憋死了，碗架子里也没有剩饭。"孟子丑显然是不高兴了。

"你知道难受了？这才几个小时？外面的鸟儿你关多少天了？它们难受不难受？"奶奶从锁着的米箱子里端出一盘玉米饼子，摘下挂在土墙上的锅撑，掀开锅盖，往铁锅里添了一瓢水，吃力地蹲下点着柴火，响边的水从锅盖缝隙窜出热气，奶奶缓缓直起腰，用手指戳了一下孟子丑的额头："饿死你。"她的脸转去窗外，"鸟的快乐在蓝天，它们安居的家园是森林，它们可是生灵啊，你在哪儿不一样看啊？"

孟子丑吃过饼子，快步跑出门去，打开了鸟笼。小雀儿蹒跚着翅膀，背起老雀儿逃出了牢笼。体力不支的小雀儿，迷失了方向，摇摇欲坠，蓝盖儿老雀儿尾随着，箭一般落在小雀儿腹下，蓝盖儿老雀儿的脊背撑起一片蓝天，它们奔向柳条通的方向，越飞越远。

此时此刻，孟子丑有如小鸟儿一样的心情，自由的力量在哪里？阳光啊，快给我力量吧，我要让理想插上翅膀，去追寻更加美好的未来。

孟子丑嘱咐每餐多打一份饭菜，家属不解，他用手指了指对床的老爷爷。

苗莉莉和鲁东胜来看望孟子丑，"哥，怎么样？恢复得不错，头晕症状减轻点了吗？"

"脸色不错，那天从手术室出来，脸色蜡黄蜡黄的。"

"嘘……天天躺着，也不知道是怎么晕的了。"他用手指指了指对床熟睡的老爷爷，小声道。

"哥，要来看你的群友在群里都闹翻了，按照你的要求，我没告诉他们你住哪家医院。"从苗莉莉的眼里，仍然能看到那份愧疚。

"莉莉呀，这位老人家可怜啊，咱们应该帮助一下，不管他是哪的。"

苗莉莉走过去看了一下床头卡：唐善道，76岁，开放性骨折，一级护理。

半个月一晃就过去了，查房医生又开始撵他："怎么还没走？床位多么紧张啊，你还在这耗着干吗？你和这老爷子不一样，不打针，不吃药，你就是靠养了，家里肃静，条件更好一些。"

孟子丑早该出院了，多赖些日子，无非是想多关照老爷爷几天。人家下了逐客令，他只好去办理出院手续。

他到食堂给饭卡里又充进去一千块钱，放在老爷爷手里："唐大爷，我出院了，这个卡里还有点钱，我用不上了，你好好养病，多保重啊，我还会来看你的。"

"谢谢，谢谢，好人有好报。"

这次住院手术，让他更加懂得了健康和自由是多么的珍贵呀。

鲁东胜被院方任命为社区保健医务室主任，来社区筹建保健医务室。

苗莉莉、鲁东胜带领社区工作人员，开始忙活收拾粉刷着腾出的医务室房间。苗莉莉计划把现有的活动室重新优化布置，乒乓球室、台球室、健身房、阅览室、器乐室、歌舞厅、棋牌室的功能设施，以图片的形式公示，进一步征求居民的意见。应居民的要求又增加了一个多媒体活动室和日间照料中心，苗莉莉犯了难，现有的房间不够用啊。

孟子丑脖子戴着护具，活动很不方便，转身就像个木偶，行动迟缓。

俗话说，再好的刀口药，不如不拉口。手术伤了元气，孟子丑明

老吾老悠悠长生草
Laowulao Youyou Changshengcao

显地感觉到从来没有过的弱不禁风，有两次阴天，下点小雨，不大的凉风吹过，他连连打起喷嚏，嗖嗖的凉风，抓挠着脊梁骨，就如同患了一场重感冒，晴天，热得他又大汗淋漓。

孟子丑拖着虚弱的身子赶过来："苗主任、鲁主任，我带来了几位义工，有啥活儿快吩咐吧！你们真有效率，鲁大夫，我代表我的父母和社区老人们，谢谢你呀！谢谢你为我们社区所做的一切。对了，还要告诉你们个好消息，咱们群里几位老板赞助了，在院儿里给咱们租个房子，办助老食堂，医务室、食堂可以一起开张了！"

苗莉莉高兴得蹦了起来："太好了！"随即她的脸又沉了下去，"子丑哥，房间还是不够用啊，快想想办法吧。"

孟子丑楼上楼下转了一圈，看着苗莉莉："办法是有的，资金有没有啊？"

"快说呀？什么办法？"

"再间隔出两个屋来，有的活动室面积可以小一点，先将就一下，以后有条件了再改善。"

"哪儿有钱买材料啊？"

"你说呢？"他微笑着用食指绕了一下太阳穴，"找付三生再捐点，居民自愿，用软间壁，玻璃隔断也不错，简单点。"

一切都在有序准备着。正当苗莉莉和鲁东胜起劲儿工作的时候，小区和鲁东胜所在医院的大门口，同时贴出了小字报："苗莉莉，这个死不改悔的老破鞋头子，勾三搭四。鲁东胜第三者插足，破坏别人家庭。新老反动派臭味相投，相互勾结，败坏社会风气，欺负老实本分群众。强烈要求社会主持公道，惩处群众中的坏人。"

气得苗莉莉咬牙切齿："这个挨千刀的'武剁手'，怎么还没有抓住他？"

上级的监察部门分别介入调查，找他们诫勉谈话。苗莉莉和鲁东胜被当头泼了一盆冷水，郁闷了好些天。

孟子丑闻听此事和伊曼过来看望他们，伊曼气愤地说："那些胡言乱语，不要太往心里去，我们走得直，行得正，脚正不怕鞋歪。咱们都知道是谁干的，他这是犯了诽谤罪。这回不能再给他留面子了，必须报警，拿起法律武器维护和捍卫自己的尊严。否则的话，他更得没完没了，更加得寸进尺，变本加厉。"

苗莉莉无奈地说："报警就报吧。"

孟子丑说："再看看吧，办他很容易，问题是办了他，莉莉对禾禾不好交代，孩子大了，他毕竟是孩子的父亲。"

"还看看啥呀？我说你们两个赶紧把事办了，不就把大家的嘴都堵上了吗？"

禾禾知道了这件事，几天闷闷不乐，欲言又止，苗莉莉看出孩子有心事："你怎么了？禾禾。"

"还不是因为你，人家说的是真的吗？多难听啊。"

"你用胳膊肘想想都知道是谁干的，你妈我是什么人，你不知道啊？"

"我说嘛，一出去，就连到学校，都有人在背后指指点点，人家都抬不起头来，反正……反正，你们不能再交往了，我……我反对。"

"心里没鬼，怎么就抬不起头了？"

"没法做人，我再说一遍，我坚决反对！"

社区"保健医务室"和"助老食堂"揭牌在即。双休日，简单而热烈的庆典场面让小区里比过节还热闹。

医院、老龄委、妇联、共青团、关工委、文明办都派出代表前来祝贺。

志愿者队伍格外醒目，"春晓志愿者服务队"的绿色旗帜迎风飘扬。"春晓"，春天的早晨，寓意志愿者服务，恰如春天的朝阳，沐浴着雨露滋润下的大地。

旗帜下，身着白色T恤、蓝色运动裤、头戴小红帽的160人的志愿者队伍，格外引人注目，孟子丑、付三生、梁过、晓芳、黄梦溪、慧燕站在志愿者的队伍里，还有许多50后60后的人们，在队伍中还

老吾老悠悠长生草

有70后80后和中小学生。付三生、黄梦溪、梁过带队的复员军人预备役方队威武地挺立在广场中央。

社区的居民涌出来有三分之一,广场上人山人海,近处的楼上,居民打开窗户趴在窗台上凝望。七十岁八十岁的大爷大妈,在儿孙的搀扶下坐在树下,都要亲自参加这个难得的、关乎他们自己生活品质的大事庆典。

钟大叔等人打着"幸福美满数今朝,健康休闲活百年""远离恶变,长生不老就用麦芽草"的条幅,站在显眼的位置上。

没有过多的讲话,没有鞭炮,在广场舞秧歌舞龙表演中结束庆典。接下来参观食堂、保健医务室、远程健康监测样板户、琴棋书画表演展览。

广场上填写志愿者登记表的人把桌子围得水泄不通。几家有名的医院怎甘落后,纷纷派来各科专家前来义诊。保健室里挤满了量血压的老人。医院的流动体检车在为老人们做着体检。

媒体记者各处抓拍,搜索着新闻素材。

中午,老人们在助老食堂品味午茶,各路嘉宾也AA制在食堂体验着工作餐。

白精灵

(2015年冬拍摄于二龙山风景区)

又见山里红

　　上了媒体，有了关注度，各种慈善捐赠自己就找上门来，首批收到的是小区老人在外地工作生活的子女们的捐赠。他们由衷地感谢社区对老人无微不至的关怀和照顾，减轻了他们的牵挂和负担，替他们行了孝道。

　　一些关照也主动找上门来，电价执行"居民电价"，水电费取消阶梯，按最低标准收取，物业的支持力度最大，免收物业费。

　　"有关部门"精准抓住了典型，总结经验，准备推广。来参观的人一拨接着一拨。

　　"有关领导"几次召集"有关部门"开会研讨反思，检讨的、挨批的，"官僚主义""失职"的帽子扣了一圈。

　　"有关领导"最后总结讲话："规划设计部门，今后要在小区建设规划的设计上，把老龄的因素充分考虑进去，我强调的充分考虑，就是必须优先全面考虑到位。要多元化、人性化、现代化，不要只考虑年轻人的需求；要多学学发达国家和地区的做法，美国、日本和新加坡人家做得好的地方不值得我们学习吗？外国的学不了，发达地区的能不能学？华人地区能不能学？看看人家应对老龄化社会都是怎么做的？不要故步自封，闭门造车；要有前瞻性，不要安于现状，总落在人家后面。开发商也不能太急功近利了，小区的公益事业，你们要舍得投入。舍得，舍得，舍了才能得嘛，没有舍，哪来的得？你们要学会让利于民。税务部门财政配套费收取方面都可以考虑减免减免嘛！这也是支持城市建设嘛，是支持老龄事业，为建设和谐社会做贡献嘛！

老吾老悠悠长生草
Laowulao Youyou Changshengcao

卫生局，人家医院走到你们前边去了，你们是不是也得抓一下营养师的培养培训？民政工作，严重的思想僵化！怎么理解'优抚'这两个字的？优谁？抚什么人？不就是优待扶助贫困弱势群体和功臣嘛！贫困必定弱势，弱势不见得就贫困到连吃饭都是问题了，空巢老人们精神上的空虚、身体上的病患、身心孱弱是需要'抚'的。动动脑子，不是不可以变通的！招商招不来，经济搞不上去，精神方面还搞不上去？你们还能干点啥？抓文明建设要注意发现和培育典型，以点带面，发挥典型的引领示范作用！人民群众自觉地走在了我们的前面，说明什么问题？说明他们对美好生活的向往！我们做了什么？都忘了我们的奋斗目标了吗？人家都找上门来了，还推三阻四，想一想，我们的脸上不发烧？啊？今后对文明建设要进行量化考核，把考核结果记入干部的政绩档案，作为今后升迁提拔任用的重要依据之一。那个脑袋呀，一天天的不知道都在想啥？不换思想，必定就换人，记住了，这是我最后的忠告。"

　　这个"三要三不要"原则一时间成了城建工作的指导思想，文明建设从此开启了一个新的局面。

　　庭前秋叶随风染，不觉小丘顶颜稀。一晃，山里的树叶开始变色，这个季节，"五花山"显现出它独有的诱人魅力。群的队伍在壮大，看红叶的呼声也不断高涨。

　　这次户外活动确定的主题是："又见山里红"。三台大巴车驶进了长寿山，十五面'快乐1'至'快乐15'的各色小旗，带着各自分队，跟在"快乐老家"大旗后面。

　　山门前自然形成了一座微型龟山，龟脖子伸出老长，龟背上长着一棵松树，松树枝上挂满了红布条，它的肩上扛了两把铸剑，取健健康康，健康长寿之意。

　　游人到此，都要下马顶礼膜拜。众人围着龟山，双手合十，转了三圈，感应灵气。

　　梁过颇为虔诚，扑通跪地磕了三个响头，起身掸了掸膝盖的尘土：

"该咋是咋的，心到佛知，拜啥就有啥。"

孟子丑开他的玩笑："你身上的土，不能打扫，打扫下去灵气就跑了。"

栈道旁，崖壁的红叶随风抖动，似飞舞的金鱼，眨着调皮的眼睛，一拨跟着一拨。登高远望，"层林尽染"的壮美画卷尽收眼底，好一幅美丽壮观的北国油彩世界，真乃是，秋色亦浓，情亦浓，满目五彩染林穹，幽静聚仙沉香嗅，不是神仙，赛神仙！

顺山脊而行，一片闪着金光的树林，让大家情不自禁地驻足观赏。这是一片白桦林的黄叶，洁白的树干，金色的叶片，如一群亭亭玉立、身穿白裙、金发碧眼的女郎，显得那样的纯洁。婀娜多姿的身材，随微风翩翩起舞。

伊曼少有的兴奋，跑来跑去收集各色叶片，孟子丑不停地给她拍各种姿势的特写。女士们独具特色的服饰，轮换着你脱下，我来穿，伊曼、苗莉莉身披长纱巾拍着新娘照。

百变巾也成了男人们的头饰，梁过一个"印度公主"造型，孟子丑头缠小格头巾，俨然"阿拉伯亲王"亲临。

"化妆师"忙得不亦乐乎，别人的镜头里还时不时挤进不熟悉的人的亲密合影。不管哪棵树，不管多大肚，不管熟不熟，一抹摆型酷。

鲁东胜拉着苗莉莉的手，悄悄躲到崖下，寻找着红叶，说着悄悄话，靠在树下，欣赏满天的"彩霞"。鲁东胜见此美景，感慨地说："生活就像这红叶一样，五彩斑斓，多么美好啊，咱们一定往前看，忘掉过去那些不愉快。"

触景生情，苗莉莉显得有些忧伤："哪儿那么容易说忘就忘啊？记得那年也是这样的秋天，我怀揣着摆地摊挣来的钱去寻亲。"

苗莉莉讲起了她的寻亲之旅。自从离婚，她为了摆脱武大本的纠缠，四处躲藏，摆过地摊，做过保洁，当过保姆，扛包倒卖过服装，开过饭店，也没少受骗上当。

白天拼命工作，夜里实在想孩子了，就狂奔到屋外，找个没人的

老吾老悠悠长生草
Laowulao Youyou Changshengcao

地方,冲着家乡方向的星星哭泣。

寻找自己的亲生父母,一直是装在她心里的一个愿望。她就想当面问一问,你们当时是怎么想的?为什么要生下我不管?

她踏上了开往北京的列车。唯一的线索,就是北京去东北的"知青"和亲生父母的名字。她不知道他们回城后是不是生活在一起,不敢明目张胆地去寻找。

她白天去公园,晚上去广场。有年龄大的好心人,告诉她要想打听"知青"的消息,你得找"北大荒知青联谊会"。她遇见六十多岁的人就打听"北大荒知青联谊会"在哪。

功夫不负有心人,一位大妈把她领到公园,见到了几位当年的北大荒"知青"。

苗莉莉报上了父母的名字,一位大叔电话联系了一圈,对苗莉莉说:"你找的耿奇,后来到边防部队参军了,发大洪水因为抢救群众的财产牺牲了!我们帮你找他的家人。孩子!你是我们'知青'的孩子,我们会帮助你的。"

苗莉莉无声地掉着眼泪,为这位从未谋面的父亲感到悲哀。

新的消息又打探出来,在几位老"知青"的陪同下,苗莉莉来到生父耿奇的母亲家。老太太八十多岁,满头白发,在家人的搀扶下,缓缓站起。这个从天而降、从没听说过的孙女的突然出现,又勾起了老太太对大儿子尘封了三十多年的思念。

相见的一刻,老太太向前蹒跚了两步,苗莉莉扑上去,哭喊道:"奶奶!"两人相拥而泣,撕心裂肺地号啕大哭。

老太太哭喊着:"我那个苦命的儿啊!"叔叔、姑姑、老"知青"们跟着抹起眼泪。

苗莉莉接过姑姑递过来的父亲的遗像,跪在地上,眼泪像断了线的珠子,"簌——簌——"落在遗像上,她用衣袖默默地一遍又一遍地擦拭,任凭姑姑怎么拉都拉不起来。

姑姑和叔叔窃窃私语:"像,太像了,没想到大哥还有亲骨肉。"

苗莉莉第一次感受到了被宠爱的幸福，全家人围着她亲近，这让她很不习惯。

奶奶向他讲述了父母的往事。父亲和母亲当年是从小到大的同学，学习都很优秀，母亲天生丽质，特别出众，他们经常在一起温习功课。正当他们对未来充满憧憬的时候，一场轰轰烈烈的"文化大革命"运动，砸碎了他们的梦想。苗莉莉的外公，家庭出身为资本家，被"无产阶级专政"的铁拳砸入监牢。又一个"上山下乡运动"，让那些热血青年奔赴到了北大荒。

到了北大荒，艰苦的劳动和生活环境，让苗莉莉的母亲换上了重疾，父亲无微不至地照顾，让她有了些许的温暖。母亲还要忍受对可以教育好的"阶级异己分子"子女的监视改造。

和母亲约定见面，是在景山公园，鬓角微白的头发，阴郁的眼神，都透出曾经的沧桑。

母亲看到她仿佛看到了三十年前的自己，哇的一声泪奔，猛扑上去抱住了苗莉莉，嘴里不住地忏悔："孩子，呜……呜……对不起！呜……呜……对不起！孩子！"刺肤滚烫的泪水沿着苗莉莉的后脖颈往下流淌。

母亲讲述她和父亲在北大荒的往事，由于自己的阶级成分不好，她怕连累父亲，总是回避他。那年腊月，临近过年，有条件的人都回家团圆去了，我病得很重，也无家可回，你父亲说啥都要留下来照顾我，被连队知道了，多次批判我，说我贼心不死，勾引贫下中农后代，你爸爸为了保护我，就申请和我结婚，上边就是不批，还让他和我划清界限。你父亲是倔强的性格，不管那一套，拉起我，在毛主席像前和我举行个简单的婚礼，他说，不管他们认不认可，毛主席认可，我们俩认可就行。后来有个当兵的机会，你父亲根红苗正，我就劝说他去当兵，他说我走了，扔下你怎么办？我说走出去一个是一个，你是革命军人，我就是军婚，看谁敢再动我？你爸爸觉得也有道理，他让我等着他，可是没想到，他……我是躲到老乡家生的你，还没有满月，

老吾老悠悠长生草
Laowulao Youyou Changshengcao

就被强行拉回来劳动改造，没办法，就把你留在老乡家了。

母亲回城后，组建了自己的家庭，她没有和新任丈夫提起她的过去，他更不可能知道她还有个女儿活在这个世上。

苗莉莉能够理解母亲，那个年代，一个被认定"可以教育好"的弱女子，得需要多大的勇气才能把她带到这个世界上来呀？她泛着泪花，给母亲擦着眼泪，苦笑着说："见到你，知道我爸是谁，我就知足了，终于找到了你们，也了却了我的心愿。我不会打扰你现在的生活的，我……我能喊你一声妈吗？"

母亲频频点头，苗莉莉哽咽着叫了一声"妈"，又扑在母亲的怀里。多少委屈，多少辛酸，都随泪水而去。母亲暴风骤雨般地落泪，用拳头捶打自己的头："我不是人啊，我不是人。"

母亲把自己现在的两个孩子叫出来，吃了一顿团圆饭。席间，苗莉莉自我介绍："我是你们的妈妈在北大荒下乡时候的老房东家的孩子，我到北京出差，来看看阿姨。"

两个孩子看看母亲，又看看苗莉莉，似乎觉察出她们那种异样的眼神。

弟弟看了半天说："姐，这位姐姐长得和你挺像的啊。"

母亲忙解释："啊，这是咱家早年去闯关东的老亲，是表亲，叫姐姐，咱们有血缘关系，当然有像的地方了。"

苗莉莉怀揣父亲母亲的照片，踏上了北归的列车，她打听到了父亲生前服役的边防部队并取得了联系，她要在父亲生日那天去给自己的生身父亲扫墓。

苗莉莉提前一天来到了边防部队，对于烈士后代，部队用最高的礼节来迎接她的到来。仪仗队列队迎接，连长带领她参观父亲生前的宿舍，当来到烈士事迹陈列室迈进门槛的那一刻，苗莉莉一眼望见悬挂在墙壁上父亲的遗像，她紧走几步，扑通一声跪在父亲的遗像前，哭诉着给父亲磕头。手抚摸着父亲的遗物，每一件都是那样的亲切。打来一盆清水，她用父亲用过的洗脸盆洗了洗脸，水越洗越热，怎么洗也洗不掉断了线的泪珠。

第二天一大早，苗莉莉就来到烈士陵园祭扫，见到那大大的土馒头，她紧跑几步扑倒上去，亲吻冢茔上的黑土，久久不愿起来。连长上前拉起她来，她颤抖的手抚摸着墓碑，瞻仰碑文，用挂满泪珠的衣襟，一遍又一遍地擦拭上面的浮灰。

在坟前摆上父亲的遗像，打开一瓶茅台酒，倒在酒杯里，红酒、啤酒倒在大扎啤杯里，苹果、香蕉、橘子、葡萄、芒果、火龙果、猕猴桃，摆满祭坛。

她亲手制作的花圈摆放在陵墓两侧。苗莉莉点燃纸钱，抽泣着叨咕："爸爸，不孝女儿来看你来了，你收钱吧，这么多年了，让你孤独寂寞，你啥都没有享受着。现在有钱了，别再节省了，想吃啥就买啥，想干啥就干啥吧，想去哪儿就去哪儿，没钱了就给我托个梦，我给你邮寄。我每年都会来看你的，不会再让你孤独寂寞了。"

特大的蛋糕插上蜡烛，苗莉莉点燃了蜡烛："爸爸，祝你生日快乐，你许个愿吧，我知道你许了愿，你会保佑我们的，你会好好享受的，安息吧。"

苗莉莉拿起一双筷子给爸爸夹菜："爸爸，你吃菜，这是我亲手给你做的，奶奶说你最爱吃红烧肉、尖椒干豆腐、酥鲫鱼、家常凉菜。爸爸，你喝酒，我敬你，我一杯，你三杯，这是最好的茅台酒，过去连闻都没闻过吧？"

玻璃杯碰过，苗莉莉就着眼泪喝下一杯又一杯。

"爸爸，这是法国红酒，你尝尝，喝它能降血脂软化血管，预防老年痴呆，啤酒你也没喝过吧？以后管够喝，现在日子好了，你的待遇也就跟着提上去了，必须得提上去。"

陪同扫墓的连长劝说着："您可要节哀呀！咱们回去吧，请您放心，我们一定会守护好、照顾好老首长的。"

苗莉莉一步三回头地被搀扶走了……

苗莉莉哀叹："在那个精神空虚，艰苦的年代，他们能有什么享

老吾老悠悠长生草
Laowulao Youyou Changshengcao

乐？我就是他们苟且偷生，偷食禁果的副产品罢了。这样的历史悲剧，坚决不能再重演了！"

周之刃发现一大片山里红。玩疯了的人们，像乘坐在帆船上横跨太平洋的探险者发现了新大陆一般，陷入了极度的兴奋之中。

"都别动，别下手，先照相。"拍照，围着山里红树转，左一圈看，右一圈看，就是观赏不够，谁都不忍去碰那些红豆豆，好像伸手一碰就会融化消失一样。

鲁东胜反复地问着："这就是小时候吃的山里红吗？就结在这个带刺的树上？"在大片山里红树做背景下，群友们手扯群旗，照了一张"全家福"。

孟子丑和周之刃讲解着采摘的注意事项，大家小心翼翼地摘着红果，品味它的原汁原味。一首清亮悦耳的笛声，从那边的树杈下飘来，大家随之精神一振，不约而同地唱起歌手祁隆的《又见山里红》：

又见山里红
（2017年秋拍摄于二龙山风景区）

那是你秋天依恋的风
那是你漫山醉人的红
那是你含情脉脉的心
酸酸甜甜招人疼
你是我一片思乡的情
你是我童年最真的梦
你是我藏在心中的歌
今天唱给你来听
又见山里红
久别的山里红
……
你把太阳的色彩
浓缩成故乡情
又见山里红
故乡的山里红

又见山里红

你把燃烧的岁月
融化在我心中
……

太阳的光辉，波浪式地照耀群山，采着山里红，和着歌声，大家的胸膛像群山一样起伏，那熊熊燃烧的烈火，撩拨着骚动的心，湿润的眼前闪过片片五彩的斑斓，远山回荡着沙哑的呼唤，"哎！你在哪儿？""我来了！"那种陶醉，那种心灵的震颤，折服了群山。

山脚下的松树林"黄金铺地"，大家围坐在一起，铺上塑料布，孟子丑拿出烧鸡、红肠，付三生扔过来几只烤鹅，苗莉莉的黄瓜西红柿拌菜，梁过的干豆腐大煎饼大酱卷大葱。他们吃着自带的美食，还陶醉在漫山醉人的红的世界里。

这次活动传到群相册的照片之多、质量之高，超出了以往。苗莉莉做了一部《又见山里红》的音乐相册，群友们坐在电脑前一遍又一遍地播放这部作品，视为珍品收藏，盼着下次活动的到来。

孟子丑编了一个顺口溜："周一等，周二笑，周三显摆，周四闹，周五盼着周六到，串联串联又上道儿。"

社区助老食堂收到了一份特殊的捐赠，是一位郊区农民兄弟送来的五百斤大米、两麻袋土豆、一车大白菜，他说："我在电视上看到你们的事迹了，我就是敬佩你们，也羡慕你们的生活，了不起，没别的，这些粮食蔬菜，都是我自己种的，没有农药化肥，绝对是放心的绿色食品，一点心意，孝敬老人。"苗莉莉感动不已，感慨不已！千恩万谢，留下了联系方式。

经过考察，助老食堂和农民兄弟之间，建立了长期的供需关系。今年所收获的大米，没能满足小区居民的需求。

苗莉莉应社区居民的请求，准备把助老食堂扩大为业主食堂，和农民兄弟洽谈，在他们那里建立社区居民有机粮食蔬菜供应基地。农民兄弟组织起了农业合作社。

助老食堂主要是提供早餐和午餐，预约服务。苗莉莉经过测算，

老吾老悠悠长生草
Laowulao Youyou Changshengcao

早餐标准确定为每人十元，补贴五元；午餐标准确定为二十元，补贴十元；以后根据各方支持赞助以及业主食堂收入情况，浮动补贴标准，提高伙食标准，对有实际困难的老人提高补助标准。

枝头已经见不到几多残叶，只有枯黄的柳叶还在留恋着晚秋。一觉醒来，雾霾包围了城市。

根据环保部门和气象部门预报，市政府发布了重度污染红色预警，教育部门启动一级响应应急预案，中小学（含幼儿园）和直属学校停课一天。

孟子丑的母亲不听父亲劝阻，仍然坚持出去晨练，半路就被呛了回来。还没进屋就听到她的咳嗽声和抱怨："咳……咳，这该死的天，是咋的了？灰蒙蒙一片，都瞅不出去一里地。"

"妈呀，我就少句话呀，空气不好就待在家里吧，越出去锻炼，肺活量越大，呼吸的毒气反而越多，这都说多少遍了。"孟子丑劝慰着母亲。

父亲抢白起母亲："她听进去过啥？不撞南墙不回头，还吃芦荟呢，当个啥用？你吸进去的是炉灰毒气。长生不老得相信科学，就这空气，别说长生不老，不得病就烧高香了。你得知道躲躲呀？快把那衣服脱下来洗洗，都是烟味。"

"闭嘴吧，你个老千岁，你让我躲，躲哪儿去？这屋里都进烟了。有能耐你去查查都是谁放的烟？你去管管啊？"

"有人管，要不养那么多白吃饱的干什么？"

"城里城外都是烟，就这么管的？"

"有能耐你去管管他们，冲我发什么火？又不是我让他们放的烟。"

"就和你有关系，还有你子丑，你们联系那些个乡下朋友开没开车？基地点没点火烧秸秆？"

"妈，你这赶上株连九族了。"

"这些个挨千刀的，自己不想活还拉上别人。"父亲边骂边咳嗽。

孟子丑给母亲漂洗衣服，伊曼做好早餐端上餐桌，喊了一圈人，没有反应。

母亲还坐在那里赌气,父亲出现了头晕症状,躺在床上用湿毛巾捂着鼻子脸。孟子丑在网上搜索着防治雾霾攻略。他和单位告假在家陪护父母。

"爸妈,我出去买口罩,你们哪儿也别去了,就在家待着,多喝点热水。"

大街上一张张苦瓜脸匆匆走过,进出药店的人明显多起来,走了一家又一家药店都说口罩脱销。某药店门前排起了长队。

孟子丑排了半个多小时,眼看前面还有两个人就轮到自己了,营业员遗憾地宣布:"各位顾客,对不起大家了,防雾霾口罩没有了,大家都请回吧。"

"你再到仓库里翻翻库底子。"

"为什么不多备点货?"

"这空气是瞎子闹眼睛——没治了。"

"请大家再到别的药店看看吧。"

孟子丑迈着沉重的步伐来到了商场,看着一排排空气净化器,标价都不菲,他咬咬牙搬回家一台9998.00元的中档空气净化器。

社区的求助电话一个接着一个,忙得苗莉莉措手不及,她操起了电话:"孟哥,你上班了吗?我这里实在忙不过来了。"

"我今天请假了,在家陪护父母,买了一圈口罩没买着,买回来一台空气净化器,正调试呢。"

"今天老人咳嗽的、气管不舒服的特别多,求助电话一个接着一个,忙不过来呀。"

"找志愿者,号召志愿者呀。"

"这可以吗?"

"怎么不可以?我这就发通知。以后遇到紧急情况,你直接发通知。"

傍晚气压更低,雾霾越来越严重,楼房如悬挂在半空中摇摇欲坠的灯塔,发出几许暗橙色的光亮,十字街口,交警在处理一起剐蹭追尾的连环交通事故。

邻家的婴儿啼哭不止,母亲也开始吵闹:"哎呀妈呀,不行了,实在受不了了,子丑你找台车咱们到农村去避一避。"

"妈!这么晚了往哪里去呀?"

"这个我不管,再不走我就要呛死了。"

孟子丑找付三生打电话发泄:"三生,这空气你受得了吗?人大代表你得呼吁治理呀!"

付三生显得无可奈何:"必须的,我都提多少个议案了。农民说了,不让我们烧,你给秸秆找个去处啊,成本不能太高,赔钱送去,谁干啊?还得要粮食,还不让整地,让我们怎么种地啊?"

"岂有此理呀,几千年了,老祖宗都是怎么种的地?那这雾霾总得有人去管吧?"

"执法人员能管过来吗?也许有某种默契吧。"

"什么默契?默许吧?不作为的官员,你们人大就应该就地罢免他,送上法庭问罪。"

"行了,行了,你先别忧国忧民了,大叔大婶怎么样?"

"别提了,这不在家闹呢嘛,非要出城到乡下去躲躲,你有什么好去处没有?"

"除非坐飞机去南方,要不就回老家进山。"

"三生啊,你也出去躲躲吧,又不差钱儿。"

"我走了,事儿谁管啊?"

"也是的。我忙去了,老太太喊我了。拜拜!"

伊曼朝门外方向摆了摆手,孟子丑出来和她商量对策。拗不过母亲,他借来了妹妹家的车,载着父亲母亲连夜逃出了城。

高速公路已经封闭,只能走老道。道路两旁的大地里远近燃烧着的条条火龙陪伴着他们,照亮了六十多公里的天空。

母亲还在不住地嚷嚷:"开车窗干什么?呛死了,大半夜的,怎么这么多车呀？"

"消停点吧，老妖婆，这是呛进来的烟。"

"老千岁，你不怕呛啊？就这空气，我看你怎么个千岁？你找个地方潜水里去吧，水里没有烟，你就能千岁了。"

"拿我当王八精呢？你先下去看看有没有烟，回来告诉我。"

"都别拌嘴了。"

下了国道拐入乡间公路，燃烧秸秆的浓烟阻断了去路，路旁的绿化林里，猛然一片噼啪响，一条火舌打着卷舔上了树梢，吓得母亲"妈呀，妈呀"地直缩头。

透过对向照射过来的汽车灯光，几条幽灵一样的怪影，飞也似的横穿马路，消失在茫茫暮色里。等待浓烟消散一些，继续前行。

突然左前方又出现一片火光，伴随着人声鼎沸的嘈杂声，大火逼近村庄，消防车狠命地压制着刮进柴草垛的星星之火。迎面跑过来一群扶老携幼、车拉肩扛的避难队伍。

孟母见状惊呼："快走，快走啊！大火要烧过来了。"

盲目地逃遁，父亲母亲已经被颠簸得筋疲力尽，孟子丑惊喜地发现，远处隐约有闪烁的灯光："前面有人家。"

车开到了路的尽头，眼前孤矗着一座青灰色的山庄，四周圈着不高不矮的椭圆形围墙，两棵百余年的古榆树守护在庄园门旁，院门半开，庭院内枯黄的杂草东倒西歪。这座青灰楼，看起来有四五层高，窗户和门涂着艳丽的色彩，一条窄窄的拱形朱红木门，被两侧各四扇的落地窗簇拥着。

打开车门走下车，孟子丑揉揉眼睛："怪了哎，爸妈，刚才明明这灯是亮着的，你们看到了吗？"

父亲也诧异："刚才看到了，是有一片亮光，怎么漆黑一片了呢？是不是停电了？"

母亲眉头紧缩："会不会是别处的灯亮啊？再开车找找。嗯？深更半夜的山里哪儿来这么大的烟？"

老吾老悠悠长生草
Laowulao Youyou Changshengcao

父亲有点不耐烦了："哪儿还有路啊？这都到头了，你四周看看，哪里有亮？快走吧，老太婆，进房间就好了。"

孟子丑蹚过枯萎蒿草中的小猫道，走上七步台阶，轻轻地敲门："有人吗？里面有人吗？"敲了半晌，里面却一点动静也没有。推一推、拉一拉，门在里面插上的，转到侧面，一扇窗户虚掩着，他轻轻推开窗跳了进去。

"有人吗？"借着手机打在圆形墙壁上的光亮，隐约有图案和看不懂的文字。一堵照壁墙前，放了一张石桌，桌上摆放四个小盘，七层如石头蛋子般的馒头层层摞起，鲜红硕大的苹果、黄色的香蕉，坚硬光滑，手指甲弹上去，发出啪啪的脆响，香炉上插着没有燃尽的一把整齐的残香，像是刚开启不久的一瓶清老酒，散发着酒香，一多一少还剩大半杯酒的两个酒杯，杯壁上残留着沾有香灰的指印，桌面上隐约可见几滴被微尘覆盖着的红烛泪。猛抬头，墙壁上挂着一幅油画，端坐在藤椅里的一位妇人，身穿青色长袍，露出两只尖尖的三寸金莲小脚，高高盘起的发髻，斜插一枚银簪。

孟子丑不小心踏到什么东西，嘎吱一声，油画不见了踪影，迅即出现一条廊道。

沿着廊道前探，踏着木梯走上二楼，长长的走廊，墙上画着朱红瓦绿的连环壁画，诉说着一户人家的迁徙历史，独轮车上坐着头裹毛巾的老太太怀抱一个孩子，年轻人挑担前行；与洪水猛兽搏斗；开荒耕种；收获的喜悦；干打垒的四合院张灯结彩，大人贴春联，小孩放鞭炮；一队骑马挂盒子炮的土匪，打劫了这户人家，火光冲天，户主人挥舞大棒反击，被胡子头一枪撂倒；挑担逃难；地窖子周围玉米红缨破茧而出，高粱秆笔挺拔高，牛马犁耕；青砖红瓦的四合院，被高高的院墙、四角的炮楼护卫着；胡子围困大院；最后一幅描绘的是一对着明清服饰的年轻男女，坐在山间小溪旁，小姐飘逸的青丝，穿着一席长白的飞天轻纱，鹅蛋形的脸盘，点缀着微微上扬的弯弯柳叶眉，鹰钩的鼻梁，桃红的小嘴，含笑的丹凤双眼，如痴如醉地弹奏着古琴。

长衫翅帽的公子，手持画笔，在石壁上画鹤题诗，诗云：

琴瑟悠扬，

水流长，

鹤鸣游鱼老道狂，

茫茫乾朗云日碧，

百鸟栖息小虫降。

心勿躁，

山河笑，

小溪流月对阿娇。

往前行，已经撞到墙壁，仔细看，墙上画了一道门，轻轻地叩击，有空脆的回声，推了一下，门无声地开了，这是一间大堂，中间支起一张大大的木台，木台上似乎放着两口梯形细长的木柜，墙边摆放一排衣柜，一只猫头鹰瞪着一双阴森的大眼，警觉地蹲在翘起的柜头，它"咕嘎"一声飞起，翅膀扇起的阴风，惊得衣柜摇摇晃晃，瑟瑟抖动的柜门发出牛皮纸一样的脆响。

孟子丑的头发茬儿唰地一下竖了起来，后背被猛拍了一下，他激灵一下回头："谁？"便掉头撒丫子往回跑，走廊尽头怎么会是一面墙？我明明是在这里上的楼梯呀？他又折返回去，怎么推也推不开刚才那扇门。

他被憋在了廊道里，墙壁上，一个身披盔甲，右手握腰刀的武士，双目圆瞪，左手向前摆动，似乎在怒吼，"滚，快滚"。恰在这个当口儿，手机振铃响了两下，孟子丑浑身一哆嗦，手机啪的一声掉在地上。他慌乱地在地上摸索着手机，狼狈不堪地沿着滑梯滑出了廊道。

见了孟子丑，母亲愤怒地高喊："你嘚瑟哪去了？屋里这么大的烟，怎么不打开窗户放啊？"

"妈，你们是怎么进来的？"

"不是你开的门吗？"

孟子丑已经懵了，我什么时候开的门？怎么会有滑梯？这是什么

老吾老悠悠长生草
Laowulao Youyou Changshengcao

地方？

"我就少句话呀！"他一拍大腿，"妈，深更半夜的你喊什么？这烟不是外面进来的吗？咱们不能在这儿了，赶紧走，打扰人家不说，这叫私闯民宅啊，人家会怪罪的。"孟子丑用颤抖的话音哀求着母亲。

"管不了那么多了，你看这新床新被，都给咱铺好好的了，往哪儿去？还能去哪儿？等主人回来咱们多给点钱，再赔个不是。"

孟子丑在石桌的香炉里点了一炷香，闭目合十，心中默默地祈祷。良久，他微微抬起头，不禁又倒吸一口凉气，油画中散乱头发的老妇人身边多了一个怒目圆睁，张开血盆大口，举起了大刀的武士。孟子丑吓得跌坐在地。

母亲又在不停地咳嗽，嘴里不住地唠叨，"呼吸，呼吸困难啊，水，水呀，我要喝水。"她爬到石桌前去找水，扑通一声，绊倒在孟子丑的身上，母亲休克了过去。

孟子丑被一下惊醒，惊恐地大叫："啊，啊！"定下神来仔细一看是母亲，他背起母亲往外就跑，父亲不知其故，紧随其后。

插上车钥匙，汽车却怎么也打不着火。

"爸，这就得推车了，好在再往前点是下坡。"

"是不是没油了？"

"还有大半箱呢。"

"那就推吧，都是这老妖婆作的。"

父子俩费了好大的劲儿把车推转了头，大约推了一个多时辰，也没推出三百米，父亲已经累得上气不接下气："子丑，怎么又转回来了？"远处传来阵阵鸡鸣，东北方现出一抹金丝线。

"爸，往亮线方向推。"

又费了九牛二虎之力，可下推到了一处缓坡前，爷俩长长地舒了一口气，再看看天上的星星，三星和金丝线正好在对角线上。

"爸，我得上车把方向了，车走起来，你就撒手离开，我在前边半坡等你。"之后父亲上了车，孟子丑凭借下坡车的惯性，发动了汽车，一路返程直奔医院而去。

伊曼匆匆忙忙赶到医院，一家三口并排斜靠在输液室里挂着吊瓶。"这是怎么搞的？子丑你怎么造得五眼儿青了？头发咋还少了一撮儿？"

"可别提了，我就少句话呀。"

这一夜，鲁东胜也忙得脚打后脑勺，他一再求援，再来几位护士，多带氧气袋，药品告急。

远程监测台反映，钟大叔的身体有异样的变化，钟大叔感到一阵眩晕，呼吸急促，也按动了呼叫铃。

鲁东胜询问情况，紧急同护士从保健医务室赶到他家，测量血压，低压有些偏高，听听心率有杂音。

救护车及时把钟大叔拉到医院做进一步检查，诊断为哮喘病、冠心病发作。医院已经没有空余床位，鲁东胜决定启动家庭病床治疗，并请示再向社区增加医护人员。

中午，苗莉莉来给钟大叔送午餐，看到他脸色红润起来，关切地说："大叔，你这个情况，特殊给你加晚餐。"

钟大叔不好意思地谢绝："不用了，这就够麻烦你了，还有那么多老人需要照顾。你大婶不在家，多亏了你们关照我。"

苗莉莉说："晚上你反正得加护理，再多个义工在家给你做饭，不差这一个。"

"太谢谢你们了！"说着说着，钟大叔转过脸去，擦拭着眼角的泪花，"子丑忙啥去了？他父母怎么样啊？"

"她母亲闹得很厉害，他陪着老人进山里躲避去了。"

"这成什么事了？过去都是避暑避寒的放假，以后得放避霾假了。"

3D 打印童年的梦

四季分明的东北，养育了东北大汉。人活一口气，从养生的角度说，人活着靠的是阳气支撑，所谓点灯熬油，熬的就是这口阳气，所以先人们总结出春生、夏散、秋收、冬藏的阳气养生理论来。气藏于身，身藏于四季，顺应天时地利，才是可取的上上策。刚刚入冬，北方的低气压天气使得雾霾又像幽灵一样，在空中肆无忌惮地游荡。

每到这个季节，戴口罩的人遍布大街小巷，医院里挂呼吸科看门诊是一号难求，病房床位明显紧张，年龄大点的人则宅在家里，轻易不敢出屋。仍有不信邪者，一年四季，风雨不误地出来锻炼。

群里在激烈地讨论雾霾的问题。受害者之多，谁之过？如何治理？正反两方面意见争论不休，有群友转发了一篇《狼见愁》，让我们听听第三方的意见吧。

狼见愁

我是一匹北方的狼，
拓荒改变我的家乡。
被迫流浪西伯利亚，
思乡只能隔山眺望。
回家，回家的渴望！
我要看一眼现在的家乡。
带上子孙，免了护照，
不用报关，我们来去无牵挂。
啊！高高的兴安岭，

啊！美丽富饶的北大荒，
还有那流淌的松花江，
孩儿们啊，这就是咱们曾经的家。
看！远处的火柴盒怎么摞的那么高？
那冒黑烟的炮筒子是在轰击鸦片？
这儿，我爷爷曾经玩耍的地方？
何时修了立交桥？
那儿，十字架上的猴屁股为啥还闪着绿光？
我的眼已花，可心不麻，
PM 不就是拍马吗？
咋没有拍正，拍出了个 2.5？
我的肺呀！这是咋了？
120 把我送到了宠物医院，
可惜国际医保不能兑换。
圆瞪的猫眼，看人低的狗眼，
视我如仇，
说我占有了它们的医疗资源，
非要赶我出院，口说害怕传染，
偷偷放完臊气的狐狸眯上了眼睛。
仗义的狗熊哥哥不忍，一声吼：
人类讲人道，给我们开医院，
好吃好喝，一个个养的比活祖宗还活祖宗，
我们怎么就不能发扬点爱心？
现在发扬一下国际"牲"道主义精神！
我们都是 PM2.5 的受害者。
听我令，跟我练，
吃喝嫖赌抽，都是谁干的？
坑蒙拐骗偷，都是谁干的？

老吾老悠悠长生草
Laowulao Youyou Changshengcao

烧杀抢掠奸，都是谁干的？
污假缺弃砍，都是谁干的？
地球不咋的，我们要抗议，
我们不愿意，和坏人同天地。
我们要自觉，少吃少排气，
我们不取暖，蜗居也乐意，
我们不坐车，路上实在挤，
我们要蓝天，还我绿草地。
我们能做到，人类该咋的？
地球大家的，破坏是自毙！

群情激愤过后，无奈的眼神，呆呆地望着灰蒙蒙的天空，缄默。托生了人，有人的自豪，也有人的羞愧，人类欠大自然一个道歉，欠众生灵一个道歉。不应该吗？你们改造了地球，也破坏了地球和蓝天。

一场大雪冲淡了空气中的阴霾，但仍难平人们心中的愤懑，银装素裹霾顽涩，马灯夕照云烟过，猴进碾坊磨盘净，屠驴猴恐鸡窃悦。

倒是孩童们见到了雪，吵闹着要出去玩耍。年轻点儿的爷爷奶奶姥爷姥姥们带着三五岁的孩子，在小区的空地上堆雪人、捏雪球、打雪仗，好不欢喜。年轻的母亲用塑料爬犁拉着孩子，父亲提着塑料玩具锹和捏雪球的夹子紧跟在身后。

山林里的空气被大雪过滤之后，格外的清新，人们争相涌出城外，洗一洗尘肺，吐一吐浊气。

这是冰雪季的第一次户外活动。人们说，时间能忘却一切烦恼，有不开心的时候，到大自然中去走走，走着走着，该丢的就自然丢了。许多人也是抱着出来散散被雾霾折磨的不悦心情而走了出来。

为了让大家玩得开心，孟子丑和几个人商量好准备了几款游戏，带些道具，找一找儿时的感觉。

梦想就好比是开发了几十年的软件，有现在的时间和条件，则是复制梦想的3D打印机。

踏着洁白厚厚的积雪，花花绿绿的登山队伍蛇形前进，脚下此起彼伏嘎吱嘎吱蹚起了白浪，犹如行走在沙漠中的驼队，口中倒嚼着香甜的嫩草，心系那遥远的目标。

临近山林，大家被眼前的景象惊呆了，漫山遍野的雾凇，仿佛忽入仙境。

孟子丑兴奋地吟诵了两句古诗："啊……'忽如一夜春风来，千树万树梨花开'呀。"

梁过戴上长长的白发，换上仙装，即兴打了一套太极拳，收势毕，拄着龙头拐杖，挑起药葫芦，消失于仙境。

一片深绿的樟子松，被雪片压弯了腰，苗莉莉摘下红檐毡帽，戴在了小精灵的头上，慧燕蹲在地上欣赏一对母子，母亲深情地注视怀里的幼子，为孩子哺乳。"快来看啊！"

"哇！这也太神奇了，自然形成的雪雕，神笔，绝对是神笔，是上帝赐予了我们这幅伟大的作品！"

"看这位母亲，脸盘五官长的，配上了这头长发，绝对是个美人坯子。"

"胸部还挺高哎。再看这小孩，圆圆的头，小鼻子小嘴，微微够向母亲的小脸，多可爱呀，祈盼，他在祈盼什么呢？是母亲的怀抱，还是母亲的乳汁？"

"该给这个作品起个什么名字呢？"

"母子情深。"

"母爱伟大。"

"哺。"

"白雪公主和一个小老儿。"

"祈盼！祈盼最贴切。"

"好，名字都好。"

爬坡前行，山冈旁，在阳光的辉映下，白桦树树杈上，一簇簇翠绿，点缀着"红宝黄钻"，闪着耀眼的金光。

老吾老悠悠长生草
Laowulao Youyou Changshengcao

"哇！这是什么呀？这么美？"

"冬青，冬青大家听说过吗？"周之刃自豪地大声介绍，"菌类寄生植物，专门生长在冬季，是名贵的中药材。"

"太有生命力了，零下二三十摄氏度，冰天雪地的，能长出绿叶，还能结果，红豆儿，冬天开花结果的山里红啊，豆儿能吃吗？是什么味儿啊？一样的冬青，为什么有的结红豆儿，有的结黄豆儿呢？冬青就是真正的长生不老草吧？"苗莉莉既好奇又感慨，兴奋得她滔滔不绝。

"也许是吧，这就是我们东北人的性格，笑傲冰川雪山，冻死迎风站，饿死不低头。我们的祖先正是用它来疗伤，我们才能一代一代地繁衍生息下来呀。"孟子丑也颇为激动地回应。

转回到湖面，孟子丑、伊曼、梁过、晓芳卖力地堆起了雪人，山菇娘的红眼睛，红辣椒的鼻子，柳树叶的眉毛，枫叶的嘴巴耳朵。伊曼给雪人围上围巾，晓芳给雪人戴上个绒帽。

鲁东胜和苗莉莉把雪人堆得歪歪扭扭，索性就堆个半卧式美人鱼，右手托着下颚，左臂叉腰，凝视远方。

那面，付三生做的雪地爬犁挂在汽车后面，让那些女士们玩得正酣。

淘气的周之刃把宠物狗套在小爬犁上，做比成样，前面，孟子丑拿着诱饵香肠逗着小狗，周之刃在后边猛推爬犁，小狗撒着欢地往前跑，乐得坐在爬犁上的苗莉莉高高扬起了红丝巾，嘴里一个劲地呼喊："啊——啊，驾……驾！"

山脚下，用树枝搭起个简易的马架子敞篷，上面插满了冬青，西北风吹过一片片雪花，雪山版《白毛女》在这里上演。

白毛女（苗莉莉饰演，身穿红色斜对襟上衣，头梳一根长辫，头顶用红绫子系一个发髻）上场起唱："北风那个吹，雪花那个飘，雪花那个飘飘，年来到，我盼爹爹心中急，……欢欢喜喜过个年！欢欢喜喜过个年！"（鲁东胜、周之刃趴在树杈上，不间断地扬着雪花）

杨白劳（孟子丑饰演，身穿破棉袄，腰扎麻绳，头戴破狗皮帽子，粘山羊胡子）上场道白："喜儿，看爹给你买啥好东西了？"（顺手从怀里掏出一根红毛线绳）起唱："卖豆腐赚下了几个钱，集上我捎回来二斤面，……扯了二尺红头绳，给我喜儿扎起来，咳咳，扎起来！"（边唱边扎红头绳）道白："喜儿，爹没能耐，买不起皮草啊，爹对不起你呀！"

白毛女边唱边跳："人家闺女有花戴，我爹钱少不能买，扯下了二尺红头绳，给我扎起来，咳咳，扎呀扎起来。"

黄世仁（梁过饰演，头戴狐狸皮卷檐帽子，白毛耳包，下穿女士裙子，手拄文明棍上场）："停，停！杨白劳！今儿可是大年三十了，欠我的债不能不还了！"

杨白劳跪地哀求："少东家，这大雪封山，家里没吃没喝，你就发发慈悲，宽限宽限吧！"

黄世仁道："这地主家也没有余粮啊！"

杨白劳从怀里掏出两个黏豆包："广告之后更精彩，吃了椰风牌大力丸，保你腰不酸，腿不疼，一口气能上五楼。吃了大力丸，就是玩休闲！"

喜儿笑嘻嘻道白："爹，这都吃不上溜了，还玩儿呀？"

杨白劳道："卖孩子买猴，就是个玩儿！少东家你来一丸？都给你抵债。"

黄世仁道："少玩这没用的，没钱就拿喜儿抵债，狗腿子给我上。"（冲上两个狗腿子把喜儿架走）

杨白劳拎起一根木棒追出去："我和你们拼了！"

一阵阵喝彩还没断，那边一个反穿旧羊皮大衣，腰扎麻绳，脚蹬牛皮靰鞡，头戴狗皮帽子的"小贩"，正在起劲地"叫卖"着冰糖葫芦。

临近一看又是周之刃这个活宝，大家欢呼雀跃着围拢过来，品尝他亲手给大家蘸的冰糖葫芦。谷草扎的草秆支在雪地上，上边插满山楂、大秋果、橘子、红枣蘸的冰糖葫芦。

苗莉莉掏出一百元大票抖了抖:"大家都来排队照相。"递上一百元钱,接过糖葫芦,"东胜你快照相啊!没照好,重来。"她惊喜地跺着脚:"找到小时候的感觉了!东胜,你蘸出来的也是这个味吗?"

孟子丑也很兴奋:"刃子,没想到你还留一手,会蘸这个?也不说一声,大伙帮你整整。先停下来,草秆上留点糖葫芦,把衣服脱下来,帽子给我,让我也过过瘾。"

"我也得过过瘾。"

"还有我。"

周之刃脱下外套,腼腆地说:"这不是给大家一个惊喜嘛!我和别人学了三天,也没蘸好!"

孟子丑扛起草秆呼喊着:"糖葫芦,冰糖葫芦,一毛钱一串了!"大家围着糖葫芦草秆,嬉笑着挥舞起气球彩绸,翩翩起舞歌唱。

付三生边吃边夸赞:"不错,真的不错,是那个味,最主要的是找到了小时候的情趣。谢谢你呀,刃子。"

苗莉莉呵呵呵不停地笑着:"好开心哦。"

慧燕比莉莉高出了一个八度,哈哈哈的笑声穿越了整个雪谷。

孟子丑望着孩子一样天真活泼的苗莉莉笑着说:"开心就好,开心快乐才能长命百岁。莉莉,问你个事。"

"啥事?快说。"

"听说咱们小区的三期工程要启动了?"

"是啊,但是被叫停了。"

"为什么呀?"

"说是要重新规划,把三期建设成医养健一体化智慧社区,老板正发愁呢,资金困难,寻求合作伙伴。"

"是这样啊,那太好了,我原来还想,要是能扩建一下会馆、食堂、社区医院,活动场所就都解决了,三生,你听到没有啊?多好的机会呀?"

"什么机会呀?"

"搞医养健智慧社区呀,你就不感兴趣?"

"我得了解了解。"

这些土生土长的东北人,从来没有感受到冰雪具有这么大的魔力,真是我家后院有黄金啊!看来忙忙碌碌这几十年,都没能好好审视一下身边的冰雪。

对雪山版《白毛女》的表演娱乐方式,大家羡慕不已,也圆了他们的戏剧梦。

大家纷纷提议搞一个圆梦系列活动。群里正式公告:征集活动创意,对每个怀揣梦想的人,进行量身打造。

第一个报名的是梁过和晓芳,他们要圆的梦是,拍一组外景婚纱照。这个年龄段的人,在那个年代里结婚,别说婚纱照,就是普通的彩色照片,也没几个能拍上的,更别说穿婚纱了。

集思广益,一定要给他们拍一组最具特色的婚纱照,照得好,有助于他们影楼的品牌提升,生意会更加红火,也关乎户外群的影响力。

在众多的创意中,"吉尼斯雪山婚纱照"脱颖而出。创意是:婚纱选红色纱料,长九百九十九米,象征红红火火,长长久久,镶嵌一千零一颗红蓝绿宝石(用有机玻璃纽扣代替),代表千里挑一;西装选择深灰色面料,燕尾部分为婚纱的四分之一长;以滑雪场的白色滑雪道为背景,申请吉尼斯纪录。

预算交给梁过准备,这边联系滑雪场的场地,联系申请吉尼斯纪录事宜。

各项准备就绪,吉尼斯总部派来了代表。经过两轮彩排,正式开拍。

避开了周末,滑雪场滑雪的游客寥寥无几,但是看热闹的人是空前盛况,都以为是在拍电视剧。

晴朗的天空,飘着几朵絮状白云,孟子丑手拿对讲机和高音喇叭,同时发出指令:"预备,开机!"

老吾老悠悠长生草

Laowulao Youyou Changshengcao

摄影师、摄像师，从不同方向、不同角度咔咔咔按动快门，无人机腾空而起，立体拍摄。

梁过、晓芳手捧鲜花，在婚礼进行曲中，手挽着手，从半坡款款踱来，婚纱掀起此起彼伏的波浪。优美的造型，甜蜜的微笑，他们陶醉在爱河里。后上方，吊车吊起的两个金发小天使，缓缓飞过，撒着五彩花瓣，向他们表达祝福。梁过、晓芳眼含热泪，激情相拥。

孟子丑跑过去送上棉衣："快穿上，满意吗？"

"该咋是咋的，啥也不说了，谢谢你子丑。"

"这辈子没啥遗憾的了。"

现场看热闹的朋友，感动万分，报以热烈的掌声，这是一个千载难逢的好机会，临时提出也要拍这组婚纱照，不管多少钱，不管是不是夫妻，排起了长队。

按约定，这个"吉尼斯雪山婚纱照"的版权属于户外群，以后拍这组婚纱照的收入，梁过拿出30%用于老龄事业。同时约定，明年开春再做一套白色的婚纱，进一步满足大家的心愿！

"吉尼斯雪山婚纱照"成为梁过影楼的招牌，已经发展到网上预约拍照。

周之刃对梁过的婚纱照是羡慕嫉妒恨，他急切地催促尽快圆自己的拳王梦。

孟子丑告诉他："你不要急，搞室内的就没意思了，要给你来个动感地带，你看哪天再飘雪花的时候，你的梦就圆了。"

周之刃，五大三粗，从小爱好运动，有一个拳王的梦想，给他打造的是一款"雪山拳王"淘汰赛。

高山的平地上，用白雪堆起一米二高、六米见方的比赛平台，四周用绳索加上护栏，平台上铺了三层红地毯。

雪花漫天飞舞，枝头分外妖娆。四周的树木挂满广告条幅，广告牌的广告语一个比一个另类。

"穿豹绒牌羽绒服，没了暴脾气！"

"一步倒耗子药，它不倒我倒！"

"久逢知己酒杯端，喝酒就干'不跑偏'！"

"千岁牌中老年防滑鞋，邪气的克星！"

雪屋里用隔热板隔离出一个"拳王"暖身房，还有一间咖啡厅。各路赞助商身穿各式棉大衣、皮毛一体大衣，携带穿貂皮的夫人，前来一睹风采。

周之刃的左臂彩绘雄狮，右臂刺青雪豹，戴老鹰面具，头扎蓝色丝带，脑门插一只暗红色野公鸡毛翎，脚蹬毛皮的靰鞡，狗皮毛短裤，狐狸皮的护膝，前胸粘着黝黑的胸毛，除拳击手套外，还戴了一串獭兔的手串。

铜铃摇响，周之刃披着黑色的斗笠闪亮登场。冷风吹来，他不由打了个冷战，他双肩往后一耸，"助理"接过斗笠，他绕场热身，展示拳脚。

第一个上场"迎战"的是付三生的弟弟付有幸，只见他身着红色皮毛坎肩，红色抓绒短裤，脊背粘一绺暗褐色野鸡毛，内着肉色绒毛内衣内裤，脚蹬红色短腰毡靴，两臂分别彩绘猎枪和利剑，面带公鸡面具。他口叼雪茄，迈着慢悠悠的鸭子步，用蔑视的目光扫视着周之刃。

裁判一声哨响，付有幸啪一口吐掉雪茄，"呀！"凶猛地上前两步，拉开了架势。周之刃左手回钩，"来，来呀！"

两人如同老鹰抓小鸡，开始周旋，片刻后又如斗鸡场的公鸡，冲向对方，刹那间停住，展开臂膀，转着圈，虎视眈眈寻找进攻机会，攻击对方的软肋。

这时《公鸡舞》的音乐响起，二人翩翩起舞，挑逗着对方。

付有幸链抛一只鸡仔，险些抓到周之刃的脸，弄得他囧态百出。

台下欢呼呐喊："好！漂亮，干倒他！"

"撂倒他！"

"小子，跟我使暗器？"

老吾老悠悠长生草
Laowulao Youyou Changshengcao

"哈哈哈！兵不厌诈！"

周之刃趁着付有幸陶醉的空隙，给了他当胸一抓，付有幸也不示弱，回击他一个"绝情脚"，又赠送了一个"扫堂腿"，被周之刃一一躲过。付有幸还没来得及得意，周之刃回头一个黑虎掏心，付有幸被重重地击倒在地，裁判数着1、2、3……

"起来！起来！"老板、太太们跺着脚，摇旗呐喊。

裁判响亮的哨音结束第一局。

"哎呀！完犊子，一下就被干倒了。"

第二个回合，付有幸以守为攻，不停地转圈后退，周之刃发起了猛烈的攻击，体力透支，付有幸躲过重重的一拳，一个后空翻，顺势给了趔趄不稳的周之刃一个猴拳，周之刃被击倒在地。

"哇塞！"

"漂亮！"

"干得漂亮！"

"1、2、3。"裁判数着数。

周之刃在数到3时，快速爬起。

"小子，下手还挺狠。"

"诱敌深入，敌进我退，敌疲我打。"

二人擦肩闪过，周之刃左手抓住了付有幸的左腕，突然猛虎回头，左手一带，右手给了他一记锁喉，顺势将他高高举起，在空中旋转拔毛。

"怎么会这样？"

"放下来，击倒他！"

"去你的吧！"付有幸被扔到了雪堆里。

三个回合下来，二人已经满头大汗。

五位应战者周之刃只打了三个，已经筋疲力尽。周之刃一边喘着粗气，一边傻笑："过瘾，过瘾啊！"

"不行！还得打，我们没过瘾。"

"各位老板,少安毋躁,少安毋躁,请进咖啡屋品尝咖啡歇息片刻。"孟子丑打圆场。

有好事者,继续摆着擂台。

圆梦之后,周之刃把"拳王"照片传给几个商家,寻求做品牌代言人。

圆梦在持续发烧,创意还在延续,复制梦想暂时告一段落,排不开的圆梦计划,让大家眼巴巴地企盼着属于自己的那个季节快快到来。

冰雪系列活动更加激发了人们热爱生活,热爱生命,热爱家乡的热情,一时间,写手的诗词、散文作品,每天都会发在群里让大家拜读。

顺势而为,群里开展了"家乡美"的征文评选活动,脱颖而出的一篇《咏雪嘘寒》被广为赞誉。

仙山有这么一个地儿,银树梨花,白玉撒,清泉流处有人家。

就是这么一个群儿,这么一伙人儿,徒步玩休闲,健康活百年!

漫步在漫天雪飘的林间,一股透彻心肺的清新,沁入鼻息,才知道,什么叫心旷神怡。

映入眼帘的,是满眼的银枝鹅絮。呼啸的松涛,在雪花的舞伴下,豪放歌喉。

一夜间,童话的世界尽收眼帘,玉兔悄回人间,擎在枝头眺盼,白鸽落满枝头,遍地绵羊婀姿百态,北极熊拱嗅觅欢,亚洲的白象也慕名青睐此寰。

远看玉带斜跨山川,仙女的眉毛弯弯。白雪覆盖下的小山村,在夕阳的映衬下,飘逸着几缕五彩的炊烟。

下雪了,病毒逃到了九霄;下雪了,虫害没了血脉;下雪了,空气得到了洗礼;下雪了,市场倍加繁荣;下雪了,人们欢乐了;下雪了,快要过大年了。

童年的冬季,时常还在梦里萦绕。滑冰场上,冰刀闪闪,腿不软;雪爬犁,高坡飞驰,玩惊险;抽冰尜,神鞭狂舞,满头汗;

老吾老悠悠长生草
Laowulao Youyou Changshengcao

打雪仗，雪球飞甩，狂呼喊；堆雪人，栩栩如生，气不喘；咬冰糖葫芦，满脸芝麻，舌头舔；好不快活啊，欢娱的童年，快乐的雪季。

雪儿飞，为越冬的小麦穿上了厚厚的棉衣；雪儿飞，给春天的万物蓄满生机；雪儿飞，大肚儿的水库储满白银；雪儿飞，拉动黑土经济再次腾飞。

白鱼泡的芦苇昂首鸣唱，太阳岛的江畔不见了往日的白帆，二龙湖的鲢鱼顶破冰层的羁绊，亚布力的雪道堪称亚洲奇观，多少世界级的健儿在这儿把绝技展。

冰雕雪雕的冰雪大世界，冰雪艺术的殿堂，引得多少海内外的宾朋尽来赏。冰雪搭台，促进经济文化大交流，繁荣发展的黑土龙江，这就是我们的家乡。

雪儿飞，催生了千千万万个产业链蔓延。看，今冬的羽绒服怎么又变了模样？刚穿的皮靴怎么就赶不了时尚？穿貂皮的靓姐靓妹，望眼欲穿，只盼雪儿飞飞，今冬的皮草就不再假寐。

雪儿飞，特色的饕餮盛宴徐徐拉开帷幕，农家的年猪享年正寝，猪肉炖粉条子，正宗的东北杀猪菜吃了上瘾；金蛋豆腹的大黄米黏豆包，蘸着熬制的糖稀，天下美味；冻豆腐炖海带，蘸着韭菜花，冻白菜夹裹着鸡蛋酱，真个馋掉了牙。流蜜的冰糖葫芦、橘黄的冻柿子、麻脸贴金星的冻梨，消炎驱火，吃了还想吃。

雪儿飞，温儿降，天然的冰箱派用场，千万吨美食尽情放，减排保鲜心敞亮。

雪儿飞，快乐户外又出发。踏遍千山万水，拥抱美丽冰川，赏北国风光，一串脚印一串歌。堆雪人、拉爬犁、踢毽子、蘸糖葫芦，这些游戏的魅力，使人忘却了自我，仿佛又回到了童年。

走出去，走出了好心情；走出去，走出了健康；走出去，走出了心里过不去的那道坎儿；走出去，走出了人生的炫丽。终于回到了属于自己的快乐老家，也留下了人生精彩的每一个瞬间。

> 3D 打印童年的梦

　　雪儿飞，浸在油城连环湖的温泉里，仰望天空，珍珠飘洒，抿一口长白山的红酒，深吸一口松嫩平原的佳饮，轻弹额头的汗珠，微眯双目，好不轻松，好不惬意！鱼跃鸟飞，羊肚巾的热气散了伙，痴童欢逐树梢上渐渐远去的火凤凰，雪地上留下脚印一串串，闪入池，身上的汗珠尚未干。毫不逊色于东洲温泉小镇的大顶子山的水上人间，冬季养生一拨拨。

　　雪儿啊，我们学习你高尚的品格。你能上能下，能屈能伸；你上是一口气，下是晶莹花；你奉献人间，无怨无悔；你居功不傲，四海为家；你往返于天地，总是洁白无瑕。你的生命是有限的，你和你的子孙养育生灵，倾情寰宇是无限的。春夏秋，你巧施魔法依然沐浴大地，你的灵魂在天空中自由地荡漾。

　　有意义的生命不在长短，贵在每一个轮回，都能够一如既往，永放光芒！

天然雪雕《母子情深》
(2015 年冬拍摄于二龙山风景区)

老吾老悠悠长生草
Laowulao Youyou Changshengcao

较 量

　　倪师傅的家属，一纸诉状，把劳动部门和保险公司告上了法庭。打这个劳动官司，属于行政诉讼，诉讼被告的主体是政府，也就是民告官，她控告政府不作为。保险索赔，和保险公司打起了民事官司。

　　劳动部门接到传票，紧急研究应对措施。有关领导把倪师傅的公司经理叫去，劈头盖脸地一顿训斥："长能耐了，这么点事，闹出这么大动静，你们这是破坏和谐稳定大局，公然挑起事端！还告起政府来了？"

　　余怒未消的领导接着下达了指示："回去马上让她撤诉！你们自己家的事，关上门自己解决！把钱先拿给她，以后我想办法补给你们。"

　　经理小心翼翼地应承着："您消消气，回去我马上就办，马上就办，请您放心。"

　　"给你两天时间，摆不平，你就给我滚蛋。你看我办到办不到？"

　　"是是是，好使，好使。"小经理被训斥得满头大汗，狼狈地滚了出来。

　　公司经理郁闷地回到单位，叫来了孟子丑，把被训斥的气，全都撒在了他的身上："你行啊你，你不是挺能耐的吗？这回好了，能请神！你去送吧！不让你介入，不让你介入，你偏不听！告诉你，今年的'行风'测评，要是拿不了第一，你吃不了兜着走！从现在开始，你就一个活儿，全力以赴去灭火。"

　　孟子丑丝毫不甘示弱："谁爱兜谁兜，这能怪我吗？不作为，就该告！你的员工你不管，你也配做这个经理？火是你烧起来的，就该你去灭火!"

"你配!你怎么没当上经理呀?"

"老子不侍候了。"他摔门而去。

气急败坏的小经理咬着腮帮子,瞪着金鱼眼,在屋里转着圈地咽唾沫,小短腿支起的屎葫芦肚子,把他那件白亮的名牌小衫撑得简直就要炸裂,活像一只成了精的被冷水泡涨的死猪羔子裹了一件人皮。他斜靠在那里,嘴里不停地抽羊痫风般的吐着乌烟瘴气,心里暗暗骂道:"狗卵子玩意儿,死爹哭妈的手,你给我等着!"

左一拨、右一拨说和的人,简直要踏破倪师傅家的门槛,他们家从来就没有来过这么多层次这么高的"客人"。

倪师傅的家属们开始出现意见分歧,最后还是他的老伴儿坚决拒绝撤诉:"这不是钱的事,我们就是要为老倪讨个公道!有事找我的代理律师谈去,不要再来烦我。"

法院院长被叫到领导办公室:"你们怎么能接这个案子呢?服务中心,顾全大局,你们是怎么理解的?"

院长忙解释:"社会舆论关注着独立司法和司法公正,我们……你说……"

迟迟等不到开庭,调解了几次,以无果而终。倪师傅的家属开始到省市上访,每次的答复都是"依法办事,走法律程序,由法院裁定"。而一次次被单位接回去。

倪师傅的家属被列入信访重点管控对象,按照"属地管理"的原则,最后还是落实到了倪师傅生前所在单位。

看热闹的不怕事大,借机闹事者,也不乏其人。倪师傅的岳父是某集体企业的退休职工,当年的厂房和家属区,以招商引资、禽畜养殖屠宰深加工建立厂房的名义,被几百万低价变卖拆迁。一只耗子都没养也没屠宰,转手商业开发,获利过亿。新开发的楼盘每套住宅都在几十万到上百万。当年的拆迁户,最多的也不过得了十几万的补偿款。巨大的反差,让老职工们顿觉被出卖,上当受骗了,多次上访。

老吾老悠悠长生草
Laowulao Youyou Changshengcao

这些天，老职工们就一直串联倪师傅的家属，一起上访告状，人多力量大。

广场上聚集的人越来越多，打着条幅，手拿扩音器的人，散发着材料的人，各种诉求的人，凑热闹起哄的人，还有"用心良苦"的人，会聚一起。

信访接待室里，几名群众"代表"和接待人员谈着苛刻的条件，无边无沿。广场的人众被清场遣散。

终于等到开庭，法庭上，倪师傅家属的代理律师，一一列举证据，用有力的证据驳斥了被告方做出的"工伤不成立"的所谓依据："我的证人能够证实，我的当事人在事发当日，工作单位停水，午间必须在单位值班，出去买水，做中午饭，是工作的连续行为。"

被告方律师辩称："你的当事人买完水，没有回到工作单位，而是去了自己的小开荒地，干私活去了，这能够算是工作吗？"

代理律师："请你注意他去的地方，那是他工作单位的储料场，公家的地种点菜，过去摘点蔬菜，中午在单位做菜食用，自给自足，这有什么不妥吗？哪条法律规定禁止了？请你给我拿出来！"

被告律师又抛出一条："你的当事人与工作单位没有续签劳动合同，属于无效劳动关系。"

代理律师："社保医保基金一直都在缴纳，而事实是，你们的《劳动合同》新文本正在印刷，没有及时发给企业，这个责任不在企业，该由谁来负责？你比谁都清楚。我的当事人和企业的关系，是事实劳动关系，这是铁打的更改不了的事实。"

经过几天的审理，法庭最终判决：倪师傅和企业劳动关系成立，原告方提供的证据确凿，予以采纳，工伤认定成立。

保险公司看到这样的判决，主动提出协商解决问题。

年终行风测评，孟子丑所在的企业被评为"社会服务最差单位"，从而影响到了全行业在全市评比获得第一名的成绩。层层对上都交不了差，这影响到"年轻上进"的两级经理的提拔升迁。

▶ 较　量

刚刚被大经理电话训斥成茄皮子色的小经理躲在办公室里，背个小手，踱着方步，一根接着一根狠命地吸着香烟，恨不能把它当骨头一样嚼碎。

尼古丁欢天喜地地一路畅通地侵入他的肺细胞，融入他污紫的血液中，瞬间占领了各个有利地形。

他狠命地按着烟蒂，脑海中浮现着掐着孟子丑的脖子，蹬腿挣扎求饶的惨状。他腮帮子一鼓一鼓的，隔着门缝都能听到牙根子"嘎吱嘎吱"的响。甲状腺功能亢进的双眼，被眼屎罩着一层灰蒙蒙的鼠目寸光。他在盘算，该如何名正言顺地整治孟子丑。

不识时务的下属，敲门刚一探头，就被一烟灰缸砸了出去，小经理歇斯底里地号叫："滚！"

从此，这个哥们落下个"孔寅卯"的绰号。坊间盛传，弄不清个子丑寅卯来，可千万别敲领导的门。

付三生参与合作的开发项目，竣工在即。具有500张床位的社区民营医院辐射周边两公里内的民众，提供24小时医疗保健上门服务；六万平方米、1200个床位的高档养老院，提供有偿服务；食堂、活动会所扩建，增加了现代化的功能。

付三生邀请孟子丑、苗莉莉他们一同喝茶庆祝。苗莉莉特别高兴："付老板，谢谢你呀，你让我们对未来充满希望。"

"不要谢我，是你们给了我力量。其实，很多事情都是需要互助的。"

"这回有钱的去后院，缺钱的在前院，居家养老的功能更完备了，我爸妈就不到后院去了，反正这医院、食堂都在院里。对了，社区民营医院建成了，东胜那个医疗保健室怎么办？"

"民营医院有东胜他们医院的股份，打算聘请东胜来当院长呢，有偿服务是对小区三期说的，对原有居民的医疗保健服务不变。"付三生说。

"这还是一区两制呢，人性化。"

老吾老悠悠长生草
Laowulao Youyou Changshengcao

孟子丑显得很欣慰，他觉得自己很幸运，不懈的努力，碰巧的合作机缘，成就了梦想。

付三生喝着茶饮，惬意地微笑，脑子里浮现出自己的万顷良田，春天播撒种下种子，秋天丰收的景象。

"子丑、莉莉，你们知道我在想啥吗？"

苗莉莉摇摇头，注视着付三生："说说看？"

"我有一个更大的愿景，找一个山清水秀、鸟语花香、空气宜人、宁静致远的地方，打造一个大型的医养健温泉小镇。"

"你这可是一个天大的梦啊，三生，你太有魄力了，好人，大好人！"

"这个小镇，我们说啥也得去住，现在我就定期房，当别墅住，节假日去度假，把我父母接来，我们一起在那里养老。"对美好生活的向往，让苗莉莉的脸上洋溢着灿烂的笑容。

"必须的，我需要你们的支持。"

"祝你成功！"

恰逢机构改革，借着定岗定编、双向选择的有利时机，小经理故意因人设岗，抬高门槛，把孟子丑一屁股甩到了企业富余人员待岗学习那一堆儿。

三个月的待岗学习之后，把大门、环卫工作是唯一的选择，美其名曰设立的是安环保卫岗位。

孟子丑清楚，这一天迟早会来，无所谓地到门卫值班把大门去了。

晚上，几个好哥们带来几瓶啤酒和花生米、熟食，过来安慰陪陪他，"子丑，看开点，算个啥呀？没事咱不惹事，有事咱也不怕事，就是摊上事了，能咋的？"

"对，放宽心，铁打的衙门，流水的官，他还能干到八十，干到死呀？"

"我摊上啥事了？这不挺好吗？"

他默默地喝着啤酒，坚信邪不压正。

得到密报的小经理，眉开眼笑地突然出现在眼前："哈哈，好啊，孟子丑，值班期间违反劳动纪律饮酒。"他俯下身，贴在孟子丑的耳朵边小声说："那些职代会通过的企业规章制度，我记得都是你亲自起草的吧？你说，该按哪条处理呀？"又顺手扔给他一沓照片："这上边的人，你认得吧？在工作岗位上打扑克、下棋、喝酒、打游戏，你可是个累犯啊。你不是志愿者，热爱环保做慈善吗？这回就如你愿，以后单位的卫生都归你了，省得雇保洁工了。"

孟子丑的血直灌头顶，他抓起一钢盆热气腾腾刚放入辣椒面的狗肉汤，"咔吧"一下扣在了小经理的头上，随手磕碎一个啤酒瓶子，架在小经理的脖子上："你奶奶的，杀人不过头点地，没完没了了是吧？杂种个日的，老子陪你玩，你说还想怎么玩？老子奉陪到底！"

小经理被这突如其来，完全出乎意料的绝地反击彻底给镇蒙了圈，经过他头顶流淌下来的狗肉汤散发着一股蓝狐般的臊气，他腿肚子抽筋、嘴打摽："误会，误会，子丑兄弟，纯属误会呀！"

大家见情况不妙，赶紧劝说，上前把他们拉开，小经理灰溜溜地抱头鼠窜。

孟子丑余怒未消："杂种，你们不拉着，我把这壶开水给他浇上，退了他这条老狗，就他这狗犊子样，还想往上扒扯？呸！早晚有事！"

处理通报由上级公司发到了各个基层单位，通报称："……查，孟子丑目无法纪，寻衅滋事，严重违反公司劳动纪律，采取暴利恐怖手段，抗拒监督检查，对于这种行为，不打击不足以维护纲纪的尊严，本着惩前毖后、治病救人的原则，经研究并报请职代会代表组长联席会议通过，给予孟子丑同志留用察看两年处分，合计罚款8500元，取消全年奖金。公司上下一定要加强劳动纪律，引以为戒……"

孟子丑没有申诉，他心里再清楚不过了，自己得罪的绝不是小经理一个人，等着吧，人生的路慢慢走，看谁笑到最后头。

老吾老悠悠长生草
Laowulao Youyou Changshengcao

天伦之乐有苦涩

兔奔草原,龙归大海,转眼间蛇年的脚步又在向我们一点点地逼近,年味儿也越来越浓。

孟子丑和放寒假的女儿围着奶奶,有说不完的话。父亲在他的小记事本上记录着年货:子丑发大米两袋、豆油十斤、面粉一袋、带鱼五斤、苹果一箱,小女儿羊毛衫两件、现金1000元,大女儿邮寄1000元、防滑棉鞋两双,大儿子代金券800元、10斤鸡蛋,侄子猪肉一角,外甥羊一只,外甥姑爷儿哈啤两箱、露露和王老吉饮料各一箱、小鸡(笨的)三只……这是父亲引以为豪的习惯,他很享受大家庭子孙满堂的生活氛围。

一大早,郑大爷就领着侯大姐敲门,找父亲"告状"。父亲被老年秧歌队,自发地推举为"领导人"。他也很乐意操心,习惯了郑大爷隔三岔五就来反应情况,"汇报"工作。

二人进了门,带着一股冷风。"告黑状"的老郑头嗓门大,说话快:"大哥,这老苏头和老李太太,也太不像话了,老苏头老给老李太太拎水瓶子,还一起来回走,眉来眼去的,影响多不好啊?你得管管了。喇叭匠子老喝多,那吹的是啥调啊?不行咱就换人!那打头的凭啥老挤对人家小侯啊?"

老郑头连珠炮似的高嗓门"汇报",让人插不上话,侯大姐委屈地诉苦:"干啥老挤对我呀?孟老师,你知道,秧歌队组织起来,我出多少力?一直都是我打头的,我妈有病我回去就一个多月,回来打头的让她霸下了,凭啥呀?"

"淡定，淡定，咱们扭大秧歌为了什么呀？"

"乐呀！锻炼身体呀。"

"就是嘛，你们这赌气囊塞的能快乐起来吗？能健康吗？不是我批评你们，为人要有大度包容之心。老郑，咱们班子开个会，研究一下，我的意思是，打头的轮换着来，三天一换，有愿意打头的，都给个机会。"

"我同意。"

在里屋，母亲也在向儿子告父亲的状："这死老郑，成天上这儿嘟嘟来，那死老千岁也不嫌烦，操那些个闲心。你看他那破袜子，洗不干净，往哪儿都披，昨天把那洗手盆又整堵了。我过个生日，你姐给我邮来两千块钱，他非要分一半，说我是纯利润，亏得我留个心眼，藏起来一千。"

从腊月二十三小年起，大哥小妹全家就陆续开始回来团聚。二十五缝缝补，二十六烀年肉，二十七杀年鸡，二十八把面发，二十九蒸馒头，三十贴对联。

三十的上午，孟子丑和女儿去机场，迎接在外地回家过年的大姐一家。

十字路口亮起了红灯，孟子丑隔着车窗玻璃看到一个老妇人挂着一根"打狗棍"，边发小广告，边向过往的司机乞讨。

过了灯岗，他让出租车司机把车靠边停下，女儿问："爸，你下车干吗去？"

"我去看看那个老太太。"

"爸，你别过去，都是职业乞丐，你没看她那身行头吗？多专业呀！人家比咱们都有钱，别上当受骗了。"女儿说着拉住爸爸的衣襟。

孟子丑感叹地说："孩子呀！三百六十行，乞丐也是一行，我不赞成她行乞，但我敬佩的是她这种敬业精神，都大年三十了，她还在自己的工作岗位上坚守，值得我们好好学习呀！"

孟子丑晃动着一张百元大票把老妇人叫到路边："这位大婶，你辛

老吾老悠悠长生草
Laowulao Youyou Changshengcao

苦了！也该给自己放假了，早点回家过年吧，你的家人都在等着你呢，辛苦一年，你也该歇歇了。天这么冷，多穿点衣服，注意交通安全。"

这位操着外地口音的老妇人接过钱，泪水瞬间融化了睫毛上的霜花，她连连向孟子丑鞠躬致谢。

回到车里，孟子丑的心情并没有轻松，反而越发复杂起来，他不住地摇头。

女儿说："爸，你太大惊小怪了，现在稀奇古怪的事多了去了。大学生同居都不是事了，现在拐卖人口都用抢的了。贩卖毒品雇佣女人，抱着小孩，都在肚子里藏毒。骗术不断翻新，让你防不胜防，盗取你的个人信息，屏蔽你的电话，然后给你的家人打电话，说你出了车祸，正在医院抢救，要求汇款，你说谁家接到这样的电话不急？有几个不汇款的？"

出租车司机接过话茬："这个费脑筋，技术含量高点。碰瓷的更直接，我就亲眼看到两起，人家车都停下了，那个老哥飞奔过去，撞向风挡玻璃，趴在机器盖子上不下来，讹钱。真看到不惯莱儿的主了，这个司机加大油门开到一个臭水泡子前，一脚急刹车，把这小子扔了下去。司机下车插个腰，高喊：'哎！小子，开个价，要多少钱？上来取呀？'这小子吓得屁滚尿流爬上岸，一溜烟地跑了。还有一个小子，在斑马线上晃荡，寻找敲诈目标，人家司机看他不地道，车离他两米多远就停下了，这小子倒地爬过去放讹。司机下车劝他走，他抱住人家大腿不撒手，真是活不起了。司机说：'好，你等着，我给你取钱去，要多少？'那小子当真了：'五千，少一个子儿都不行。'我就没见过这么暴脾气的，这个司机拉开车门，提着一根镐把，后面跟着一条大狼狗，抡起镐把照着那小子的一条后腿，上去就是一下子：'孙子，一条腿多少钱？开价！'大狼狗猛扑上去，咬的那小子满地滚，号叫着求饶：'大爷，大爷，饶命啊，饶命啊！我再也不敢了，你放过我吧！'你说这人是咋的了？司机仍不解气，追着他打，嘴里喊着：'老子打残你给你治病，也不能让你讹上。'看热闹的人欢呼着，鼓掌叫好：'咬死他！''把他前后腿都打折了，看他还敢撞炮？'可不能治那个气呀，还是忍耐点好，真摊上人命官司，可不值得。"

接到大姐一家，这样全家人就齐了。

大年三十晚上，父亲和孩子们观看"春晚"节目，母亲领着姐姐们包着芹菜馅、韭菜馅的饺子，里面还不忘放两块糖，放一个硬币。据说吃到的人，一年的运气都会很好。

供桌上摆放着爷爷奶奶的合照，上了一炷香，摆上贡品，父亲带领全家人跪拜，祈福先辈的护佑。

吃罢年夜饭，孩子们给爷爷奶奶磕头拜年："祝爷爷奶奶，祝姥爷姥姥，身体健康，千岁千千岁！"老人笑容可掬地分发着压岁钱。

接下来孩子们集体给舅舅舅妈、姑姑姑父、叔叔大伯拜年，女儿口中念念有词："你大舅，你老舅都是你舅！一百的、十块的都是银子！"

一家人过年，好不容易团聚，酒足饭饱过后，免不了要搓几圈麻将。母亲沏上一壶红茶，时不时帮着大哥把把眼儿。父亲边看着电视，边在沙发上打盹，偶尔站起来，到麻将桌前瞧几眼，再笑眯眯地瞅瞅这个孩子，摸摸头，瞧瞧那个孩子，拍拍肩，再去观赏他培植的几盆野麦冬和山参。

大哥的钱堆越来越见薄，母亲坐在身后，悄悄塞给他几张票子，帮他拎出一张牌："打六条！"妹夫一推牌，"和！卡夹。"

大年初一，鲁东胜和苗莉莉来家拜年："大爷、大娘过年好！"

父亲异常高兴："快！快！快把大衣脱了！倒茶端水果！"

坐下喝茶，孟子丑关切地问："外面冷吧？快暖和暖和，今天就在这吃饭！"

伊曼削着苹果皮，母亲一再夸奖："多好的孩子，天生一对！啥时候喝你们的喜酒啊？"

苗莉莉笑着说："大娘，快了！"

聊了良久，鲁东胜和苗莉莉要起身告辞，全家人一再挽留吃了饭

老吾老悠悠长生草
Laowulao Youyou Changshengcao

再走。母亲抢下衣服："这孩子，咋这么见外呢？我和你大爷，早拿你们当自己的孩子了，不能走，这不是回家了嘛！"盛情难却，留下一起吃团圆饭。

大侄女抱着九个月大的儿子小果仁儿，回娘家拜年。大哥接过孩子："这孩儿啊，有点认生，让太姥太姥爷抱抱。"

太姥姥抱着孩子，不住嘴地夸赞："哎呀，小果仁儿太可爱了，真白，这孩子咋这么好呢。"

"爷爷、奶奶，不是咱自己夸口自己孩子，就这颜值，抱出去，老招风了，去大商场，顾客回头看他，都撞到一块了，去饭店吃饭，那把服务员稀罕的，轮流抱，吃饭的客人放下筷子笑着看咱孩子，上早教去，就咱孩子听话，让做啥做啥，连打扫卫生的阿姨都喜欢。"

"果仁儿以后得练签名了，照相收费。"

"果仁儿是好孩儿，果仁儿是好孩儿，果仁儿挠儿一个。谢谢，谢谢红包。"小果仁儿抱着红包摇晃着致谢。

小果仁儿的诞生，给这个四世同堂的大家庭带来了无尽的欢乐。二十几年家里不见这么大的小孩儿，视如珍宝一样，和他逗趣，抢着抱小果仁亲吻。

苗莉莉喜欢地问道："这孩子太招人喜欢了，怎么这么白呀？都吃啥了这么白呀？"

"也没吃什么呀，就是怀孕的时候吃了不少水果和干果。"

"歪果仁儿，小歪果仁儿，来让大舅抱抱。"

他大舅的胡茬扎得小果仁直咧嘴，放在地上，爬着直奔他的妈妈。

"歪果仁儿，老姥爷还没抱呢，让老姥爷抱抱。"

"有小果仁儿，咱们的辈分，一下子都长上去了。"孟子丑给小果仁儿吹起了口哨逗乐。

"大老孩儿呀，你老姥爷说了，好孩儿，果仁儿是好孩儿。"

"真省事儿，除了饿了困了哭几声，总是乐呵呵的。"大哥夸起孩子。

苗莉莉包了一个红包，塞在小果仁儿的怀里。大侄女不好意思了："姨，不行，这不行，怎么能收您的红包呢？"

"莉莉，不用这个，快收起来。"

"别撕巴了，给孩子的，这小孩儿多喜庆啊，大过年的，我也沾沾喜气。"

在欢声笑语中，全家人照了一张四世同堂的全家福。

早春二月，天寒地冻，冰花雪夜，西北风。打春的东北，虽说阳光明媚，房檐滴水，但还是透着彻骨的寒气。

母亲又到一家新开业的某某养生体验店的门前去排长队，等待领取免费的赠品。拿着领到的塑料按摩棒，再前往参加某超市的店庆促销活动，为的是那打折的商品和赠送的鸡蛋。

拎着"战利品"，母亲的心里美滋滋的，这又省下来十多块钱。跟着人群过斑马线，还没走出几步，从右侧的巷道里，突然冲出一辆轿车，狂按着喇叭。

这是一个没有红绿灯的丁字路口，母亲犹豫一下，是继续前行，还是后退？到底还得礼让轿车先行。

她倒退了两步，惊慌中，右脚踩在路上附有尘土的冻冰上，就势跌坐在地，怎么也站不起来了，右腿动弹不得。

好心的过路人询问情况，翻开母亲羽绒服内侧的标签，按白布条上写的家人姓名和联系电话，找到了孟子丑。

孟子丑打的飞速赶到，叫来救护车，谢过好心人，把母亲送到医院。

X光片很快就洗了出来，母亲右腿股骨头骨折。家人们陆续赶来，鲁东胜、苗莉莉也闻讯赶到医院，帮着办理入院手续。

母亲进了手术室，家人们在手术室外焦急地等待，气得小妹不停地骂那个缺德的司机，要去报警。

孟子丑坐在椅子上痛苦地一个劲儿地拍大腿："我就少句话呀，我就少句话呀！"

老吾老悠悠长生草
Laowulao Youyou Changshengcao

　　手术室的门打开已经是后半夜了，母亲还在麻醉药作用下处于半昏迷状态，膝盖上边大腿骨处，横着打了一个眼儿，穿过一根钢钎，为做牵引用。

　　护士交代家属："老人年龄大了，必须特级护理，一定要避免出现并发症。"

　　鲁东胜陪了大半夜，孟子丑催促他们回去休息："东胜、莉莉，你们快回去吧，跟着忙活一夜了，明天你们还得上班呢。"

　　鲁东胜嘱咐："伤筋动骨一百天，护理很重要，排好班，人手少了不行，谁都受不了，咱们都要做好准备，把我也排进来。"

　　病床紧张，由于是急诊，在走廊的尽头加了一张病床。

　　水房里打水的人肩膀撞肩膀，孟子丑巧遇了小经理的老伴儿，双方都愣了一下，有些尴尬，孟子丑打破了沉寂问："你怎么在这呀？"

　　"别提了，我们家那个死鬼在里边躺着呢，半身不遂，又摔断了骨头。那年，上边的那个经理没提上去，把气都撒在他身上了，狠狠地剋了他一通，把他调边远地方去不说，他惦记的那个副经理的位置，人家年前才退，又从外地调来一个，这老死犊子一看彻底没戏了，一股急火，就这样了，年也没过好。"

　　"嫂子，你也别着急上火，注意身体，现在医疗水平越来越高，能治好。"

　　"子丑啊，我都没脸面对你，你说你们是师兄弟，他那么对待你……报应啊。"

　　孟子丑摆了摆手，跟随师嫂来到了病房。见他们两个一起进来，小经理"嗷—嗷—嗷"狂吼不止，用"挎筐"的胳膊肘子捶掉了床头柜上的水杯和餐具，更加突出的甲状腺功能亢进的眼睛怒视着孟子丑，咬不紧的腮帮子，滴答滴答流淌着二尺多长的哈喇子。

　　师嫂边给他擦着哈喇子边数落他："都这德行了，还作啥？把我作死了，看谁侍候你？还以为原先呢？前呼后拥的？你自己看看，现在谁还搭理你？也就人家子丑吧。"

小经理嘴里不住地"咿呀",师嫂要扶他坐起来点,怎么也搊不动,孟子丑帮她一起拉,小经理小嘴撇撇着,不情愿的蛤蟆眼瞪着孟子丑,身体故意扭曲着放赖打挺。

由于失信,引起了连锁反应,那家保险公司在全省失去了大批客户,经理也被撤职问责。

孟子丑听了这个消息,心里暗暗得意,以为我那个拘留所白蹲了吗?

陪护母亲的头三天,孟子丑怎么都没让别人替换,昼夜守候在母亲的身边,看到母亲仰面躺在病床上,不能翻身,腿上挂着几公斤的牵引重物,他无比心疼。

清晨,打来热水,给母亲擦脸,轻轻地擦身、擦脚。喂着鸡汤,还不断地轻声劝说着母亲:"妈!这回你得听话了,为那点喂激素的破鸡蛋,犯得上吗?钙片你也不吃,啥也不信,你看我爸,养生养的身体多好啊,再不听话,遭罪还在后头呢,这么躺着是不是遭罪?长期瘫痪的病人,能躺出褥疮来,骨头尖儿硌那地方的肉,溃烂不封口,有的人就这样得了败血症,再加上内脏器官衰竭,那样可就离死不远了!"

母亲也曾经是大家闺秀,养成了任性倔强的性格,这次她不住地点头保证:"这回我一定听话,听你的!"

过午,孟子丑实在太劳累了,困倦得不行,坐在矮凳上,趴在母亲的床边,不知不觉睡着了,母亲疼爱地用手轻轻抚摸儿子的头,眼角涌出了热泪。

午夜时分,孟子丑被一股臭味熏醒。母亲这几天有点坏肚子,他赶紧轻轻撤下她身下的垫子,到卫生间去清洗晾晒。刚晕乎着,"当啷"一声,母亲没拿住的小便器掉在地上。

大哥小妹家都轮流排班护理,大姐得知消息也赶了回来。不会顺情说好话的大姐,说话有时呛着了母亲,还会遭到责骂。

表弟和弟媳妇来看望母亲,伊曼称赞弟媳妇的大衣样式好:"还是

老吾老悠悠长生草
Laowulao Youyou Changshengcao

年轻啊，穿啥都好看！来，我试试！"

弟媳妇说："都旧了，还是结婚那会儿买的呢。"

伊曼脱下大衣："你们结婚时条件好了，我结婚那会儿，就给我五百块钱，能买啥？"

母亲耳朵还挺灵，接过活茬儿："你嫂子结婚才给三百呀！你咋不说人家陪送的呢？"

表弟挑挑眉梢，看看大家，小声地说："大舅妈可真不会说话，这么侍候她，还……"

孟子丑每天都要请假，抽出点时间来到母亲身边。这天中午，他排了四十多分钟的长队，才登上住院处的电梯。他的心里很烦，这人都是怎么了？扎堆往医院送钱，还得托人弄景，再看看有些人，根本也不像有钱人的主啊。长寿的群体应该是这个状态吗？算了，别瞎操心了，自己的母亲都不听自己的。

只要他在，也不管病房里有多少人，母亲的眼睛总是跟着他转，他领会得到，重病的人，那种求生的渴望，那种对亲人的依赖。

孟子丑嘱咐着父亲，父亲轻声地嘟囔着："老说我买保健品买药花钱多，这回你也没落后吧？"

母亲回敬道："那也没您老千岁糟害得多！"

回头喝水时，不见了父亲的踪影，母亲又发着狠："老死头子，你个死老千岁，等我出院回去的！子丑啊，看着你爸点，别老让他吃那些甜食了，那个衣服勤给他洗洗。哎，我那个芦荟呀，也不知道咋样了？你还是把它给我搬到这来吧。"

"妈你就放心吧，都差不了事。"

两个多月的病榻，长期卧床不能活动，使母亲出现了腔梗，情绪焦躁，偶尔伴有轻度的意识模糊，老喊着出院回家，而且出现了失禁问题，这废了好多尿不湿，各家不咋用的床单，都云集到这里，撕成小块备用。

终于熬到了医生允许回家的那一天，全家人都来接母亲，孟子丑租了一辆救护车，把母亲用担架抬出了病房。

见到了阳光，母亲高兴地像孩子般快活，接着就催促大家："快走啊，再也不来这个鬼地方了，都快把人憋死了。"

为了母亲尽快康复，按照医生的嘱咐，孟子丑给母亲做了一个"榻榻米"的电热炕。躺在温暖的热炕上，母亲安详地继续静养。

白天，孟子丑两口子上班，父亲被母亲呼来唤去："老千岁，老千岁！你听到没有啊？"

"我这不听着呢吗？"

"听着咋不吱声？我要喝水。"母亲端起了水杯，

"你要烫死我呀？老千岁，让你给我那芦荟浇点水，你就往死里灌，你自己看看，那两杈都浇黄了，是不是浇热水了？你是没安好心啊，自从你弄了那几盆破麦子，还有那假人参，你就和我的芦荟结仇了你。"

"你看你瞎琢磨啥呢？心态，养病也好，长寿也好，都要注意心态，联合国都说了，健康的四大基石，最重要的是心理平衡。我那棵人参咋是假的呢？山里挖回来的还能有假？常年吃芦荟，也没保住你的腿呀？没有科学的养生方式你能健康？你能长寿吗？还不汲取教训。"

"哎，老千岁，你嘴硬不说，还教导起我来了。你就是没安好心，想把我的芦荟慢慢弄死，好让你那几盆长生草独领风骚，你可真毒啊你。"

"我不就是有一个长生不老的梦吗？总书记都说了'中国梦是人民的梦'，这怎么了？我不是人民的一员吗？过去不让我是，现在我当家做主，站起来了！"

"站起来了，看把你美的，你快飞起来了吧你？"

"哎！我说老太婆，你给你儿子咋下的保证，你忘了？等子丑回来的。"

提起孟子丑，母亲默不作声了。

父亲接个电话，故意大声编造："啊？啊，超市开业十年店庆，啊，知道了，给豆油，还有500元免费购物券？好，我知道了，谢谢！

老吾老悠悠长生草
Laowulao Youyou Changshengcao

我也出不去呀。"父亲边接电话边用眼睛的余光扫着母亲。

母亲听到有赠品,眼睛放着异彩,急切地催促父亲:"你个死老千岁,还傻愣在哪儿干啥?还不快去呀?去晚了就没了。"

"啊?我去?我去了,你怎么办?"

"去呀!一会儿工夫没事。"

"好好好,我这就去,这就去。"

父亲一溜烟地跑出家门下棋去了,脸上挂满得意的笑容,"老巫婆还想跟我斗?"

"五一"小长假,女儿回家探望奶奶,没事就依偎在榻榻米上,陪奶奶看电视聊天,奶奶看混台不说,还经常加一点"评论":"这个死阿扁,搞啥台独呢?看人家美国的'两院'啥都管。"

女儿也测试一下奶奶的知识水平:"奶奶,你知道美国的'参众两院'是干啥的吗?"

奶奶不假思索:"就是中医院和县医院,给人看病的。"正在吃饭的子丑、伊曼,笑得把饭喷得满墙。

这几个月,着实把家人折腾的筋疲力尽,通过母亲生病这件事,让孟子丑真的为自己的独生女儿今后要赡养四位老人,而"杞人忧天"了。

天然雪雕《白精灵》

(2015年冬拍摄于二龙山风景区)

倾情托付延大爱

又是一年春草绿，依然花香灌满街。扩建后的社区会所，居民的活动空间更大了，孟子丑的父亲很羡慕地观看几位老人悠然自得地创作着书法绘画作品。

"老孟，你也和我们一起学画画呀？"

孟老爷子看看那幅画，再看看自己的手，叹口气："哎！我是真想学呀，你看我这个手啊，哪是干这个细活儿的手啊？"

苗莉莉来到活动室和老人们打着招呼，几位老人家正在用羡慕的眼神围观"书法家"挥毫疾书。

"写得真好。"

"太带劲了。"

"大师，你能教教我们吗？"

"书法家"一边练字一边慢条斯理地教导："字谁都可以写，这练习书法不是谁都能练成的，得有耐心，有名师指导。知道了老年人练习书法的好处，你才能沉下心来练字。这第一个好处就是能端庄坐姿，不容易弯腰驼背，使你的精神面貌好，对生活充满信心。第二呢，使你乐在其中，其乐无穷。第三，能排解孤独。第四，这个很重要……"

他停住毛笔看看这些老人，似乎很神秘，孟大叔急不可耐地催促："别卖关子了，快说吧老钱，不不，钱老。钱老，您说。"

"书法家"俯身继续练习书法："这第四嘛，能预防老年痴呆。书法讲究的是心手眼三到位，别小看这手在慢慢地动，它走心知道吗？就像练气功，能疏通经络，打通任督二脉，活血化瘀，长期坚持能激

老吾老悠悠长生草

Laowulao Youyou Changshengcao

活脑细胞。我说孟老千岁啊，听说你养了不少长生草，你说是吃你的长生草能长生不老？还是练我的书法能长生不老啊？"

孟老爷子两手一摊有些尴尬："这是两码事嘛。"

苗莉莉笑着说："都有道理，长生不老不是单一的选项，是一个系统工程。每个人的中国梦有所不同。钱老师你接着介绍书法。"

"我说到第几点了？"

"第四，该说第五点了。"

"这第五点，是修身养性，陶冶情操。第六嘛，是养心安神，缓解焦虑，延年益寿。这个书法是中华民族的国粹，是中华文化的集合体，它集学识、文化、气质、性格、阅历、心境、情绪、天赋、技法于一体，是融文字、文学、音乐、舞蹈、体育、武术、诗歌、哲学于一身的高深学问，是大学问啊。"

"书法家"独自陶醉在书法艺术之中，并没有在意身边的粉丝听不进去滔滔不绝的说教，纷纷转入了别的活动室。

音乐厅新添置了钢琴、二胡、古筝，老人们笨拙地弹奏着乐曲。孟老爷子扒拉几下琴弦刚要坐下，棋牌室里他的大兄弟喊开了："老孟大哥，来呀！整两盘。"

孟老爷子布下棋子，他的大兄弟小声说："弹的太难听了，简直就是噪音。那不是咱能干的活儿，你呀就刹心待在这个屋，这是咱的强项，红先黑后，千岁大哥你先开局。"

钟大叔和大婶在多媒体室观看电视养生节目，不时还和老人们讨论讨论。

可爱的维拉机器人，回答老人们提出的一个个问题，为老人们服务。

八十多岁的大爷大妈挂着拐棍，坐在日间照料室里品茶聊天，等待家人来接。

阅览室里则是相对年轻些的"老人"们。

优美的舞曲，伴着中青年的脚步，翩翩起舞。

后院养老院里，入住了失能、半失能、可以完全自理的高龄老人们，护士提供一对一或一对三的护理服务，配有一键呼叫系统，整个装修设计，采纳适老化的理念，无高差，去障碍，家具无棱角，马桶边装有扶手和呼叫器。男护士正在为老人洗澡，淋浴浸浴，自动翻身调整体位，搓澡按摩，全由电脑控制的机器完成。女护士用轮椅推着老人到会所来活动。

虽然会所活动室的面积功能都比较理想了，但是，苗莉莉还是觉得还缺了点什么。

最近几天，她注意到，社区年轻的志愿者吴希梅总是一个人提前回来接孩子，就关切地询问："怎么老看到你一个人接孩子呀？老公呢？"

吴希梅无可奈何地说："老公出差了，孩子刚上一年级，不接送咋办？他不在家，我就得请假回来接。"

这让苗莉莉敏锐地意识到，年轻人的新需求。再做点什么好呢？怎么样再去圆老人们的一个梦想，发挥他们的余热呢？

她开始跑"老年大学"进社区活动。开始筹划，义务为那些有实际困难的年轻夫妇接送孩子，放学看护，解决孩子们中午吃饭的问题。

年轻的父母闻讯，喜出望外："苗主任啊，太感谢你了！这下可给我们解决大问题了，我们愿意出钱出力！"

老人们盼来了"老年大学"开课的那一天。音乐班教授钢琴、二胡、笛子，悦耳的乐曲开始在小区上空不断回荡。

合唱队的二部合唱水平，也有大幅度提高，孟大叔在老年合唱队排练新歌，准备参加社区合唱比赛。

舞蹈班、绘画班、书法班、烹饪班、家政班、养生讲座等，陆续开课，根据中老年人的特点和需求不断调整课程。老年大学吸引来了周边许多中老年朋友。

助老食堂改为业主食堂，面向全体业主。除了三期养老院的小灶单独管理，其余继续由社区负责管理，只是增加了业主餐厅。在助

老吾老悠悠长生草
Laowulao Youyou Changshengcao

老餐厅里，新加了五张桌，专供孩子们中午用营养餐，当然这是没有补贴的。

钟大叔看到孩子们嬉笑着进来，情不自禁地停住筷子，眼睛直勾勾地看着他们。

孟大叔见此情景和钟大婶悄声说："他这是又想孙子了。"于是提高嗓门喊道："哎哎！老钟，想孙子了吧？想了就去看看不就得了，坐高铁也很方便。"

孩子们很有礼貌地和老人们打着招呼："爷爷好！奶奶好！"

小学下午放学的铃声响了，社区三位志愿者阿姨身穿志愿者服装，胸佩标牌，早早就等在校门外。点名清点人数后，把孩子们接回小区。

看护辅导班里，黑板正上方，悬挂着书法家钱老书写的孟子的"老吾老以及人之老，幼吾幼以及人之幼"的条幅。按年级划分学习小组，写课外作业。

孟爷爷做过小学校长，金爷爷、何奶奶做过小学教师，他们自愿做起了孩子们的课外辅导员。

钟大叔负责打扫卫生，他风趣地说："都说一家一个爹，早上送晚上接，咱也尝尝当'孙子'的滋味。"

写完作业，爷爷奶奶们给孩子们讲着故事，教他们制作手工，学做家务，打乒乓球，学下棋，做游戏。家长们万分感激，"苗主任，太谢谢了，给孩子创造这么好的学习活动环境，这里都赶上少年宫了。"

"孩子是国家的未来，培养教育孩子大家都有责任，社区会所不只是为中老年人服务，也有孩子们的份儿。"

"境界就是高啊。"

老人们在释放余热的同时，感受到了天伦之乐。家长们可以专心地工作，孩子们也丰富了课外生活。

双休日，应家长们的请求，担任小学班主任的伊曼老师，义务给孩子们辅导补习功课。家长们过意不去，非要给她补课费，被伊曼一一谢绝。她说："不行，不行，这钱我不能收。别人是别人，我是我，我管不了别人补课办班挣钱，但是我能够管住我自己。只要孩子们学习进步有出息就值得，我少休息点不算什么。"

在这里，重新整合、优势互补的资源，正逐渐演化为潜力股，也让代沟一点点变浅变窄。

几家小饭桌看护班让苗莉莉给抢了"饭碗"，开始眼红。接送学生的志愿者阿姨反映，最近放学总有那么两个人在学校门前找茬。

午后，孩子们回学校上课，陆续出现呕吐腹泻，被紧急送往医院救治。几十个学生集体出现呕吐腹泻，引起教育、公安、卫生、防疫部门的高度重视。经过采样化验，确定这是一起食物中毒事件。

公安部门拘留了苗莉莉等相关责任人，调查取证，查封了社区食堂。在当天中午的食物干炸鱼里检测出了毒物，顺藤摸瓜拘留了鱼贩。封存检测他那批剩余的鱼，却并没有检测出什么毒物来。难道有人在食堂投毒不成？

侦查人员查看了食堂和农贸市场的监控视频，发现最近几天，小区食堂的采购人员身后总有人尾随，进一步查看，出事的那天上午，尾随人有明显的调包举动。

社区居民自发地写请愿书，数千人签名，要求政府查清事件真相，还社区、还苗莉莉一个清白。

经过走访辨认，确定那个尾随调包的人就是小饭桌补习班的一个老板。在铁的证据面前，补习班老板低头认罪。

据他供述："社区抢了我的生意，我心生怨恨，琢磨着怎么整治他们一下，一起中毒事件启发了我，我开始尾随食堂采购员，摸清了他们的采购规律，每个礼拜四吃鱼，我就把用巴豆水泡过的鱼给他调包了。我没敢多放巴豆，就想教训他们一下，没想到会这样，我有罪，我该死。"

"你也是有孩子的人，太缺德了！你的孩子要是中毒了，你有什么感受？良心都让狗吃了？"

"掏出来扔地上，狗都不吃！"

苗莉莉平安地回到了社区，家长们、大爷大妈们纷纷前来看望安慰她："苗主任啊，我们知道你是好人，为我们居民操碎了心，我们信

老吾老悠悠长生草
Laowulao Youyou Changshengcao

任你。"

"主任，以后可得多加防范啊。"

"莉莉呀，我就少句话呀！"孟子丑后悔不迭地安慰着苗莉莉。

苗莉莉眼含热泪道谢："谢谢大爷大妈和家长的关心，我一定努力工作，把工作做好。"

回到家里，伊曼和孟子丑讲了在辅导班的所见所闻："这老师的师德都沦丧到什么程度了？明明在课堂上应该讲的内容不给学生讲到位，非得到他们办的补课班里去讲，你不交钱去听，你就被落在后面。我们课堂上讲过的课，提问那些孩子，他们回答不上来。怪不得有流传说现在最坏的人是老师，几粒老鼠屎坏了一锅汤。"伊曼越说越生气。

"伊老师啊，咱们管不了那些，咱们可以抵制，最起码咱们能做到三点：第一，不能误人子弟，你自己装满一桶水，可能都倒不出来半杯，所以你得不断充实自己。第二，绝对不能收学生的礼，教书育人是咱应尽的本分。第三，不眼红不办班，辅导学生尽义务，这也是做慈善。好人也不是那么好当的，苗莉莉不就是一个例子吗？你也多加小心。"

红叶谷

（2015年秋拍摄于英杰风景区）

走进信息时代

互联网技术的发明和广泛应用，是当代最伟大的、最有影响力的科技革命。它让地球变小，它把人们的距离拉近，它让远隔万水千山的人们，可以面对面地交流，它以光的速度传递着各种信息。

为了更好地唤起人们对健康的关注，对老龄事业的关爱，对志愿者服务的热爱，孟子丑、苗莉莉他们经过策划，开设了一个网站，广泛介绍社区居家养老、医养健结合和志愿者服务，介绍户外健身运动，宣传哈尔滨的冰雪文化、哈夏音乐会、夏季首选的爽心避暑胜地等人文景观。

每到冬季，北方的好多老年人都如同候鸟一样喜欢去南方过冬。这是跨时代的进步，是幸福指数的标志，是过去多少代人不敢想、不敢做，也做不到的事。他们了解到，有些老年人，由于经济条件的限制，不能实现到南方去过冬的愿望。孟子丑配合社区，深入了解情况进行研究。

社区的老年人，家居面积一般都比较大，两室一厅或者三室一厅，独居老人也不少，有的老人去南方，一去就是半年，房屋闲置。南方人夏季愿意到北方来避暑，北方人冬季愿意去南方越冬，两种意愿在信息时代的碰撞，必定会擦出一个火红的交集来。

他们在思索，能不能搭建一个平台，让南北方的老年人结结对子，到对方的家里互助越冬、避暑。冬季，北方的老人到南方的老人家中居住越冬；夏季，南方的老人到北方的老人家中居住避暑。这样可以省下一大笔租房子的费用。

经过初步了解，有这个意愿的竟然有五十三户家庭，首选去往的城

老吾老悠悠长生草
Laowulao Youyou Changshengcao

市依次是，海南三亚，然后是海口，再就是珠海、桂林、北海、巴马。

可以考虑试一试，苗莉莉把这个"征召结对"南北家庭互助避暑越冬的信息，挂在了自己的网站上，介绍哈尔滨的风景名胜、风土人情、社区会所，各个老年人家里的居家条件。

很快引来一大批关注。对于双方达成共识的家庭，通过对方的社区深入了解情况。

孟子丑远在桂林的同学徐葛根，自从同学聚会后，就一直关注着这个群体的活动情况，他也在那里尝试着家乡的好做法。看到"征召结对"的消息，他立即开始联系游说几个社区。

经过南北社区之间的对话商谈，最后意向性达成协议：南北结为友好社区，首批来避暑的将有四十二家，七十九位老人。

星期天休息，妹妹领着外甥回家，来看望父母。孟子丑看到外甥老是在那里扒拉手机，走过去劝说："少玩点吧，老低头打游戏，脖子会得颈椎病的，对眼睛视力也不好！"

外甥拉过舅舅的手："我的 uncle 啊，太老土了，这是微信，看这是朋友圈，这是我的同学群，这是摇一摇，还能视频呢！"

他感到很惊讶："叫啥？什么玩意儿？给我看看，怎么弄啊？"

外甥耐心地手把手教舅舅玩微信。

这给了他一个很大的启示："你会建微信群吗？给我建一个吧！"

"二舅，你得先申请一个微信号，有了微信，你才能建群。"

"好好，给舅舅申请一个。"

外甥教他怎么建群，怎么加人，名字还叫"快乐老家"。

微信的应用，方便快捷，传递的信息量更大。

苗莉莉举办了一个中老年人微信培训班，她不厌其烦地在教钟大叔使用微信："大叔，这回你要是想你儿子和孙子了，可以给他们打视频电话，视频聊天，两边都能看到人，咱们这儿呀有网，不用你的流量。"

钟大爷满脸狐疑："能看到人，真的呀？什么流量啊？流什么量啊？我不明白，你就给我弄好就得了。"

"这个流量呢，好比瓶子里的油，是你花钱买来的，做菜了你就得往出倒点油，油倒没了你的流量也就没了。"

从微信"快乐老家户外群"衍生出来"志愿者群"。随着"朋友圈"的扩大，朋友们有了新的乐趣——刷朋友圈。

从早到晚，朋友圈都会发布各路"大师"的经典人生感悟、趣闻乐事，心灵鸡汤一个比一个雷人。这个得转发了，让我的朋友们分享，那个万能的偏方大全得收藏备用。

孟子丑学会了用"萌萌哒"打招呼，父亲嘴上也多了个口头禅，"这只菜鸟！"朋友们打招呼多了个"亲"，"点赞""投票"也经常被"圈内"朋友们请求。

苗莉莉发了一个链接："有个群真好，不占地，不占房，拿着手机喜洋洋。不集资，不贷款，带着手机求发展。一不偷，二不抢，男女老少都向往。无噪音，无污染，天涯海角不遥远。少生气，多欢笑，有说有笑任你闹。不收费，不上税，友谊万岁万万岁！"

有的群友在群里喊："微信真方便，干倒了电脑，要是手机也能上QQ该多好啊。"

"已经出手机版QQ了，你下载一个，注意学习呀。"

孟母学会了微信，每天都会花一些时间到那里去享乐，看看朋友圈发布的各种消息，时而给远在他乡的三姨五舅打视频电话，互诉衷肠，晚辈们早晚在家族群里给老人家请安。时而抢几个红包，时而发给孩子们几个红包。有时拍几张照片，在朋友圈晒一晒，特别爱晒她的仙草——芦荟。

孟老爷子很是羡慕老伴儿会玩微信这个手艺，也经常凑过来偷看她的朋友圈："你看你往这么转转，教教我不就得了。"

"孩子不是教过你了吗？谁让你那么笨，学不会呢？"

"你看你，这不是高科技吗？这要是像栽茄子、土豆那么容易，我还用学呀？你就给我那不老草和人参拍几张照片发出去，让他们羡慕羡慕咱们不行吗？求求你开开恩。"

母亲发号施令："别咱咱的，写个标签贴花盆上，好让人家知道是

老吾老悠悠长生草
Laowulao Youyou Changshengcao

谁养的呀？"

孟老爷子写了个"孟养山参"，母亲不耐烦了："什么孟养啊？还梦生呢。我告诉你咋写，老千岁山参，老千岁长生草。"

"别整天老千岁、老千岁的，在家里叫就行了，让亲戚知道了多不好？"

"你到底写不写？不拍了。"

"行行，我写还不行吗？会点儿手艺还端起来了。"

刚刚进入六月，南方已经很热，三十多度的桑拿天早早到来。桂林的大爷大妈们，向往着哈尔滨的避暑胜地，身心内外都显得比往年更加的燥热。

南宁直达哈尔滨的T8180次特快列车，徐徐进站。苗莉莉手举接站牌，率领一批开着私家车来接站的志愿者们在出站口等候。

桂林社区由阮主任带队，一队拉着行李箱、操着南方口音的大爷大妈们出了站口。

互相介绍后，彼此互致问候，苗莉莉热情地说："欢迎，欢迎啊！欢迎桂林的大爷大妈来冰城哈尔滨做客。"

北方的凉风迎面吹过来，南方大妈好不惬意："太凉爽了哎！"

迎接车队打着双闪灯，一路开进了社区，秧歌队扭起东北大秧歌，舞狮子、舞长龙，东北的大爷大妈们以这种特殊的东北风俗，热烈地欢迎来自远方的客人！

在助老餐厅用过欢迎午餐后，结对子的大爷大妈们把客人们分别接回家中。

下午参观社区后，双方社区主任签字握手，正式确立了"友好社区"关系。

经过一天的休息，大爷大妈们迫不及待地开始游览市区，游览龙江名胜景观。

中央大街两旁的欧式建筑，包括圣·索菲亚教堂，都深深吸引了他们的眼球："太漂亮了，莫斯科是不是就这个样子？"

在通往太阳岛的江桥上，导游介绍起了松花江，他们惊呼："这就是东北救亡歌曲《松花江上》'我的家在东北松花江上……九一八、九一八'中的松花江吗?"

"啊,太阳岛,这就是郑绪岚歌里唱的太阳岛啊。"

乘坐游船,顺流而下,欣赏两岸风光。

"真的太辽阔了!"

"气候太爽了!"

"鱼米之乡啊!"

"看这段,有点像漓江哦。"

兴致上来,李大妈唱起了《刘三姐》的山歌,清亮的嗓音极具穿透力,碰撞到对面的山崖又折射回来的歌声,就像离弦的箭一样摩擦着水面,发出"嗷嗷"的和声,惊起江心岛上的水鸟欢喜地展开翅膀,和着叽叽喳喳地鸣叫。

驻足在音乐公园,看着一个个音乐雕塑、一幅幅记录历届哈夏音乐会的展板,大妈们有些激动。

"哈夏音乐会就是在这里举办的吗?"

"哎,李双江、金铁霖、牟玄甫、孙悦都是哈尔滨人啊,我最爱听李双江的歌了。"

"贾乃亮这个小鲜肉也是哈尔滨人。"

"哪儿写着呢?他是演员,也不是歌唱家呀?"

"记糊涂了。"

"看我发的朋友圈,这么多点赞的,还有问我还有没有结对子的了?要攥来呢,馋死他们,谁让他们不报名。"

油城大庆的抽油机,吸引了大爷大妈们的注意力,都好奇地问:"这满地磕头的机器是什么玩意儿?"

女导游满含深情地介绍起大庆:"这个机器是抽油机,俗称'磕头机',是从地下油井里通过压力的办法把原油抽出来,经过管道集中储存在储油罐里,然后运走提炼。大庆这座城市是因为发现了石油而得名。我国过去是一个贫油国,1959年地质工作者在这片大平原上发现了石油,国家决定从全国各地抽调石油工人到这里参加大会战,'铁

老吾老悠悠长生草
Laowulao Youyou Changshengcao

人'王进喜就是中国石油工人的杰出代表。这一年恰好是新中国成立十周年，为大庆之年，所以周恩来总理就给这里起了大庆的名字作为纪念。五十多年来，大庆为我国的经济建设做出了巨大贡献，累计开采石油22亿多吨，上缴国家利税达两万亿元之多。大庆的湖泊众多，号称百湖之城，是全国空气质量最好的城市之一，最适宜人居。"

参观科技馆，了解地质知识及地球的变迁，在这里知道了石油是怎么形成的？讲解员介绍："在远古的海洋里，生活着很多水生动物。它们有的体型大，有的体型小，还有很多浮游生物。远古为多远呢？起码170万年前。那么，当这些生物一代一代死去，它们的尸骸就沉积在海底。由于海水中含有大量盐分，它们身上的脂肪和蛋白质不能马上被降解，就如同腌渍的咸鸭蛋。由于海底水压很大，所以经过长年累月的压缩，这些动物和微生物的尸骸就变成了沉积岩。在强大的压力下，脂肪和蛋白质就逐渐被液化，变成了石油，存在于沉积岩中。所以海湾国家盛产石油，就不难理解了。有人要问，很多陆地也发现大批油田，比如大庆油田、辽河油田、新疆塔里木油田、克拉玛依油田、甘肃玉门油田，这是为什么？这都是地壳运动变迁的结果，喜马拉雅山、云南的石林，都曾经是海洋。石油和我们的生活息息相关，它有石油、溶剂与化工原料、润滑剂、石蜡、沥青、石油焦六大类产品，大到航天、飞机、汽车，小到家电、电子产品、服装，几乎涉及我们生活的各个领域。"

参观铁人纪念馆，让大爷大妈们肃然起敬，走上四十七级台阶，石油工人们的创业史，让他们感动。

驻足在北京人民艺术剧院国家一级演员李光复老师捐赠的一本《毛主席语录》前，大庆油田"铁人"王进喜在扉页上赫然题写着：讲进步不要忘了党，讲本领不要忘了群众，讲成绩不要忘了大多数，讲缺点不要忘了自己，讲现在不要割断历史。

范大爷、李大妈看着这段"铁人"的亲笔题词，久久不愿离去。范大爷感慨地说："铁人就是铁人，觉悟就是高，他没有多少文化，能说出这么有深度、有高度、有水平的话来，太不简单了。现在数典忘祖、极端利己主义、突出自己的人太多了。有多少人还把做一个高尚的人，一个纯粹的人，一个脱离了低级趣味的人，一个有益于人民的人，当作座右铭呢？那些对社会不满的人，要么持全盘否定的态度，要么借尸还魂，这绝对不是历史唯物主义的态度。"

李大妈接过话说："有些人的梦还没有醒过来。还幻想着复辟，陶醉于那种有人用大奶瓶子喂的寄生虫的生活。社会要是不改革，国家怎么能强大？人民还有什么幸福可言？"

驻足在雷锋、焦裕禄、史来贺等二十位时代楷模事迹展览室，老人们看得更加详细。

范大爷说："'大庆精神''铁人精神''雷锋精神'，是前辈们用血和汗给我们留下的宝贵精神财富，是中华文化不可或缺的一部分，到什么时候都应该发扬光大，英模的事迹值得我们后人去学习。"

辽阔的鹤乡湿地，丹顶鹤的故乡，留下了大爷大妈们欢乐的身影。

李大妈对丹顶鹤的故乡之说，提出了质疑："我认为，丹顶鹤的故乡在我们南方。"

"简直是胡说，专家论证，全世界都公认的，你说不是就不是了？"范大爷反驳她。

"冬天，丹顶鹤是不是去南方过冬？"

"那还用说？"

"我们现在在这里避暑，冬天回南方，能说我们的老家就是北方吗？是先有鸡，还是先有蛋？"

"这是谬论。"

"别管什么论，我说，起码丹顶鹤的故乡，现在无定论。"

"再无定论，丹顶鹤是我们中国的，这没有异议吧？"

"那还用说？"

坐在牡丹江"威虎厅"匪首座椅上，耳听松涛的呼啸，感慨大森林的茂密壮观，体会当年剿匪的艰难。

"哎呀，这大山林里要是藏几个人打黑枪，得付出多大的牺牲啊？"

"天王盖地虎。"

"宝塔镇河妖。"

……

"脸红什么?"

"精神焕发。"

"怎么又黄了?"

"防冷,涂的蜡。"

……

"哈哈哈哈。"

"这要是冬天大雪封山来看看,戴上大狗皮帽子,穿上大皮袄,披上白斗篷滑雪,该多爽啊。"

"冬天你留下,包你如愿。"

小号手

(2018年夏拍摄于二龙山风景区)

搭伴儿情缘山外山

苗莉莉、鲁东胜这一对恋人，为了共同的理想、共同的志趣，并肩工作，一起活动出游。没有甜言蜜语，没有那些浪漫，有的是理解与支持，有的是那份关爱。

孟子丑和大家张罗着要为他们筹备婚事。苗莉莉显得很为难："这事不能急，禾禾还没有想通呢，我得和她商量。"

晚饭后，坐在沙发上看电视节目，苗莉莉给禾禾削着苹果，有话没话找着话题："你们学校的伙食还好吧？体育课都有什么活动？"

"妈，你是不是有事啊？"

"妈是有事要和你商量，你看啊，鲁叔叔这人对咱们不错，各方面条件也不错，我们想举办一个简单的户外婚礼。"

"打住，你结婚我不反对，你自己听不见吧？传的有多难听啊，说我都是野种了，你非得要把它做实了不可？好男人有的是，你就非得在一棵树上吊死吗？死心眼。"

"你不能带着偏见对待你鲁叔叔。"

"那你就去结婚，我不拦着，学我也不上了，丢不起那人，以后你也别想再看着我了。"

"这孩子怎么这样？"

"咋样啊？没见过哪个当爹的，儿子没娶媳妇，他自己先张罗娶老伴儿的。"

不欢而散的谈话，让苗莉莉好生郁闷。她陷入了两难，她觉得孩子是那么的陌生，六神无主的她，开始有意无意地躲着鲁东胜。

老吾老悠悠长生草
Laowulao Youyou Changshengcao

鲁东胜满心欢喜地张罗布置新房,心里像开了花一样,脸上整天挂着微笑,脑海中闪现着婚礼中每一个喜庆场景。

大清早,他们来到了山里,从"娘家"到"婆家"隔着一个山弯,接亲送亲拜堂,演绎一段中西结合的古老婚俗。

司仪清亮的嗓音高喊:"有请新郎新娘闪亮登场。"新郎鲁东胜手挽身穿洁白"吉尼斯婚纱"的苗莉莉,在66个男女花童的陪伴下,从半山腰青青绿草上款款走来。

乐队奏响《婚礼进行曲》,鞭炮齐鸣,花瓣飞扬。司仪笑容可掬,风度翩翩,手持麦克风,娓娓道来的男中音:"亲爱的各位来宾,女士们,先生们,朋友们,喜鹊喳喳山花笑,鸟歌人欢艳阳照,地久天长白头翁,宾朋满坡户外情。让山川见证,让林海祝福,一对新人携手相伴的百年航程,就要从这里起航了……"

苗莉莉的养父养母和鲁东胜的父亲母亲,幸福地坐在主婚人的席位上。参加婚礼的群友们送来了祝福,男女双方的亲朋好友,带着美好的祝愿,纷纷献上鲜花。

苗莉莉的生母、叔叔、姑姑特意从北京赶来参加婚礼。

参加婚礼的还有社区老年人们选出的代表孟大叔、何大爷、钟大叔、魏大妈。

婚宴以 party 酒会的方式,招待着各方宾客。欢快的圆舞曲响起,群友们狂欢到篝火燃起……

苗莉莉十分歉疚地推醒了鲁东胜:"醒醒,停下别干了,歇歇吧,看你这些天都累瘦了。"

"莉莉,怎么了你?"

"不好开口啊,让你失望了,禾禾还是想不通,东胜,我担心她走极端,做傻事,婚礼不要办了,对不起呀。"

"可也是,你带她到我这来吧,她别扭。我上你家去吧,她更别扭。我们慢慢等，孩子会想通的，等到她结婚就没有障碍了。"

"不，我不能再耽误你了，这就是我的命啊。"

沉默，谁都不再说话，只有苗莉莉的啜泣声，和滴答的钟表在作响。

她抹着泪转身要离开，鲁东胜一把拉住她："莉莉，我爱你，不管怎么样，我都等你一辈子。我，我最近休年假想出去走走，正好我有个课题还没完成，要到少数民族地区去看看。"

"我最后陪你去一趟吧，什么时候出发？"

"等我把假请了，工作安排一下就走。"

鲁东胜要借这次休年假的机会，来完善他的研究课题《关于边疆少数民族地区人口卫生健康状况的调查》。

自驾游一路往东，茫茫林海中一个独处的大院吸引了鲁东胜驻足，这里是一个乡敬老院。

四面群山环抱，两条小溪汇聚处，山泉水蓄积的水库泛起微微的波浪，水库中放养着鲢鱼、鲫鱼、草根鱼，供敬老院的老人们食用。

走进敬老院的大门，首先看见一位智障老头在院里撵着一只小公鸡，不停地呼喊："爹！爹！你别跑，回来，爹领我玩儿去。"

上房的屋檐下坐着一位大妈，用辽西口音喋喋不休地在重复着那两句话："学雷锋，做好事，雷锋出差八百里，好事做了一火车。不忘初心，做好人，敢担当。"

苗莉莉和鲁东胜仔细打量这个四合院，上房二十八间，为砖瓦结构。偏房各十二间，为土木结构。偏房的身后，用木条木板搭建起两个高高的玉米架子，院内的地面用红色的山砂铺就，在上房的窗前摆放着两口大酱缸，两根木杆撑起的铁丝上晾晒着衣服被褥。

敬老院院长李大爷热情接待了他们一行。

鲁东胜自我介绍："院长，我叫鲁东胜，是医大的心内科医生，我爱人苗莉莉，社区工作者，我们都是志愿者，休假出来旅行，到您这里做一下志愿者服务，并对中老年人的健康状况也做一下了解。想小

老吾老悠悠长生草
Laowulao Youyou Changshengcao

住几天,麻烦您了,大爷。"

听罢来意,李大爷连忙乐呵呵地说:"不麻烦,不麻烦,麻烦啥呀?欢迎!欢迎!我们求之不得,请都请不来呀。"说着就往屋里让。

敬老院在偏房给他们收拾出一个房间,挨着李院长住。李院长大高个,清瘦健壮的身板,上身穿打着蒜皮疙瘩扣的白色短袖粗布衫,外披一件蓝布小褂,头戴深灰色前进帽,脚穿灰色千层底的布鞋,藏青色裤角下露出的白袜桩,衬托出修长的大腿。他面色红润,慈祥深沉的眼神,一看就是一位有阅历的"老干部"。

安顿停当,李院长带着苗莉莉和鲁东胜参观敬老院。来到卧室房间前,还没走进房间,就嗅到一股不经常洗澡的人身体所挥发出来的特殊的气息。

苗莉莉微微皱了一下眉头,下意识地揉了揉鼻孔,鲁东胜赶紧拽了一下她的衣角。

李院长介绍敬老院的情况:"我们院里人最多的时候有三十七人,现在剩二十三人了,服务人员就是我和厨师,还有两位志愿者。过去的房间通铺多,单间少,都是火炕。现在都改单间了,两个人一间。有搭伙过的,就给安排到一间里。"

鲁东胜疑惑地问:"这里还可以结婚啊?"

李院长解释:"怎么不可以?老人在一起也有不少处出感情来的,我们就成人之美。这样,方便他们互相照顾,也有利于安定团结和健康长寿。"

苗莉莉好奇地问:"那他们去民政部门登记吗?"

李院长的脸上露出神秘的微笑:"敬老院是民政部门开办的,我是经过授权的,我批了就好使。"

苗莉莉压低声音,脱口而出:"这不是非法同居吗?"

李院长的脸突然不易察觉地一板,但立马又露出笑容:"这有什么大惊小怪的?城里的年轻人时兴同居,大山里的老年人也不能干熬啊,要是落在后边了,城乡差别不是越来越大了吗?这里实际是搭伴养老,乡里乡亲的，许多人过去都熟悉，有的还是亲戚里道的呢。"

"啊！好！好！"

"搭伴儿养老好，莉莉，这又是一种养老模式啊，能从具体情况出发，解决实际问题。"

鲁东胜又提出一个问题："入院的都是符合条件的'五保户'老人吗？"

"不，不，有些是，有些不是，你进院看到的那两位，老李头，先天智障，靠谁养？年轻时有父母，哥姐妹现在都年龄大了，就得送这来。辽宁口音那位老谷太太，随老头转业到这个地方来的，文化水平还不低呢，老头死了，她又没啥收入，儿子傻，女儿还在读书，也得来这里。这就是社会主义制度的优越性啊。现在又出现了一种新时尚，打工出去的年轻人，都愿意花钱把爹妈送这儿来，屯里人没那么娇贵，有人做饭，有人照顾，有人给看病，就知足了。"

苗莉莉问道："这里有少数民族的老人吗？"

"有啊，老谷太太一家就是满族，满族的还有几个，还有回族、朝鲜族、蒙古族的。相处都很和睦，饮食生活也能照顾他们的风俗习惯。"

"要是有赫哲族、达斡尔族的就好了。"鲁东胜自言自语。

来到偏房，分别为厨房、餐厅、豆腐坊、碾坊、仓库、娱乐活动室、电视间、健身房、马棚、架子车棚、农具棚、网吧。

当晚，苗莉莉他们和李院长吃"小灶"。在院长的房间里，长方形木质黄菠萝的手工饭桌，放在火炕上，桌面三块木板用水胶拼做而成，桌腿间、桌腿和桌面间的连接，清一色的手工木铆，没用一根钉子螺丝。

鲁东胜上下左右欣赏起木桌来："真奇妙，这绝对是一件工艺品，老院长，这桌子起码得有三十年了吧？"

"小时候我就用这个桌子吃饭。"

"啊？以后绝对是古董，得好好保存，得收藏。"

老吾老悠悠长生草
Laowulao Youyou Changshengcao

老院长盘腿坐在炕头里，他特别干净，炕席擦得锃亮，反射着橘黄色的光，炕里的行李叠得有棱有角，上边苫着一条绣着兰花的浴巾。

火爆大头菜、酱扒茄子、麻辣豆腐、家常生鱼汁凉菜，厨师把四个菜上齐，老院长回头从床头柜里取出两个玻璃罐，一罐油酥黄豆，一罐油炸干辣椒，这是他每天都吃的"补品"。

还别说，油炸辣椒装在玻璃瓶里，避免吸收空气中的潮气，能长期保持辣椒的酥脆。

苗莉莉吃了一口油炸辣椒惊呼道："东胜，你快尝尝，这味道真香啊！"

鲁东胜尝罢脱口而出："香又脆，威虎山的味道，正宗的'老干爹'呀！"

老院长把油炸辣椒淋在生鱼汁凉菜上，拌了拌："这样吃，这鱼是咱们自己养的，吃生鱼是赫哲族人传下来的习俗，是咱东北的一道名菜。"

陪老院长喝着小烧酒，聊起了家常。老院长举起了酒盅："今天你们来了，我特别高兴。多少年了，这都没有客人来，我破一次例，陪你们喝一盅白酒。"

一仰脖捌下白酒，老院长又倒了一杯用大茶缸子里的温水加温的啤酒，笑着说："我用这个陪你们了。"见鲁东胜他们有些疑惑，他接着说："见笑了吧？我从小落下个胃寒的毛病，我还喜欢喝两口啤酒，冬夏都用热水烫烫。因为这个没少闹出笑话，有一年夏天我和几个人进城里办事，大伏天的有三十多度，热得我们浑身冒汗。中午了，得吃点饭啊，就进了一家饭馆。这几个小子要了一箱冰镇啤酒，我哪能受得了这个，就喊来服务员：'服务员，来！给我烫烫去。'女服务员以为我戏弄她，嘴里嘟哝着：'老不正经。'我一听就急了：'我下馆子，我花钱，咋就不正经了？把你们经理叫来，说道说道！'说着，我站起来从衣服口袋里掏出一张报纸，我抖了抖：'我喝热啤酒有科学道理，专家都说了，啤酒温着喝是最好的，味道最鲜美，营养发挥最大，不伤人。小时候我落下个胃寒的老病根，肚子怕凉。'中午赶上饭口，坐了五六桌的客人，大家一听，都不干了，纷纷为我打抱不平：'怎么的？你家不是开饭店的吗？为啥侮辱欺负老年人？''服务员出来！给老爷子道歉！给老爷子跪下！''以后我们都不来吃饭了，谁来谁是孙子！'老板一看事情闹大了，赶紧出来赔不是：'对不起！对不起了！服务员不懂事，我开除她。这样，啊，老爷子这桌，今天我请客，其他各桌打五折。'大家起哄，'好，好啊！这就对了嘛！再抬来一箱啤酒！'从那以后，我随身揣着这份报纸，你看这都塑封好了，我还复印好几十份备用呢。从这往后啊，我也落下了话把儿，这几个小子回来就给我添油加醋地到处宣扬，见面就喊：'服务员！把啤酒给我烫烫。'还编个顺口溜，什么'老李头，可真牛，啤酒专喝热乎的，小媳妇侍候吃馆子，没钱喝酒也不愁。'"

鲁东胜和苗莉莉听得都愣神了，鲁东胜说："老院长，一会儿就给你艾灸，做火疗，再给你找药方，这回你的老寒症就能好了。"

说着就给中医药大学的朋友打电话："你好！梁老师，我东胜啊，我在东部山区呢，有个老朋友是老胃寒病，麻烦你给找个方子，发到我微信里。谢谢了！"

放下电话，他又对老院长说："哪天我们进城给你抓药，放心吧，很快就会调理好的。"

老院长有些激动，抿着嘴抽动着嘴角，眼圈有点泛红，继续说道："我呀，从有'人民公社'时候起，就当生产队长，一直到'改革开放'生产队解体。那时候虽然困难，但是，我也没让社员饿着，我自留地多呀，都在山沟里藏着，打下的粮食蔬菜，分给社员，他们吃不了的，拿出去卖。因此，我被揪了'资本主义尾巴'。你啥也得让老百姓吃饱饭啊，得过上好日子呀！要说现在呀，真是受人民拥护。"说着竖起了大拇指："我在这过的算是神仙日子吧？空气好，粮食蔬菜都是自己种的，不上农药化肥。鸡鸭猪鱼都是自己养的，同样年龄的人，我就比他们要'长生不老'吧？我挺知足的，该享受的都享受了，该

老吾老悠悠长生草
Laowulao Youyou Changshengcao

有的也都有了，我子孙满堂，享天伦之乐，儿子孙子都住在城里，老要接我去享福，我才不去呢，去待几天根本不习惯。"

禾禾打来了电话："妈妈，你去开会到地方了吧？吃的住的怎么样？"

苗莉莉赶紧到院里接电话："挺好的，住四星级酒店，吃自助餐。"

"妈，我还是不放心你，发个地理位置图给我，有事联系我，我24小时开机。"

"手机要没电了，充完电再发，再说我也不会发那个呀。"

挂断电话，苗莉莉给孟子丑打电话求助："孟哥，禾禾要我给她发个地理位置图，她怀疑我了，咋办啊，你得帮帮我。"

"好办，好办，别紧张，我大连有同学，让他发个地理位置，我转发给你，你再转发给她。"

"快点儿，最好在哪个大酒店附近发，告诉我大酒店名字，记住了。"

凌晨，鲁东胜、苗莉莉被久久回荡在山谷里的公鸡报晓声叫醒。长途跋涉一天，胳膊腿有些酸胀，伸伸懒腰又在炕上赖床一会儿。

穿好衣服，洗漱完，鲁东胜操起了扫帚，扫起了庭院，苗莉莉打扫各个房间，喷洒消毒水，然后去食堂帮厨。

老李头起得更早，满院子追逐他的"爹地"。谷大妈则在小溪边给女儿梳洗打扮，溪水的倒影映衬出一个披着长发的仙女，在太上老君的呵护下，飘飘然呼之欲出。她的大憨儿子"铁砂掌"怀揣两个大馒头，继续丈量他的地球去了。

放下扫帚，鲁东胜挑起猪食，奔向院外的猪舍喂猪。十几头的种猪公、母猪、肉食猪，分圈饲养。

远远听到脚步声，闻到越来越浓的香气，猪们在猪公的带领下，"嗷嗷"叫得更欢。

这猪公俨然就像狱中的牢头，啥它都得抢个先。鲁东胜哪里知道这里的规矩，他先给肉食猪添上了食，这些草猪刚吃了几口，就听得两声尖叫，隔壁的墙头露出猪公的青面獠牙，众猪们吓得立马停住了吃食。

鲁东胜正在疑惑间，走过来老院工："你这样喂，得炸营，先把那个跑卵子嘴堵上。"

说着提起食水桶给猪公的槽子里倒满了饲料，嘴里还不住地嘟吧："叫你霸道，等你打完了圈子（配种），就叫你成为太监！……这老贼能吃能喝的，那点荷尔蒙支的，浑身是劲，别的猪一槽子就够了，它得吃两槽子，不顺心眼子就带头闹圈，听到哪个圈的猪不顺耳，一米八的猪圈墙，它跳过去就咬，都怕它。看，这墙不是后加高了嘛。"

早餐过后，鲁东胜开始给老人们义诊，他也采纳了中医的望闻问切，量血压，听心肺，了解既往病史，苗莉莉在旁边一一记录在案。

他发现一些老人血压偏高，有的老人眼睛的黑眼仁外，明显看到有一圈灰色的老年环，这是动脉硬化的征兆，还有的老年人的耳垂有明显的褶皱印记，说明心脏供血不好。但是整体看，大多数老年人的身体还是不错的。

他意识到，这些老人需要进一步体检。怎么解决这些问题呢？他和苗莉莉商量着办法。同时，鲁东胜注意观察老人们的生活习惯、饮食起居。

苗莉莉说："很显然，这些老人卫生条件需要改善，缺洗衣机，缺热水器，就那一个热水器洗澡不够用啊，饮用水需要净化。他们洗不上澡的，就擦擦身完事了，也缺医少药，健康理念上的问题还是不少的。"

鲁东胜和苗莉莉进城给老院长和老人们抓药，顺便买回来一台大型的洗衣机，一台大功率的热水器和浴屏，还有一台净水器、两台电视机，先临时改善一下子吧。

偏房的走廊里飘出了浓浓的中药味。老院长端着中药汤碗，一口口喝下去，心中暖暖的。几位老人端着碗排着队等待领取汤药。

鲁东胜熬药，苗莉莉和孟子丑通着电话："子丑哥，我和东胜都挺

老吾老悠悠长生草

好的,你赶紧买几味中药用快递寄来,这里敬老院的老人急用。红景天50克、羌活30克、无患子30克、石斛30克,分别包装,不能混啊,收货地址和药名我再用微信发给你。"

食堂又开饭了,苗莉莉和鲁东胜打好饭菜,坐在大厅里同老人们一起用餐。老人们对待他们两个人像亲人一般的热情,见到他们就围拢过来,问这问那。

宋老头回头看见邻桌就剩一个老谷太太了,就凑过去献殷勤。他从口袋里掏出一根麻花,掰了一大半递给老谷太太,用漏风的嘴说着情话:"大妹子,你看我多向着你呀,给你大半拉吃,我吃小小的,嘿嘿。"老谷太太烦这个宋老头,可是又架不住大麻花的香味诱惑。

这边的老金头开始跟苗莉莉他们讲究起宋老头来:"这老东西,不自量力,可埋汰了,浑身尽是虱子,癞蛤蟆想吃天鹅肉,给敬老院干活挣那几个破子儿,都搭老太太身上了,结果毛都没捞到,白泡老太太了。"

这老金头边讲究宋老头,边从衣服里子缝中摸出一枚双眼皮儿的虱子,熟练地用双手的大拇手指盖挤扁,随着"啪"的一声脆响,一股污血飞溅在老金头的鼻梁子上,他用手背抹了抹鼻梁子,又在裤子的大腿里子上边蹭了蹭还冒着热气的污血,然后扭过头高声地喊道:"宋老头!你这个不要脸的老犊子,你砢不砢碜啊,人家腽应你,你不知道啊,老上人家跟前嘚瑟啥去?再说了,就她那砢碜样,有啥老让你惦念的?嘿嘿!老谷大妹子,我那儿有蛋糕,细软乎的,待会儿上我屋吃去,别搭理他这臭不要脸的。"

宋老头也没客气地回敬过去:"你个老不死的老杂毛,一脚没踩住,哪蹦出你这么个鳖犊子来?阴损!说话太阴损了。几天没吃饱了?肚子瘪那样,我就乐意给老太太买麻花了,碍你啥事?"

"我就看不惯你嘚瑟的那个死出!"

"你也不撒泡王八尿照照自己,就你那个鳖样,还充当护花使者呢,呸!你算个幺还算个九啊?这要是赶上'土改'那会儿,我早弄死你了!"

老金头一听这话,更来劲了,几步冲过去理论:"啊哈!你个老鳖犊子也不称二斤棉花纺一纺,从'土改'到'文革',我怕过谁?哪回不都是我管制别人?你不服是不是?来,来!你弄死我,来呀?"

老金头身后面,几个老头老太太撇着嘴又在指手画脚讲究起他来,"老不正经的,就是吃不着葡萄,拆葡萄、薅葡萄秧的手。"

"呸!真恶心人。"

"膈应人,恶习难改。"

"这才是老癞蛤蟆呢。"

宋老头左手阻击着老金头,发麻的右手仍然举在老谷太太嘴边。老谷太太心想,你们爱咋干咋干,麻花不吃白不吃。她张嘴刚要去咬麻花,另一个老太太,手疾眼快,一把夺过麻花:"你不吃我吃。"放在嘴里边嚼边跑。

宋老头气急败坏地抬腿就追,老谷太太紧随其后,刚好和闻听吵嚷闯进饭厅的老院长撞个满怀。

宋老头耷拉着脑袋:"院长,你看她……"

老院长披着衣服,板着脸,眼珠子一瞪:"像什么话?觍个脸没羞没臊,都多大岁数了?不嫌个砢碜!来客人了知不知道?都滚回屋去!你,给我站住,还有老金头,说你呢!从今天开始,你和老金头喂十天大猪,没有补助。老金头,这都什么年代了?老小子你怎么就不能与时俱进呢?死榆木疙瘩脑袋呀?一提'土改',一提'文革'你这双狗眼就放贼光。老金头我告诉你,在这消停点,再穷嘚瑟一回,你就给我滚犊子,爱哪去哪去,这儿!我就说了算。"

李院长的当地口音把"说了算"说成"嘞了蒜"。

这老金头翻着白眼,心里是一百个不服,暗暗嘀咕着:"你嘞了蒜,我还嘞了葱呢,我就这样,气死你个老猴王八精。"

由于苗莉莉他们的到来,让这个小山村热闹了起来,附近的村民有空闲也来凑热闹,闻听省城名医在此,纷纷来找鲁大夫问诊看病。

老吾老悠悠长生草
Laowulao Youyou Changshengcao

　　这几天鲁东胜和大师傅学习做豆腐,从大缸泡大豆开始学起。黄豆是老人们自己种植出来的纯有机大豆,做出来的豆腐味道极其鲜美细嫩。特别是干豆腐特筋道,隔着薄薄的豆腐皮都能看到对面报纸上的字。一斤干豆腐下一斤豆,一盘大豆腐下十七斤豆,鲁东胜用盘子秤称过,清洗入缸,发泡十个小时待用。

　　凌晨三点钟起床,开始磨豆浆。这是一盘石磨,原始做工,原始的味道。毛驴带着蒙眼逆时针拉着磨,看得出它也没有睡醒,打着哈欠,在磨道上直掰道。

　　鲁东胜好奇地问大师傅:"老师傅,毛驴为啥戴个蒙眼啊,能看到道吗?"

　　"你别小看这个眼罩,不给它戴,转起圈来它就迷糊,就掰道了,有时候还吐。它的命啊,就是拉磨的命,活儿还简单,好好地规规矩矩地干活,它吃得好,住得好,还能活到老,要是偷懒耍滑,它可就离卸磨杀驴不远了。"

　　鲁东胜一阵窃喜:"这回又学了一个绝招,回去治疗眩晕症。"他也非常钦佩豆腐坊管理得如此"驴性化"。

　　老师傅边往磨盘上方的漏斗里添豆子,边和鲁东胜聊天:"这个眼罩也不是一开始就给它戴上,看它要掰道,有些不耐烦了,要蹦跶的时候,就给它个眼罩戴戴。别看拉磨这活儿简单,都卸下去三头驴了,可把这些老头老太太乐坏了。"

　　鲁东胜不解地问:"拉得好好的磨,换驴干吗?他们有什么乐的?"

　　"驴脾气大不服管的,不入正道的就得换啊。这里能养闲人,牲口能白养活吃闲饭吗?路遥吃马肉,那是累死的,他们乐那是盼着把驴累死好吃驴肉呢。没事老上院长那里给我打小报告,说我起来的晚,人和驴都干得少。卸下去的第三头驴,就是老金头故意弄伤了驴蹄子,又半夜到豆腐坊的磨道里下了绊弦,那边拴在盆罐上,老驴一瘸一拐地下了磨道,它哪里知道能被人算计呀?绊到了弦上,连锁反应啊,能打的都掉地上打碎了。这几个老家伙就跑院长那里告状,说这头驴老了，腿脚都不利索了，有情绪，故意装病打了那么多东西，这头驴要是不收拾，以后哪个还好好干活？可怜这头蔫巴驴呀，到死都不明白是咋死的。"

听得鲁东胜立在那里忘记了干活，老师傅连忙提醒他："大缸里磨下的豆浆都漾出来了，你得用瓢往出舀呀。鲁大夫啊，听说你们城里的老人摔倒地下，没人敢扶？怕被讹上？有这事吗？"

鲁东胜委婉地回道："不都是这样的，前几年倒是有报道说，好心人扶起来老人摊上官司的，个案，都是个别现象。"

老师傅接着自问自答："你说，现在是老人变坏了？本来就老龄化的社会嘛，坏人的队伍壮大了？我看根本不是。是坏人变老了！本性难移呀！就说那个老金头，原来就是供销社的营业员，他家就是'汉奸'的根，祖上抽大烟、扎吗啡把家业败坏没了，倒是混个贫农的好成分，转脸就斗争地主去了。他家是斗地主专业户，俩王带一个二，他爹妈冬天套个大爬犁，拉着他可哪斗地主凑热闹去。有一年腊月，一个大户人家的儿子结婚，这帮恶鬼冲进了大院，男女老少三十多口人的棉衣服都给扒下来了，就连新娘子也没放过。这小子专挑值钱的东西抢，别看那时候他才十几岁，下手那个狠啊，人家的小孩上来往回抢，他照着脑袋，上去就是两棒子，土改他还挂着两条人命呢。到'文化大革命'时期，你看把他嘚瑟的，没有他那嘟噜茄子坠着，都能窜上天。又夺权又批斗，打砸抢那样的伤天害理的缺德事没少干，上吊跳井的逼死村干部不算完，抄人家家的时候，把人家那点看上眼儿的东西抢走，看不上眼儿的破家当全都给砸了，美其名曰，破四旧，完了还得加一把火烧烧。人家奸的人，早都漂白身份了，就他还幻想着有朝一日，再现辉煌呢。这老家伙喝大酒，一斤半跟玩儿是的。古人说得好啊：'积善之家，必有余庆。积不善之家，必有余殃。'恶有恶报啊，他就俩孩子，淹死一个，得天花病死一个。'文革'武斗让人打折一条腿，落下了残疾，老婆早就不和他过了。你别说，过去人家还享受残废军人待遇呢。到老没地方去了，就来这儿了。在这扇风

老吾老悠悠长生草
Laowulao Youyou Changshengcao

点火，一肚子坏水。就凭他这个德行，能说是老人变坏了吗？他能代表老人吗？那不明摆着是坏人变老了嘛！是狗改不了吃屎的恶棍！"

鲁东胜听了这席话，觉得很受教育，他试探地问："老师傅，您原来肯定不是种地的吧？"

老师傅不无遗憾地说："我原来是民办教师，教了二十多年的书，有几次转正机会，嗨！别提了，咱没有人啊。地也混没了，没啥保障。"

过滤着豆浆，倒出豆腐渣，他接着说："我有家，有儿有女呀，这就是我的保障。我是自愿来这里帮工的，还带出来一张嘴，下雨天打孩子，反正闲着也是闲着，老院长说了，以后让我在这养老。"

鲁东胜重新打量起这位"老师傅"，心中肃然起敬："老师！东胜有眼不识泰山，失敬！失敬！"

"老师傅"在鲁东胜心中的位置，瞬间转换为了"老师"。老师点着卤水，继续聊下去："好与坏，善与恶，都是辩证的，哪有刚出生的婴儿就是坏孩子的？我记得有个外国人说过一段挺著名的话，他说：'世界上有5%的好人，有5%的坏人，剩下那些人，要么跟好人走了，要么跟坏人跑了。'你别说，还有些个道理，有的人为了理想信仰，奋斗一生，不惜牺牲生命。有的人没有理想目标，稀里糊涂跟人跑。可相当一部分人没有选边站队的自由，唯一的选择，就是无言地默默接受这一切，那就要看命运了，看遇到什么人了。'丝绸之路'是个正道，你说它是传播了经济还是文化？之所以传承两千多年，有那么强大的生命力，我觉得首先得说，这个事是对的，这个方向是正确的，另外，还有一只强悍的驼队。在漫长的两千多年里，穿越风沙弥漫的大沙漠，不可能没有迷路的时候，某个领头的骆驼可能暂时带错了方向，但不能否定这个事，不能否定整个团队和大方向。现在多好啊，享受盛世给我们带来的和平繁荣幸福，这要感谢我们的领路人找到了一条有中国特色的发展道路啊。你说像老金头之流，端起碗来吃肉，放下筷子就骂娘，从来不检讨自己，恶果别人吃，恶源一推六二五。

他们但凡有那么一点点'君子无德怨自修'的修养，老年人的队伍就会更加纯洁呀。"

磨豆浆、熬豆浆、过包、点卤水、泼豆腐，做完这一系列工序，太阳已经升起老高。

鲁东胜到地里薅了一把小葱，洗干净切碎，撒在盛装大豆腐的盘上，淋点鸡精，浇上农家大酱，飘香的美味端到苗莉莉的面前："莉莉！给，尝尝，我做的豆腐。"

苗莉莉拿起小勺尝了一口大豆腐，笑嘻嘻地舀起一勺送到鲁东胜的嘴里："东胜，你真行！"吃着自己亲手刚刚做出的热豆腐，喝着豆浆，他们的脸上泛起幸福的笑容。

记者的消息是灵通的，嗅觉是灵敏的，不知道从什么渠道，探到鲁东胜他们的行踪，一路追来两位记者朋友。经过几天的采访，他们发出了一篇《省城医学教授赴深山老林义诊结情缘》的特别报道。

一时间，这个小山村引来空前的关注度。第一个跑步赶来的是某医疗队和志愿者团队，体检车也开进了小山村，中西医来了一大帮名医专家，全面地为敬老院的老人和村民们体检诊疗。

接踵而来的是一些老板、研究机构、艺术家，承诺修路的，修缮敬老院的、新建澡堂子的，合作开发建设高档养老院的、研究这里的空气水质的、投资建设矿泉水厂的，络绎不绝，连宠物店的老板也带来几位动物保护爱心人士前来捐赠，他们说："我们养宠物实在是闲得太无聊了，缺少寄托感，我们以后要多把心思和资金用在慈善事业上，帮助那些需要帮助的人。"

老人们用上了太阳能热水器，喝上了净化处理后的山泉水，每个房间都配备一台新电视机，吃着从来没有吃过的美味。

入夜，苗莉莉被一阵急促的敲门声惊醒，她慌忙推了推鲁东胜，披上衣服下地开门。

老院长领着一位满头大汗的年轻男性村民惊慌失措地闯进了屋，村民带着哭腔急切地说："大夫，快救救我媳妇吧！她要生孩子了，疼

老吾老悠悠长生草
Laowulao Youyou Changshengcao

得在炕上直叫唤、直打滚。"

鲁东胜开上他的车,飞速来到产妇家,虽然他不是产科大夫,但是,凭职业的敏感,马上意识到产妇出现了难产的迹象。他当即决定:"必须马上就近送医院。"

紧急处置吸上氧气袋,把产妇抬上了他的越野车。为了把危险降到最低,他又拨打了120救护中心的电话求救。

苗莉莉坐在车后排抱着产妇,不断地安抚着她,给她擦汗。产妇凄厉的哭喊声,隔着车玻璃,像流星一样划破夜空。垫着的棉被被血迹一点点浸湿。

产妇的丈夫坐在副驾驶座位上,头上的汗珠不住地滚落下来,他侧过身子,一只手握着妻子的手,另一只紧握着的拳头就像攥着个湿毛巾,不住地往下嘀嗒水,嘴里就两个字:"没事!没事!"

山村距离县城有五十多公里,很快在半路上和120救护车会合,产妇又被抬到救护车上,一路向县城奔去。

到了医院,产妇被快速推进了手术室。由于出来匆忙,家属没带多少钱,苗莉莉拿出自己的银行卡为他们交上住院费。

一个半小时的焦虑等待过后,产妇被平安地推出了手术室。家属接过新生儿,跪在地上向医生们道谢,向鲁东胜和苗莉莉致谢。

扶起家属,手术医生说:"多亏你们送来的及时,处置得当,要是再晚来半小时,大人孩子就不好说了。"

回到病房,邻床仅出生三天的新生儿啼哭不止。孩子的姥爷满脸怒气地正在埋怨孩子的爷爷奶奶:"老脑筋,都什么年代了还封建迷信?孩子长牙那是健康的表现,不缺钙不缺营养。非得给拔牙,这回好了,给小孩儿嘚瑟感染了吧?还得转科住院,都消停了吧?你们满意了吧?方不着你们了吧?"自知理亏的爷爷奶奶不吭声,低头心疼着孙子。

这一夜,苗莉莉他们在医院度过,对于鲁东胜来说,这是习以为常的家常便饭。

熬到第二天，商店开门，苗莉莉给新生儿买回来奶粉奶瓶、纸尿裤、小衣服等用品。

医生、护士查过房，病房开始热闹起来。一个顺产的产妇和新生儿，被二十几位家属接出院，看这阵势，看往回搬的用品，看每个人脸上洋溢的笑容，就知道这不是一般的人家，新生命的诞生，可谓是众星捧月，千呼万唤始出来呀。

婴儿的奶奶逢人就发喜糖："吃糖，吃我大孙子的喜糖。"

那边传过来一阵阵的争吵声，坚持顺产下来的一个八斤二两的大胖姑娘，刚出生就被送进了重症监护室。

家属们互相埋怨，孩子的爷爷奶奶失望地躲回了家。产妇小夫妻俩拌嘴的争吵声越来越大，丈夫埋怨妻子："我早就让你少吃，你偏不听啊，让你做掉你也不干。"

产妇虚弱的声音回敬他："我没你那么心狠，女儿怎么了？她是我们的亲生骨肉。"

老丈人实在听不下去了，就怒怼姑爷儿两句："你还是不是人？她都这样了，你还这么对待她？能过就过，不能过就拉倒！什么好人家咋的？"

女婿年轻压不住火，直接顶了回去："不过就不过，谁稀罕过呢？这日子早就过够了！"拎起手包，气呼呼地跑了。

产妇哭泣得更加伤心，暴怒的老丈人声音明显放低了许多："王八羔子，敢来这手？走！咱们回娘家，明天就和他离婚，爸养着你。"

说着，不听劝阻的老丈人就跑去住院处办理了出院手续，接走了女儿。可怜的新生儿被扔在了医院重症监护室。

对门的产房，迎接着一拨又一拨前来贺喜的人们。

鲁东胜颇有感慨，生一个健康的孩子延续生命，可谓生命以转世的方式达到长生不老的一种境界呀！

休假很快就到期了，这次没能完成预计的乌苏里江流域和赫哲人的探访，使人有些遗憾，但是，鲁东胜觉得在这里逗留这么多天是值得的，以后有很多机会再到那些地方去。

离别总是有些惆怅，这二十多天的相处，他们和老人们、和乡亲们处出了感情，淳朴的乡情让苗莉莉有种回家的亲切感。

鲁东胜、苗莉莉流着泪和老人们一一握手告别，拥抱着老院长，拥抱着老师。

乡亲们拿出各种土特产往鲁东胜的车上塞。夹道欢送，十里山路，鲁东胜的车足足走了一个多小时。

过了山冈，鲁东胜猛地停下车，他们快速跑到高处，挥舞着手高呼："再见了！我们还会回来的！"

群友们户外欢度元旦

（2015年元旦拍摄于玲珑山）

候鸟引蝶蝶恋花

在哈尔滨避暑的大爷大妈们，开始一点点熟悉和习惯这里的生活，住在何大爷家的桂林范大爷一家，和何大爷处得很是和睦。范大爷家祖籍辽宁，南下的时候留在了广西。

他们的到来，让何大爷家的气氛活跃了许多。老伴儿走了五年，虽然儿女很孝顺，经常回家看望他，但是无法排解的孤独寂寞，让他还是觉得缺失了什么，有的时候能有个人说说话，都是一种奢求。

范大妈的好姐妹李大妈，隔三岔五就过来找他们串门聊天。李大妈苦命，老伴儿在过去的运动中，因为敢说实话，被打成"右派"，"文革"运动中被折磨致死。

自从李大妈到来，何大爷的衣服穿着比以前利索多了，话语也比以前明显的多，很乐意带他们逛超市、遛公园。秧歌队里，何大爷耐心地教李大妈学习扭东北大秧歌。

老郑头又有些看不下去眼了，起早颠儿颠儿地去孟家打小报告。

这两天李大妈没来串门，何大爷总是念叨："老李大妹子这两天忙啥去了呢？是不是生病了？我有医保能买药。"范大爷大妈互相会意地笑了笑。

门铃响了，何大爷乐颠颠地跑过去开门，是女儿来给送东西。他板着脸扫兴地说："放那吧，还知道有爹呀？多少天不来了？我这浑身难受啊，也没人管我。你哥忙什么呢？最近也不回来看看，告诉他，周末我想去江北溜达溜达，散散心，那里空气好，出去洗洗肺，让他早点开车来接我，多带点钱。这一天天的在屋里憋屈死了。"

老吾老悠悠长生草
Laowulao Youyou Changshengcao

女儿有点莫名其妙，平时劝父亲到郊外出游，他总是不太情愿去，这是怎么了？

周末，何大爷的儿子准时来接父亲。载着四位老人，先游览西太阳岛，最后参观东北虎林园。

在停车场正好遇到孟子丑带着父母出来郊游。停罢车，何大爷面带微笑，用手示意儿子，小声说着："买票去，咱家客人、我的朋友，今天就一票到底了。"

范大爷边掏钱边往售票口走："这钱不能让你花呀，够麻烦的了。"何大爷拉住他的衣服后襟："你看你，客气个啥？孩子的意思，这是孩子的一片孝心嘛。"

范大爷会心一笑："啊，啊，孩子的意思。"

孟子丑打着招呼："何大叔好！"

"哎，好好，老范，过来过来，我给你介绍介绍，这是我的千岁哥哥一家，咱们小区的孟老师，他儿子子丑，这孩子还是推动社区居家养老，南北互助结对子的倡导者呢。"

范大妈说："是啊？南北的缘分都是你牵的？谢谢呀。千岁大哥是八旗铁帽子王爷的后代吧？这次为什么没有结对子呀？"

"不用谢，应该做的，有什么需要志愿者服务的找我们。"

何大爷忙说："他家养了不少长生不老的仙草，大家都希望大哥大嫂健康长寿。"

"啊。"

孟老爷子解释："我也想结对子到南方越冬啊，我家的居住面积小，人口多，再说了你大嫂还有些个毛病没恢复好。"

范大妈热心地说："没事的，你们去了就住我家，李大妹妹家也有地方啊。"

何大爷赶忙溜缝："就是就是，到时候咱们一块去，都不是外人。"

"好啊，谢谢，看老虎注意安全，我们到那边去了。"

坐上观光车，何大爷打开了话匣子："这可是正宗的东北虎，你看这个头，你看这后背，知道啥叫虎背熊腰了吧！也得老多吃的了，专吃新鲜牛肉，这些老虎，一天十头牛都不够吃，现在可时兴领养动物了，就是你花钱养，在你领养的老虎脖子上挂个牌儿，写上谁谁领养。"

李大妈好奇地问："那白毛的也是东北虎吗？那只老虎怎么长那样呢？"

何大爷开始支吾："白的……那个是狮虎兽，老虎和狮子的儿子。"

李大妈笑笑："你可别逗了，怎么可能？"

何大爷有点急了："不信，一会儿你问管理员。"

范大妈明明看到，白毛动物区写着"华南虎"的标牌。

李大妈又发现新问题："咋有的老虎关在笼子里，有的散养呢？"

何大爷挠挠头："这个，这个，关笼子里的是……脾气大、不听话的，关禁闭呢，散养的是温顺懒惰的，赶出来运动，锻炼身体，降血压、降血脂、降血糖、降尿酸，也给公老虎和母老虎创造多接触的机会，培养感情，多繁育后代。"

听得范大爷、范大妈哈哈直乐："对呀！感情就得出来溜达才能培养啊。"

李大妈有些羞涩地拍了范大妈一把："你们两个干啥呀？老没正出。"

"我们干啥了？"

"看那两只老虎干啥呢？"

在桥廊上，有人正在购买小鸡和鲜牛肉喂食老虎，何大爷买了三份牛肉分给他们，李大妈小心翼翼地用夹子夹着牛肉，还没等往外抛，一只老虎"呼"地一下窜了上来，用大爪子拍打着防护网，她哪见过这个阵势，吓得李大妈扔下牛肉，一个倒仰往后栽去，说时迟那时快，何大爷一个箭步过去，扶住了李大妈。

"我的妈呀，吓死人了。"李大妈心脏"嘣嘣"狂跳不止。

何大爷安慰着她："别怕，别怕，就是防护网破了，还有我呢，

老吾老悠悠长生草
Laowulao Youyou Changshengcao

怕啥？"

范大妈抓拍下来这英雄救美的精彩瞬间，继续调侃他们："有何大哥在，你怕啥呀？大哥叫啥你知道吗？何松，哈尔滨有一条河松街，就是以大哥的名字命名的，大哥要是姓武，就叫武松了。大金链子，小手表，一天一顿小烧烤，有事找大哥，大哥到哪儿都好使，这是哈尔滨大哥的范儿，说的就是咱何大哥，刚才你看那小健步多神速啊，小伙子都没他快，要是没他在，你刚才摔下去可就惨了。我听说在哈尔滨提起何大哥来，没有不知道的。"

"过奖了，好汉不提当年勇。"

午饭，儿子消费，江北渔村吃鱼宴，何大爷点了炖得莫利鱼、大马哈鱼子拌洋葱、鳇鱼烧土豆、生鱼四吃，都是南方人没吃过的菜。

在大厅里，他们围着一条两米多长的鳇鱼，转过来看，转过去看，范大爷说："这鱼是怎么打上来的呢？过去物流不发达，上哪去吃这样的美味呀？你看那个鱼头都赶上猪头大了，够二十个人吃了。"

何大爷和范大爷少不了小酌两杯。酒足饭饱，走在后边的范大妈，逗着李大妈："东北人厚道实在，尤其是东北老头，多靠谱啊，你说我也不能领回去俩老头啊？"

李大妈扭捏着颇有些难为情："人确实是不错，你说都多大岁数了，多让人笑话呀，再说了，我领回去个老头，让孩子们怎么看啊。"

范大妈出了个好主意："这还不好办？我和社区说，你家和他家结对子，回去就说在他家避的暑，冬天人家自然回访，不就结了。"

"亏你想得出来。"

一晃，秋分就到了，桂林的大爷大妈们，准备启程回家了。何大爷给李大妈收拾着行李，塑封的秋林红肠、松仁小肚、大列巴、东北人参、鹿茸、秋木耳、山蘑菇、椴树蜂蜜、东北的小米，另带几瓶格瓦斯路上喝。到了火车站，还一再叮嘱着！

几个月的相处，老人们有了亲情，有了友情，也有了感情。东北人的真诚无私和热情，在他们的心中，留下了深深的烙印。

孟子丑和苗莉莉到火车站送行。离别难,心难收,三回头,泪亦流。诉不尽的衷肠,说不尽的"悄悄话"。

"再见了!冬季我们在桂林等你们!"

"桂林见!欢迎你们再来哈尔滨!一路平安!"

高山茶饮小憩

(2018年夏拍摄于二龙山风景区)

老吾老悠悠长生草
Laowulao Youyou Changshengcao

故里情深

中秋节前夕,孟子丑休假在家,父亲念叨着回老家看看:"乡愁,不忘乡愁啊,电视这个节目真好,生命在于运动,有一年多没回去了,你妈也恢复得不错,老在家憋着也不是事啊。"

他了解父亲的心思,最爱回老家了,要的是展示扬眉吐气的那个感觉。这不老妹妹刚刚升职,他是要借此机会与乡亲们共同分享这个喜悦。

祖上闯关东有两百多年的历史,经过了几代人的辛苦劳作,从当初用镢头开荒圈地,人拉犁地,地窨子居住,到后来的青砖大瓦房四合院,两挂马车。从太祖、烈祖、天祖、高祖到曾祖父时期,日子相当殷实,烈祖曾经考取过"武举人",曾祖父他老人家乐善好施,老家的屯子也以他的名字冠名。

屯子不咋大,前后五道街,不宽的中间大道还是当年的黄土拌山砂。

父亲每次回来,都必须看一看"老贫农"。提起当年的"老贫农"可是了得人物,大高个,长瓜脸,霸气十足。凭借"苦大仇深"的资格,从"土改"到"文革"是一路春风得意。

父亲清晰记得,那年腊月,这位"土改工作队"的队员,带领"土改工作队"人马,敲锣打鼓,红旗招展,开进了屯子。包围祖宅大院,开始斗争地主。吊起母亲,隔离太爷爷、太奶奶,拷问奶奶,逼问搜查金银财宝。

"老贫农"分得了一间偏房居住。这真是千里迢迢奔东北,回到原点一夜间，谁让祖先私自开垦国家的土地了呢。

"文革"中"老贫农"授命接管小学校。"贫下中农"统治了学校，把被"资产阶级知识分子"统治学校的阵地夺了回来。每年毕业季学生照毕业相，大字不识几个的"老贫农"都美个滋儿地坐在中间。他嗜酒如命，也因此制造出两个酒精儿的"红色接班人"。

"文革"中他念及当年父亲没少接济他们家的份上，多次保护了被夺权的小学校长的父亲没有被严重批斗。父亲也正是经常念及这份在危难之中被搭救的情分，心中多了一份牵挂。

孟子丑开着妹妹家的越野吉普车，停在了祖宅前。父亲满面春风地和围拢过来的乡亲们打着招呼。

拎着大米、白面、豆油和水果，推开了还住在祖宅里的"老贫农"家门。

"老贫农"瘫痪在炕，屋里弥漫着一股腥臭味。见家里来人，无力地欠欠身，比画着让父亲坐下，嘴里含糊地说着什么。

父亲安慰着他："老哥，好好养病，别着急上火，现在条件越来越好了，困难不怕，有我们大家呢。"

他把带来的药品放在床边，又掏出两千元钱放在枕下。

"老贫农"拉着父亲的手"呜……呜"地哽咽起来。

他的大傻儿子，淌着哈喇子，用锃亮的袖头抹着嘴巴，笑嘻嘻地围着客人们打转。

父亲嘱咐孟子丑："你大爷和咱们家有缘分，他就是咱家的亲人，既然祖宗管他住了，给他开垦了土地，那么他的吃穿住咱们就得接着管，号召一下你们那帮人，把他家的房子给翻建一下，什么衣服鞋子用品，种子化肥这些就不用我再嘚啵了吧？就是不种地，也必须保证他家吃好吃饱，以后我要检查你们的扶贫效果，看看你们是不是精准扶贫到位了，是不是让他真脱贫脱真贫了。"

"爸，你放心，这个我早有安排。"

父亲从屯东头开始串门，串到屯西头，又从南头串到北头。

老吾老悠悠长生草
Laowulao Youyou Changshengcao

来到族人叔伯六爷家，还没进门，酒气差点把父亲熏出来。

六爷比父亲大三岁，一辈子没成亲，他的先辈抽大烟，到土改的时候，房子和土地已经变卖得所剩无几，弄了个贫下中农的好成分，他曾经扛过枪，也渡过江，打过美帝，伤残军人一个，每月领点抚恤金度日。

六爷大着舌头，瞪着布满血丝的眼睛，喊着父亲的乳名："龙葵来了，快坐下，正好赶上了，自己拿碗筷去。"

"六叔，身体还行吧？少喝点吧，对身体有好处！"

"我一个人吃饱，全家不饿，啥时候喝倒，啥时候拉倒。"他喝了杯酒，放下筷子，数落起父亲，"你说你们想当年省吃俭用的图个啥？这几十年遭了多少罪？这个多实惠。"说着又倒满一杯酒。

他醉眼蒙眬的眼睛布满血丝，散着光地盯着父亲看，从头望到脚，又从脚望到头，嘴里嘀咕着，吉人就是有吉人的命啊，这都是祖上积德呀！

沉默良久，六爷突然吼道："咱俩一个祖宗，你说为啥祖宗偏心你们？"

"六叔，祖宗是公平的，前三十年偏心你了，后三十年偏心我点，你也不亏，少糟多少罪呀，你自己不知道吗？"

"也是，也是啊。"

碰杯中，爷俩哈哈大笑。

"大舅，快点吃呀，那边都等着你看小牌呢！"

"好好，马上，我马上到！"

孟子丑陪母亲到河西去看望姨表舅舅。母亲站在门外观赏小园种的蔬菜，孟子丑进屋要先考考舅舅："老爷子，挺好的吧？还记得我吗？"

舅舅挠挠头："面熟，想不起来了。"

孟子丑拿出手机，打开相册，放大一张姥姥的照片："看看这个老太太，你认得不？"

舅舅只瞥了一眼，一拍大腿："这不我大姨嘛，哎呀！你是老孟外甥啊，就你自己来的？"

"我妈来看你了。"

老姐俩多年未见，泪眼婆娑。"老姐，啥时候来的？收拾点饭。"

"刚吃完。"母亲详细打量这个弟弟，"见老了，我们都老了。"

"那些年我进城就住在你家里，和我老姐夫喝酒，现在我走不动了，哪儿也去不了了，我这个身体呀，再见面不容易了。"

母亲安慰着舅舅，从现在唠到60年前的往事，有说不完的话。孟子丑环顾舅舅家的屋里屋外，更加感慨农村脱贫的路还很漫长啊。

这次回乡，赶上了爷爷的表弟的孙子娶儿媳妇。亲不亲是乡亲，何况是表亲。俗话说，姑舅亲辈辈亲，打断骨头连着筋。

三天的大戏连轴唱，二人转、现代舞蹈、流行歌曲都请进了村。父亲坐在"雅座"上，喝着茶水，嗑着瓜子，吃着水果，偶尔和着哼唱几句小曲。

开席了，三十桌的酒席，摆在大街上，封闭了整条街道。地扫得干干净净，洒了几遍水，临时搭起的大棚里，伴随铁勺碰锅沿的叮当声，带有乡土味的芳香飘了出来，铁锅炖了四个小时的酥闷鲫鱼；拌凉菜、油炸土豆片，加上猪肝和大头菜，真是那个味儿；水晶肘子，滑而不腻；四喜丸子，加点豆腐渣，味道纯正；这些是在城里很难吃到的美味。

乡亲们随二百元的份子钱，全家人吃三天流水席，跟过大年一样热闹。爷爷若干表哥、表弟、表姐、表妹的后人们，还有他们的亲属，纷纷过来给父亲敬酒问候。

"大哥，你多吃点啊！"

"大爷，多待些天吧，好容易回来的，到我们家住几天！"

"大舅、大舅妈，你们可真有福啊，看大舅保养得多好，就像五十多岁的人一样。"

父亲很是得意："是啊，你看我那几个孩子出息的，那些公社干部家，哪个也不能和我比，你说过去整我治我那些人，咋都早早地去地下了呢？……我老姑娘又提了，都正处级了，和县长是一个级别的。"

"恭喜大哥！"

"贺喜大舅啊！这么大的喜事得敬大舅一杯，来，大舅干了！"

"这处级干部啊，说不定哪天就调县里工作了。"

"大爷，要是调县里，那不就是县长了吗？这可真给咱们祖宗争光啊！"

父亲又一次陶醉在众星捧月的氛围中。

"少喝点吧，大喜的日子，以后别老提那些个死鬼，扫兴。"母亲拦住了父亲。

苗莉莉回乡看望养父养母，鲁东胜自然悄悄地陪她回去。他们给乡亲们带去了跳广场舞的音响、健身器材、科技书籍，给父母带去了人参鹿茸等滋养补品。

老父亲乐得合不拢嘴："带这些干啥？挺费钱的。你们看我自己种的粮食蔬菜，都是绿色食品，这些就是我的长生不老药，用不着吃那些补品。"

鲁东胜坐在村部为乡亲们义诊，和他们建立了健康联系热线。苗莉莉的父亲站在一边，不住地向人们夸赞："我的姑爷儿，医大的教授，著名的心脑血管专家，看给我买的衣服鞋子，人参鹿茸还有营养品吃不过来。"

"老苗头，这回你可别再买四轮车了，买大汽车吧！"

"去去，一边去！"

他们来到村小学校，五个年级凑到一起不足一百人，有条件的人家，把孩子都送到城里读书去了。他们给孩子们买来了新书包和校服，捐赠了200册图书。

苗莉莉说："现在多好，有条件的可以到城里读书，接受更好的教育，我的悲剧可不能再发生在孩子们身上了。"

妹妹妹夫们回来了，和大姐有说不完的话，都为有这样的姐姐姐夫而骄傲。二妹夫、三妹夫抢着接大姐夫去自己家坐坐。

"姐,这回婚事一定得好好办办。"

"别提了,什么婚事不婚事的,我们现在就是普通朋友,禾禾死活不同意。"

"这死孩崽子,咋这么不懂事啊?等我好好骂骂她,没良心的东西,随根儿。"

东北的气温急剧下降,湖里的水开始结冰碴儿,桂林的李大妈催促着何大爷快点去桂林越冬,苗莉莉带领社区老人踏上了前往桂林的行程。孟子丑协助她护送老人们,也把自己的父母带去旅游越冬。

来到刘三姐的故乡,畅游漓江,站在北海的海边眺望,让初到南方的老人们兴奋不已。

龙湖仙境
(2015年冬拍摄于二龙湖)

老吾老悠悠长生草
Laowulao Youyou Changshengcao

泪滴天堂伞

  这次去南方，事情接洽得很顺利，可是不知道为什么，苗莉莉总有一种心神不安的感觉，孟子丑和她商量，好不容易带老人们出来，再带他们去三亚看看南国风光，让老人们好好见识见识。旅行社已经联系妥当了，苗莉莉却突然接到女儿的班主任打过来的电话："是苗禾禾的家长吧？禾禾突然晕倒，被送到了医院，你赶紧过去吧。"
  "东胜，求你帮帮忙。"
  "慢点说，怎么了？"
  "禾禾出事了，在医院，你快去医院看看，我正往机场赶呢，到家也得后半夜。"
  "你放心，我马上去，不要着急，有我呢。"
  鲁东胜火速赶到医院，打听到就诊科室，急切地问："顾医生，什么情况啊？"
  顾医生叹了口气，轻声地说："不太乐观啊，等检查结果都出来的吧。"
  苗莉莉拿到检查结果的那一刻，眼前一片漆黑。她接受不了"急性淋巴细胞白血病"这个诊断结果。
  "不，不，一定是搞错了，搞错了，转院，到别的医院再检查检查。"
  鲁东胜不停地劝说她："冷静，冷静点，你一定得冷静振作，你这个样子，禾禾怎么办？"
  禾禾住进了血液科病房治疗，看看周围的病友，她敏感地意识到，自己出了大问题，开始不停地哭泣。

"禾禾不用担心，只是出了一点小问题，医生很快就会治疗好的。"

"禾禾，听话，是这样的，就是造血功能出现点问题，要相信现在的科学，一定能治好的。"

禾禾继续抹着眼泪："你们不要骗我了，这回你们可如意了，没人再碍事了，出去，都出去！"

鲁东胜把苗莉莉拉到走廊："让她自己冷静冷静，等她冷静下来，会正确面对的，一定要加强护理，配合好医生的治疗，我暂时是得回避她了。"

抗感染治疗，暂时控制住了出血点。连日来，禾禾不停地用手机上网查询，消极沉默的情绪让苗莉莉不寒而栗。她不清楚禾禾在想什么，害怕她做出傻事。

"禾禾，你可别吓唬妈呀，你要是有个三长两短的，妈可怎么活呀？能治好，一定能，要相信医生。"苗莉莉几近哀求的眼神望着禾禾。

禾禾拉着妈妈的手，平静地说："妈，我知道自己得了什么病，你把我养这么大不容易，我知道该怎么做，放心吧！"

化疗引起的呕吐，折磨得禾禾不成样子，再看看女儿的头发一点一点地脱落，这都揪着苗莉莉的心，禾禾却含笑安慰妈妈："妈，这样不是挺好的吗？以后我要是出家了，还省得剃度了呢！"

鲁东胜隔着玻璃偷偷地来看望禾禾，她看到这熟悉的身影，微微笑了笑，用哑语做了个谢谢的手势。

苗莉莉拾起一绺头发，跑到走廊抱着鲁东胜偷偷痛哭了一场。

从根本上说，要想治好白血病，必须进行骨髓干细胞移植手术。主治大夫介绍，最好是有近亲属的捐献，配型的成功概率会很高。

鲁东胜和苗莉莉商量后劝说禾禾："彻底治愈这个疾病，只能是骨髓干细胞移植，这要寻找捐献者和合适的配型，需要等待，你一定要积极配合医生治疗，坚持住。"

禾禾懂事地说："那得花多少钱啊？"

鲁东胜安慰禾禾："这个你不用担心，我们去想办法，你只管好好配合医生的治疗。"

孟子丑听到这个消息，又直拍大腿："我又少句话呀，少句话！怎么会这样呢？"他除了安慰，就是向群友们介绍情况，发动大家献爱心。

大家纷纷表示，愿意捐款，愿意捐献骨髓干细胞。医院里不停地有来自各地的群友和志愿者，排着队采集血样。小区的居民也不断地来探视采血。

禾禾的爷爷、奶奶、姑姑们采集了血样，但是没能配型成功，其他人也没有配型成功。

大家的希望一时跌入了谷底，医院把禾禾的信息输入到骨髓移植信息库中。

鲁东胜试探性地和苗莉莉商量："还有一线希望。"

苗莉莉抓住了他的手摇晃："快说，什么办法？"

"就是禾禾的父亲，找到他配型的成功率会很高。"

苗莉莉连连摇头："不行，不行！我再也不想见到这个牲口了。"

"现在是救人要紧。"

"不行！找驴找马也不要他的。"

"不管咋的他是禾禾的血缘父亲，现在只有他能救孩子，难道你要让禾禾就这么等死吗？"

鲁东胜通过三连襟去联系禾禾的爷爷家，寻找她的爸爸武大本。很快寻到了线索，鲁东胜拨通了武大本的电话："请问，你是武大哥，武大本吧？"

"啊，你谁呀？"

"我姓鲁，医院那个大夫。"

武大本大着舌头，电话里都能嗅到酒气："哎呀！这不是鲁大教授吗？你不是在内科吗？啥时候调到外科去了？有屁快放，说！啥事？"

鲁东胜耐心地介绍禾禾的病情："你女儿禾禾得了白血病，有生命危险，要骨髓移植才能救她，现在没有找到合适的配型，近亲属配型的成功率很高，你……"

"那是你们家的事，再说了，你不是大夫吗？你不是大教授吗？怎么不救她呀？你浑身那个能耐呢？一天到晚就知道撬人家老娘们呀？就这点本事呀？你就是窝囊废一个！"

"老武，请你冷静，抛开其他，禾禾可是你的亲骨肉啊！你就忍心看着她死吗？"

"少他妈跟我套近乎，让我答应你们，可以！就一个条件，苗莉莉必须和我复婚，我们一家人团圆！"

鲁东胜简直有些忍无可忍："请你不要无理取闹！你问问苗莉莉去，复婚？门都没有！"

"那他妈还在这放那个干巴屁干啥？"

放下电话，气得鲁东胜背手在办公室里直打转："这个人怎么这个德行？岂有此理，岂有此理！混蛋！无赖！"顺手举起盛着半杯水的纸杯，狠狠地摔在地上。

鲁东胜把这个情况通报给三连襟，三连襟可是个红脖子汉，立马打电话找武大本理论："武刽手！你还是不是人了？自己亲姑娘都不救？当年你不往死里作，家能散吗？"

"我作啥了？你管得着吗？你谁呀你？"

"我孩子她三姨父，不你把家作散的吗？你怪谁？我不和你计较，你要是敞亮的，我还叫你一声武大哥，你要是犯浑，你就等着吧。这个事你答应也得答应，不答应也得答应！"

"你出头说话了，给你小子个面子，我要五十万，少一个子儿免谈！"呱嗒，武大本挂断了电话。

这一切，鲁东胜都是背着苗莉莉悄悄地在做，他找到孟子丑商量对策。

老吾老悠悠长生草
Laowulao Youyou Changshengcao

"世界上怎么会有这样的爹？他们不是人养的吗？怎么这么狠心？这么无赖？冷血动物！"孟子丑愤愤不平，掰着手指头算账："手术费得三十万，治疗费得二十万，武大本要五十万，一百万挡不住啊！有什么办法能募集到这些钱？"

"我手里还有二十万，我把房子挂出去了，你别告诉莉莉。"

三连襟咽不下这口气，来到武大本的父亲家，控诉他儿子的恶行。武老爷子抽着旱烟，听到他儿子这副德行，差点没背过气去。

老爷子喊他老姑娘过来："老丫头，快给你那死哥打电话，马上打，就说我得急病死了，让他赶紧滚回来发送我！"

"爸！你这样多不吉利呀？"

"那就说我快死了！衣服都穿上了，赶紧打电话！快！打呀！"

深夜，外面的大黄狗一阵狂咬，老丫头隔着窗玻璃看到闪进院一个黑影，他赶紧叫醒老爷子："爸，他回来了，快躺上去。"

武大本忙三火四地敲开房门，见屋地正中搪起几块木板，老爷子穿戴整齐，身盖紫色翠花被单，仰面躺在褥子上面，脸上蒙了一张黄纸。

"死了，真死了？啥时候死的？死了就死了吧，早死晚死早晚得死，早死早托生，早省心，死了省得老作，死了也省得遭罪。"武大本轻声嘟囔着，俯下身子掀起纸，要看看父亲的遗容。

老爷子突然睁大了眼睛，忽的一下坐起身子，揪住武大本的衣服领子，左右开弓，一顿大嘴巴："你这个狗杂种，你还是不是人？成年在外面鬼混，吓死你得了！"

武大本被这突如其来的举动吓得魂儿都没了，左手捂着惨白的脸，半天哀号出一句话来："诈尸啦！"撒腿就往外跑。

武老爷子一个腿绊，绊了武大本一个狗吃屎，老爷子顺势骑在他的身上高喊："拿绳子来。"就势把武大本捆个结结实实，嘴里不住地数落："自己姑娘你都不救？你绑票呢？老武家缺几辈子大德了，蹦出你这么个孬种来？记住了！孩子是武家的血脉，你一个人说了不算，挖你心肝割你腰子也得救！把刀拿来，今天我割他腰子卖了，救孩子。知道你这犊子样，当初不如把你甩墙根上喂他妈苍蝇了！"

在武老爷子的亲自"押送"下，武大本被迫采集了血样。配型的结果很快出来，但是只有20%的成功率。

苗莉莉觉得希望几近破灭，眼泪无声地落在衣襟上。

"还没到山穷水尽的地步，再等等骨髓库的配型吧，会找到合适的配型。"鲁东胜看到她日渐消瘦疲惫的面容，很是心疼，不知道说什么来安慰她。

骨髓库传来了好消息，一位外籍同胞同禾禾的配型成功，并愿意捐献骨髓干细胞。

"禾禾，这回有救了，移植了骨髓，百分之百康复。"

禾禾也很激动兴奋，又开始憧憬未来："妈妈，我下学期就上高二了，后年考大学。等我工作挣钱了，好好孝敬你。"

禾禾整天唱着歌，脸上挂着笑容，衣着打扮每天都在变换，床铺也收拾得干干净净。

孟子丑不停地奔走，募集善款，付三生捐款十万元："只要配型成功，就是卖房子卖车，也得救孩子。"

鲁东胜把一张二十万的银行卡交到苗莉莉手里。

"我不能要你的钱。"

"都什么时候了？还说这话，救命要紧，这是救命钱。"

梁过捐款五万元。"吉尼斯婚纱照"提成基金出资三万。

孟子丑来到医院找到苗莉莉："筹集到了四十五万元，赶紧联系手术吧。"

苗莉莉的眼泪又止不住地流淌："让我可怎么感谢大家呀？禾禾有救了！用不了这些，东胜拿了二十万，我的房子也挂到中介了。"

"先拿着，想不到念不到的地方都得需要钱，以后巩固治疗，需要钱的地方多了。"

一切都在准备过程中，鲁东胜和医生探讨着手术方案，主治医生也

老吾老悠悠长生草
Laowulao Youyou Changshengcao

说:"现在是移植的最佳时机,对于这个手术,我持非常乐观的态度。"

天有不测风云,骨髓库传来消息,那位外籍同胞不知道什么原因,改变了主意,取消了捐献骨髓干细胞的意愿。这消息简直就是晴天霹雳,苗莉莉几乎要崩溃了。

什么都瞒不住禾禾的眼睛,她察觉到了大人们的不对劲。

"禾禾,是这样的,那位捐献者呀,出现点意外,现在暂时推迟捐献了,咱们再等等他,骨髓库也在找别的配型。"

禾禾明白,妈妈这是在安慰自己,自从得了白血病之后,她看到母亲为自己操劳,整个变了个人,她想了很多,也知道这个病随时随地都有危险,与其痛苦地活着,不如快乐地过好每一天,多陪陪母亲。

"妈,没事儿,咱就等呗。"虽然这么说,苗莉莉还是看到了禾禾溃烂的地方在加重,淋巴的肿块也在变大。

禾禾的病情在加重,医院第一次发出了病危通知。经过紧急抢救,禾禾的生命被拉了回来。

医生告诉家属:"再不手术,可就真没多少时间了。"

"现在我们只能再找武大本了,还有20%的希望嘛!"鲁东胜劝说苗莉莉。

"还能有什么办法呀?只要有万分之一的希望,咱们就试试吧!"

武大本这次开出的价码是二十万元。

禾禾住进了骨髓移植仓,手术顺利完成。全封闭无菌仓内,禾禾静静地躺在里面,家属每天只能隔着厚厚的玻璃,进行简短的探视。

苗莉莉抄起对讲机:"禾禾,感觉好点了吗?"

"妈妈,阿糖胞苷停了,换成白舒非了,就是脸上有点烧,早上喝了点汤,没胃口,想吐。"

"多喝点水,皮肤干,勤洗洗手。"

"护士不让沾水,只能用酒精擦擦。"

"孩子,坚持住,我们等着你出来!"这一个多月的隔离,恍如两个世界,让仓里仓外的人,都备受煎熬。

武大本也来探视禾禾，身穿灭菌服，头戴护士帽，他怯生生地左顾右盼，一小步一小步往前挪着。

隔着玻璃窗，他不敢正视女儿，呆呆地站立好半天，他轻轻地举起右手臂，向里边摆摆手。

禾禾翻了个身，慢慢抬起头来，她觉得这张脸似乎在哪里见过。武大本赶紧背过身去，心脏"咣咣"狂跳，他没脸面对女儿，此时此刻，他的良知开始觉醒，要不是自己年轻时候不务正业，孩子也许不会躺在这里，真是良心有愧呀。

他颤抖的手拿起听筒，底气不足地哽咽着说："孩子，是我……我呀，武大本。"

禾禾很吃惊，她记忆中的父亲是一个酒鬼无赖的形象，这副医护人员的打扮，让她看了怎么那么滑稽，那么别扭。

很快她平复了心情，欠欠身微笑着说："爸爸，你来了，你还好吧？"

"好，我很好！"武大本听到这声意外的"爸爸"，又惊又喜，眼泪夺眶而出。

"谢谢你给了我两次生命，现在又救了我，等我好了，以后养你老。但是，你要答应我，少喝点酒吧，多干点正事。我是大人了，需要脸面，在社会上需要有个体面点的父亲。"

武大本边擦着眼泪，边鸡叨米似的不住点头："你放心，我要是再不务正业，我这一双手都剁下去。"

手术成功，武大本心里也很高兴，他独自坐在小饭馆里庆祝，点了一个熘三样、一个地三鲜，服务员问道："还是来一瓶白酒、八瓶啤酒吗？"

武大本一摆手，一本正经地说："不！就一瓶啤酒，我要听我大姑娘的话，少喝酒，做好人，跟老板说，你家有啥活，我可以义务帮你们干干。"

他喝着啤酒，还没忘给三连襟打个电话："三妹夫，我告诉你呀，

老吾老悠悠长生草
Laowulao Youyou Changshengcao

手术成功了，我姑娘管我叫爸爸了，还说养我老，你说我自己的姑娘我能不救吗？那二十万啊，我是给禾禾要的，你说后爹能靠得住吗？以后巩固治疗得多少钱啊，这个，你得给我保密啊！"

"没想到啊，你小子还留一手，少喝点吧，找个活干，你爹岁数也不小了，让他省省心，就算你孝心了。"

"你放心，我都跟我姑娘下保证了，不混出个人样来，我哪有脸回去，你就等着我给你往回领后姐吧，说好了，你还得管我叫姐夫，行，这个是干姐姐。"

回到家里养病，禾禾尽情地享受家庭的温暖，独自一人的时候，禾禾经常考虑着那80%的风险。她开始悄悄地录制视频，安排不测。

"妈妈，你和鲁叔叔去把证领了吧，这样我也放心了，其实，我也不是反对你们在一起，对不起！妈妈，我想去看看大海，陪你们一起去旅行结婚。"禾禾长这么大第一次提了去看看大海这个要求。

苗莉莉、鲁东胜陪伴禾禾坐着游艇，航行在宽广的太平洋上。看到禾禾幸福的笑脸，苗莉莉脸上洋溢着欣慰的笑容。

鲁东胜抓住每一个瞬间，记录珍贵的镜头，录制娘俩的视频。船甲板上，禾禾坐在观光椅上，凝视远方，这时飞过来一只海鸥，她微微地伸出左臂，海鸥轻轻落在她张开的手掌上，深情地凝视着她那张被海风吹拂起的长发映衬下的灿烂笑脸，我要和你一起飞，飞过千山万水，飞到地老天荒，飞越神仙居住的星球，去寻找那无人的仙岛。鲁东胜快速抓拍到了这个美丽的画面。

"爸爸！过来！咱们拍一张全家福。"鲁东胜怔了一下，他不敢相信自己的耳朵。

苗莉莉高喊："禾禾叫你呢，快过来！"

"哎！好，好。"鲁东胜和苗莉莉坐在前面，禾禾双手搭在他们的肩头，镜头记录下他们笑对生活的全家福。

欢乐并没有眷顾他们多久，禾禾的病情突然复发。鲁东胜急切地找到主治医生："想想办法，可不可以再次骨髓移植了？"

"很遗憾，已经没有这种可能，排异反应太强烈了。"

孩子时日眼见无多，苗莉莉陷入了深深的恐惧之中，她日夜陪伴在禾禾身边，她要珍惜和孩子在一起的每一分每一秒。

禾禾仍然很乐观，经常回忆从小到大和母亲一起生活的难忘往事，给母亲讲故事，逗她开心。

禾禾时而出现昏迷，病痛折磨得她已经不能说话，在她清醒一些的时候，用手比画着要来纸和笔，在纸上歪歪扭扭地写下："我向往大海，捐眼角膜，感谢妈妈爸爸，环保，慈善，爱你们！"便陷入深度昏迷中。

凌晨，禾禾倒在母亲的怀里，永远合上了双眼，脸上仍然挂着微笑。

苗莉莉久久地抱着禾禾的遗体，不肯放下。半年多来，她的眼泪几近哭干，她要与禾禾再多待一会儿，妈妈再抱抱你，你不要走，你不能走，让妈妈再和你待最后一秒钟，最后一秒钟。

遗体的余温在一点点降低，鲁东胜、孟子丑废了好大的力气，才掰开哭到昏天地暗，挣扎着要拉回女儿的那双颤抖冰凉的手。

医生集体向禾禾的遗体默哀致敬！她的眼角膜移植给了三个眼疾患者，让他们重见了光明。

社会各界为禾禾举行了隆重的遗体告别仪式，孟子丑带领志愿者们，来为禾禾送行，共同缅怀这位坚强乐观、有爱心的花季少女。

武老爷子被两个女儿搀扶着，那一声声苍老悲哀的呐喊在大厅回荡："我可怜的孩子啊，你在哪呀？快回来吧！让爷爷替你去死！"

武大本跟在身后，悲切地劝说父亲："孩子已经死了，回不来了，这么多人，你喊个啥？"

武老爷子回手给了他一记响亮的耳光："畜生！你为什么不去死？为什么不替她死？"老爷子双手揪住他的衣领，"说，是谁害死了我孙女？谁干的？！是谁？！苍天啊！你长长眼吧，让坏人死去吧！"

海边，下着蒙蒙细雨，苍天在哭泣，大海在悲恸。宁静的大海敞

老吾老悠悠长生草

开她宽广的胸怀,来接纳拥抱她的女儿,禾禾的骨灰伴着花瓣,安放在微型的白帆船上,在金鱼的陪伴下,驶向了深海,消失在人们的视线中。

苗莉莉陷入无尽的思念之中,她经常半夜悄悄起来,默默地站在空旷的室外,仰望星空,看着眨着眼睛的颗颗繁星,你,你,你就是我的禾禾吗?妈妈想你,妈妈想你呀!靠在披着月光的林荫树下,痴痴地幻想和等待与禾禾的魂魄能够相见的一刻。鲁东胜悄悄守护在不远处,泪如雨下。

在整理禾禾的遗物时,发现她的手机里录制了多段视频。"妈妈!你要振作,不要伤心,我只是去寻找另一个极乐世界,我从来没有走远。妈妈!耶稣会让你忘记痛苦,在教堂里,你就会知道,我是多么幸福,你会为我高兴。不要惦记我,想我的时候,打开平板电脑,我们可以在那里视频聊天见面!"

苗莉莉每天都会给女儿发微信,诉说自己的思念。打开平板电脑,禾禾用智能机器人软件,模拟真人声音,制作了一部与母亲能够沟通对话的音影3D系统。

苗莉莉戴上3D眼镜,投影仪展示出一个山花烂漫、鸟语花香、阳光明媚、蓝天白云的世界,只见禾禾身穿洁白的连衣裙,站在花丛中,正在和她的小伙伴们歌唱,她是那样的快乐。

苗莉莉情不自禁地大喊一声:"禾禾!是你吗?"

禾禾微笑着向母亲招手,款款走近妈妈:"妈妈!是我,你的禾禾呀!我在这里挺好的,你不用惦记我!这里什么病都能治疗,我的病早都康复了,看我现在多么健康快乐呀,我都胖点了,妈妈你又瘦了,多注意身体。"

"妈妈想你!"

"妈妈,我也想你,你怎么哭了?我不是告诉你不许哭吗?要笑,我是到天堂享福来了,你应该为我高兴才对,你高兴了,我才能快乐。"

"你要照顾好自己，好好读书！"

"放心吧！妈妈，我已经读到大学了，你和爸爸都照顾好自己！"

禾禾十八岁的生日这天，苗莉莉早早地煮了六个鸡蛋和一碗长寿面，她打开平板电脑，禾禾的小伙伴们在给禾禾庆祝生日，欢歌劲舞，切生日蛋糕，唱生日祝福歌。

"禾禾，妈妈祝你生日快乐！"

"谢谢妈妈的祝福，我祝爸爸妈妈健康长寿！妈妈，你看我有这么多的小伙伴，每天都很开心快乐！"

禾禾手里举着一把仙草："妈妈，看！这是长生不老的仙草，这里的空气、水、土壤没有一点污染，漫山遍野都长着这种仙草。我们每天都采集食用它，吃了她就能忘记千年的烦恼，在这里千岁老人都是小孩。妈妈，你看见这些仙草，就顶你吃到了，它会像阳光一样到达你的身体里。"

苗莉莉做了个噩梦，梦见禾禾在瓢泼大雨下，身着单薄的白丝裙，双手抱着肩膀冻得瑟瑟发抖。

"禾禾，妈妈梦见你被大雨淋着生病了，缺衣服了吧？妈妈给你买给你邮寄去！"

"妈妈，啥事都没有，这里什么都不缺，四季如春。梦有时候是相反的，你不要太相信了，放心吧，我很好。对了，我在这学习了手艺，做了两把'天堂伞'放在衣柜下面的抽屉里，下雨天你和爸爸出去别忘了带着。妈妈，多保重！"

苗莉莉放下电脑，赶紧打开衣柜，拉开抽屉，拿出了"天堂伞"，抱在怀里亲吻，滚烫的泪水滴落在伞上，浸湿了半条裤子。

"妈妈，你和爸爸多到郊区去做有氧运动，室内勤通风，远离污染源。别舍不得花钱，要吃有机食品，喝纯净水，我们家再也不能发生悲剧了。放心吧！我不会再生病了，这里没有人类活动过的任何足迹。"

"妈妈，替我谢谢孟叔叔和那么多志愿者叔叔阿姨们，好人必有好报！"

　　外面下着蒙蒙细雨，苗莉莉和鲁东胜撑着天堂伞，爬过山坡，并肩走在去往养老院的路上。

隔岸望窗棂

（2015年初冬拍摄于二龙山风景区）

善举善行丐中丐

苗莉莉想女儿的时候，就翻看禾禾的遗书，看着"慈善""环保"四个字，心里在仔细琢磨孩子的遗愿和她所做的安排，是既有感恩的心，也有安慰和寄托希望。

孟子丑、付三生他们来看望苗莉莉，憔悴的面容、虚弱的身体，她还没有从悲伤中走出来。

放下孩子的遗物，她滔滔不绝地讲述她和女儿的往事今朝："……我能和禾禾对上话了，她还活着，她在天堂挺好的。她的四个愿望实现了两个。"

"莉莉，你是太想念禾禾了，我们已经尽力了，她不会埋怨你的。你放心，我们的孩子都是你的孩子，我们的家就是你的家。"

"谢谢你们对我的关心帮助，有你们真好，我一定能挺过去，给我点时间。"

鲁东胜接着话茬说："这就对了，坚强起来好好生活，这也是禾禾的心愿。"

苗莉莉对他们说出了一个想法："禾禾走了，我很不幸，但是，我又是幸运的，因为我遇到了你们这些好人。由于疾病、意外、灾害、自杀等原因，全国还有不计其数的失独家庭，父母年龄大了还能再生育吗？不堪痛苦、孤独、疾病、贫困的折磨，有的家庭支离破碎，有的父母早逝，这个群体是一个弱势群体呀。禾禾治病，大家的捐款还剩十六万，我想用它设立一个慈善基金，专门救助得了白血病的孩子，帮助这些失独困难家庭。"

老吾老悠悠长生草
Laowulao Youyou Changshengcao

"这个想法太好了,不但可以帮助需要帮助的孩子和那些失独家庭,也了却了禾禾的遗愿。"

孟子丑和苗莉莉来到慈善基金会,咨询设立慈善基金的相关情况。由于民间只能在民政部门登记审批"非募集性基金会",而且离达到注册登记的底线200万元,还相差甚远,所以暂时还不能注册登记。

苗莉莉陷入了焦急之中:"不能注册登记可怎么办?把这个钱退给大家吧。"

"先做起来,等慈善基金够注册的数了再去登记,我来担任基金会的负责人,有什么风险,由我来承担。"

自从禾禾离去,苗莉莉空荡荡的心时而就像挂在了悬崖边,她坐卧不安、五脏俱焚,身心出现难以名状的痛苦。她开始服用抗焦虑药。

鲁东胜也操劳得日渐消瘦,他对调节苗莉莉的状态,再也想不出个所以然的办法来。

他的学生唐辛夷很是心疼老师,想出个办法:"老师,师母这样下去不行啊,得让她有所寄托,分散她的注意力,你看这样好不好,我给她弄一只宠物狗来,你看怎么样?让她有点安慰。"

"那就试试吧,麻烦你了,小唐。"

唐辛夷给苗莉莉弄来了一只白色的博美犬。有了博美犬,苗莉莉是爱不释手,给她的爱犬起名叫"禾苗"。

苗莉莉对禾苗很是上心,购买食物,给狗狗做饭,洗澡修毛。

晚间出来遛狗,遇到了也在遛狗的泽兰姐。泽兰热情开朗,高声喊着跑过来:"啊呀,儿媳妇!亲家母啊,看我儿媳妇多可爱呀!和我儿子天生一对!"

苗莉莉附和着:"是啊!她和我姑爷很对心思啊,能玩到一起去。"

"亲家母"在一起聊天,一对"孩儿"在草地里嬉戏玩耍。

有了爱犬,鲁东胜明显感觉到,它给苗莉莉带来了莫大的安慰。

"禾苗"也挺乖巧,有灵性,苗莉莉进门,它叼过来拖鞋,苗莉莉在家,它总是围着她身前身后地转,扔地下一个纸团,它叼起跑到纸篓前,用前爪按开纸篓盖子,把纸团扔进去,苗莉莉洗脚,它叼来擦脚毛巾。

遇到雾霾天出门,禾苗叼过来口罩递给苗莉莉,再叼起一个晃头摆尾,让苗莉莉给自己戴上。

最近一段时间,苗莉莉带禾苗到公园遛弯儿,总能碰到一个戴着变色眼镜的中年男人,在她的左右不远处遛着一条同是博美的公犬,同类同族,透着天然的亲。

几天时间下来,两条博美狗已经混得很熟,俨然一对老朋友,公狗跑到哪里,禾苗就在后边追到哪里。

这天黄昏,苗莉莉和鲁东胜带着禾苗出来散步,禾苗撒着欢地来回奔跑,看到地下的塑料瓶、易拉罐、纸片,叼起来扔到垃圾桶里,跑着跑着,就又"巧遇"了那条博美公犬。

几天不见,狗狗们搬脖搂腰亲热了好一会儿,这时一声口哨划破傍晚的天空,只见那条小公犬穿过树林向路边狂奔,禾苗在后边紧追不舍。

苗莉莉看到禾苗越跑越远,就撵了过去,口中狂呼:"禾苗,站住!回来!东胜,截住禾苗!"

鲁东胜听罢,边喊边和苗莉莉追了上去,只见两只狗狗,一前一后飞速窜上停在路边带篷的一辆电动车。

等他们追到路边,电动车早已经无影无踪。苗莉莉哭喊着禾苗的名字,跌坐在地,犹如再一次失去孩子一样的伤心悲痛。

110接到报警,出动警员调查,以拐骗案立案侦查。

苗莉莉整日茶不思饭不想。社区居民、志愿者们听到这个消息,都自发地出动帮着寻找禾苗。唐辛夷发动年轻的医生护士,下了班为鲁家寻找爱犬。

听说鲁院长家的狗狗丢失,大家更是乐于帮忙,满大街贴寻狗启事,重金悬赏。

唐辛夷请了几天假,专门陪着师母寻狗。她一边走着一边安慰苗

老吾老悠悠长生草
Laowulao Youyou Changshengcao

莉莉："师母啊，我昨天晚上梦见禾苗了，还带回来好几只小狗呢，可爱极了。'塞翁失马焉知非福'啊，啥事往开了想，肯定没事，肯定是别人跟你闹着玩呢，借用几天，你别太难过了，过两天保准自己就回来了。"

"谢谢你呀辛夷，我的禾苗一定会平安回来的。"

苗莉莉向禾禾诉说这几天的遭遇："禾禾，妈妈不好，又把禾苗弄丢了。"

"妈妈，不要难过，禾苗丢不了，你得让它经风雨见世面，要相信善恶到头终有报，举头三尺有神明。"

苗莉莉不断接到线索电话，提供各种消息，索要酬金。更有甚者声称，狗狗就在他手上，开价就是几万，要求把款打过去，这些个挨千刀的骗子更加伤了苗莉莉的心。

这天下班刚进家门，电话铃声又响了，她以为又是一个勒索电话，不耐烦地接过来，对方开口就说："你的狗是不是左后腿内侧有一块手指肚大小褐色的胎记？"

苗莉莉很惊讶："是！是啊！"

"你的狗在我这里，是捡来的，你听听叫声。"

苗莉莉清晰地听出，这个叫声就是禾苗的叫声，她连忙呼叫："禾苗，我的孩子，你在哪里呀？快回来呀！"

"要想要回你的孩子，准备五万块现金，听我电话，要是敢报案，我立马摔死它，休想再见到你的孩子！记住了，听话。"

鲁东胜把这个情况报告给了公安局，公安局把这个案子从拐骗又提升到绑架案。

黄梦溪亲自挂帅，坐镇指挥破案。终于有了线索，可是电话号码是170号段的，不是实名登记，无从查找机主。

公安机关对苗莉莉的手机通话进行了监控，并派两名警员随苗莉莉日夜蹲守。

警员告诉她："你接到电话别慌，尽量和他周旋，拖延时间。"

苗莉莉的手机终于响了:"钱准备好了吗?"

"还差一半,这么多钱,一时半会儿不好凑啊,我得去借呀,你再给我两天时间。能不能再少点?"

"少废话,再给你半天时间,少一分钱,我就摔死它。"

苗莉莉听到电话那边禾苗几声凄厉的叫声。

公安机关通过技术手段,对犯罪嫌疑人进行了卫星定位。经过对居住在被定位楼房的居民人口信息排查,锁定了犯罪嫌疑人为刚刚刑满释放居住在二单元601室的牛大力,绰号"牛大虎"。

大批警察包围了犯罪嫌疑人牛大虎的住所。无论怎么敲门,牛大虎就是不开门。

正当警察准备破门而入的时候,屋内传出一声歇斯底里的喊叫:"都别进来!谁要是敢进来,我就点着煤气罐,咱们和这个楼里的人,还有这条狗同归于尽!"

营救陷入了僵局,意想不到的事情又发生了,苗莉莉的养母听到这个消息,也跑到了现场,听到歹徒嚣张的号叫,她跑到对面的商服二楼阳台,用刀架在了自己的脖子上高喊:"我家的禾苗要是不能活着回来,我就死在这里!"

现场调来大批武警、特警、狙击手找准了射击位置,消防车布防到位。

居民已经疏散。谈判专家拿起了高音喇叭:"楼上的牛大虎听着,你已经被包围了,劫持狗做人质,你算什么英雄好汉?赶紧放了狗出来投降,争取宽大处理!"

"别糊弄小孩儿了!我占领了有利地形,强攻是没有用的,只会带来更大的伤亡,你们赶紧撤退,你们撤了我就放狗!我也不会点煤气罐!"谈判陷入了僵局。

对面商服二楼,苗莉莉、鲁东胜、孟子丑和警官们劝说着老太太。

"别过来,过来我就抹脖子!"老太太显得更加极端。

现场指挥部紧急商量对策,黄梦溪分析和部署行动:"现在是两个危险，一个是控制煤气罐的点燃，另一个是控制老太太别自残，先解决老太太。"

苗莉莉喊着："妈！快放下刀吧！"只见她突然"晕倒"，嘴里大口大口地吐着"鲜血"。

老太太本能地扔下尖刀，大声哭喊着："莉莉呀！"直接奔向苗莉莉。母亲一把抱起苗莉莉，娘俩抱头痛哭，老太太被带离现场。

黄梦溪在现场再次喊话："牛大力！你听好了！老太太已经被解救了，你往外面看看，你跑不掉的，为了一条狗，你犯得上丢掉一条命吗？摆在你面前的唯一出路，就是放了狗，出来投降！"

牛大虎情绪激动，嚣张至极，把煤气罐举到了窗口，手拿打火机比画着，更加歇斯底里地号叫："给你们五分钟时间，给我弄台越野车来还有三万块钱，送我出城！快！不然我就点了！"

为了防止牛大虎狗急跳墙点燃煤气罐，黄梦溪果断下令："进攻！"两支高压水枪同时开火，把牛大虎击倒在地，水枪射击三秒停止，一枚瓦斯催泪弹在牛大虎的房间炸响，牛大虎被瞬间呛懵了。技术开锁五秒钟打开防盗门门锁，高压水枪再次停止压制，武警特警迅速冲入室内，将如落汤鸡一样蜷缩着的牛大虎缉拿归案。

禾苗被苗莉莉送到宠物医院救治，病床上的禾苗浑身打着哆嗦，前爪紧紧抓住苗莉莉的手，惊恐的眼神来回扫视着她的脸。

在公安局的会议室里，案件总结分析会正在进行。公安局长严肃地说："这个案件给我们的警示很多，一些教训需要汲取。从这个案子本身看，拐骗、敲诈勒索、绑架、劫持狗、危害公共安全都占，这些都是犯罪嫌疑人事先预谋好的吗？我看不是。从突审的情况看，嫌疑人显然使用了'美狗计'想诱拐这条狗狗，被主人发现后没有收手，构成了抢劫。他的本意无非就是把狗卖了，弄几个钱花。当他看到寻狗悬赏启示后，才意识到这只狗在失独受害人心中的分量，萌生了多敲诈点钱的想法，这又上升到绑架敲诈。抓他的时候，他很意外，没有心理准备，但是他抓住了狗在受害人心中分量这一点，拿狗当"人质",负隅顽抗。老太太是心疼她的女儿,才逼迫我们一定要解救狗狗,而且要解救出活的狗狗出来。她的出现,间接地成了嫌疑人劫持的又一个人质,给解救过程又增加了难度。最后,事态越闹越大,嫌疑人以点燃煤气罐相威胁,这严重威胁到了公共安全。"

停顿了一下,喝两口水,环视大家,他继续讲道:"我们只有抓人的思维,缺乏解救的思维。化解危机,我们还有很多课需要补啊,特别是认识问题,有些人指责说,解救一只狗为什么要动用这么大的警力资源?大家想一想,我们的对手是危害社会的犯罪嫌疑人,他能绑架狗,就能绑架人,这个毒瘤不铲除,社会能安定吗?当然了,这次危机,梦溪的指挥处置是得当的。至于什么人,为什么养宠物?这样的社会问题,我们给不出更多的确切答案,有喜爱说,有孤独寄托说,有厌倦交际说,有强迫受害恐惧说,等等。但是,养宠物所引发的社会治安案件、刑事案件,却比比皆是,这是摆在我们面前的具体事实,也是具体问题。交人真的不如交狗了吗?我看没那么严重。'有事找警察',不能只当个口号,咱们不能有辱使命啊,得不断研究新事物,解决新问题,掌握社情民情的新动向。毒品案件、电信诈骗案件、拐卖人口,这样的案件为什么会频发?怎么控制发案率?怎么提高破案率?刑满释放人员怎么回归社会?都要开动脑筋,我们要做好社会管理这一篇大文章啊。"

付三生怀揣更大的梦想,在跑设计院、规划局和政府有关部门。

狗狗案件之后,苗莉莉坚强了许多,她全身心地投入工作,试图摆脱那种折磨人的思念。

社区接到了广播电台、机关工委和环保局联合主办的"城市魔方公益环保万人徒步挑战赛"的通知。

苗莉莉正在发愁环保行动不知从何下手,她抓住了这个契机,组织精干团队加紧训练,准备迎接挑战。

赛事启动,由广播电台的六名主播化身环保公益活动大使,分别带领"旅游路线""历史路线""幸福路线""音乐路线""文明路线"

老吾老悠悠长生草
Laowulao Youyou Changshengcao

和"畅通路线",从不同地点出发。

参加公益环保万人徒步的人,有社区中老年人,有大学生,有机关公职人员,有企业商家代表,大家都要在公益活动中一展风采。

老年人精神矍铄,年轻人朝气蓬勃,走在大街上宣传环保和公益事业,仅从服饰上看,就给古老的哈尔滨的街道增添了一道道靓丽的风景线。每个队伍都有自己的口号。

苗莉莉带领的团队加入了旅游路线,她的团队上衣穿浅葱心绿的T恤衫,红色长裤,藕荷色运动鞋,白底红花遮阳帽,深绿色的双肩包。

从音乐广场出发,打着"为环保助力,为公益加油!""文明出行,低碳环保!""徒步快乐,健康长寿!"各色小旗,向目的地——广电万米草坪广场进发。

电视台派出了各路记者采访,全程现场直播。每个路线都设四到五个接力站,每到一站,都会有赞助单位提供饮水。

在圣·索菲亚教堂站,老兵乐队正在演奏军乐,年轻的姑娘和苗莉莉带领的大妈们PK起了旗袍秀,然后在公益签名板上签下了自己的名字,成为全市公益活动志愿者,热情的市民们受到感染,也纷纷签下了名字。

几只白鸽伴随古老的教堂钟声,从教堂顶端飞来,落在签名板上,"咕——咕"左顾右盼。电视台插播着环保知识,大学生们回答着挑战项目出的题目。

经过"极乐寺"交警站,这里会集了各个路线的不同代表队,一幅横幅很是醒目"路上最美是交警,交通安全他提醒!"交警同志在示范几个基本的交通指挥手势。年轻活泼的旅游公司姑娘们和酒楼的男服务生跳起了花式艺术绳,踢起了花式毽子。大爷大妈们则在香其酱代理的摊位前,参加黄瓜蘸大酱比赛。

三个多小时的徒步,各路大军陆续抵达城市魔方终点站。万米草坪广场上,身着五彩服装的代表队依次席地而坐。

男女主持人宣布:"城市魔方公益环保行动"启动仪式开始。六位公益大使登场,领导向他们授予公益环保旗帜,在主持人的带领下,全场一齐高呼:"万人魔方徒步行,走出健康长寿好心情!"

苗莉莉等二十位代表被授予"环保荣誉勋章"。广电局局长转动"环保公益魔方",主持人宣布:"魔方转动,为城市环保注入魔力,大型系列活动——城市魔方公益环保行动正式启动!"

参加了这次活动,苗莉莉的心情轻松了许多,她觉得这样做下去,自己会很安慰,对禾禾是个最好的纪念,也是最大的安慰。

十六号楼樊大妈的家庭矛盾又在升级,闹到了社区。见到苗莉莉,樊大妈余怒未消:"苗主任,你得给我做主,他们严重伤害我。"

苗莉莉看看一家人:"都坐下,慢慢说。"

儿媳妇抢先发难:"当初我妈非逼着我要孩子,说得可好了,我只管生,她什么都管,现在可好,又想躲清静了。"

樊大妈委屈地说:"我和亲家轮流照看孩子,一家一周,就当上班了。下周我下班,市里办老年书画展,邀请我选几幅作品参展。他们死活拦着我不让我去,还恶语伤人。我下班你还管着了?人我出了,钱我出了,我卖给你们了?我是奴隶呀?你们这是非法限制人身自由,侵犯人权!"

儿子:"妈,你说话太难听了,就认死理儿,一条道儿跑到黑,没正事。"

儿媳妇:"她就是躲,一没影就好几天。"

樊大妈:"耽误过你们啥事吗?我再声明一次,我有两条底线,是不能触碰的,第一,不允许任何人,以任何方式,在任何时候强迫我去做我特别不情愿的事情。第二,不可以无故无理地挑剔我、指责我。现在我再加一条,第三,不可以伤害我。"说着,甩下一本《中华人民共和国老年人权益保障法》,"我受国家法律保护,再有一次,我就上法院告你们,我老有所养,有家有业,不需要谁来养老,也不用尊重,就是不能伤害我。"说着说着,樊大妈落下了眼泪:"主任,为了

老吾老悠悠长生草
Laowulao Youyou Changshengcao

他们，生意我兑出去了，老年大学也不上了，我说我出钱雇个保姆，他们信不过人家。我就剩最后这点老有所乐，他们也要残忍地剥夺？"

苗莉莉递过一张面巾纸："大妈您消消气，我一定给您做主。你们两个孩子太过分了！首先责任义务问题没有搞清，法律意识淡薄，道德水准你们自己说说，怎么样？我多么羡慕你们啊，哎，可是我……哎……"苗莉莉伤心的眼泪落了一大襟，她哽咽着继续说："孩子，千万不要子欲尽孝而亲不待呀，好好珍惜吧！快给你妈道歉。大妈，社区就是咱们的娘家。"

儿子低下头说："妈妈，我们知错了，我们一定改。"

最近上街，在一片繁华的商业街路段，总能看到一个残疾的孩子趴在那里乞讨，与别的乞丐不同，这个孩子边乞讨边打着瞌睡，不但要钱还要吃的喝的，那呆滞恐惧的眼神，让你看一眼就难以忘记，这引起孟子丑的好奇。

每次路过，他都会多给几块钱。这天他给了十元钱，蹲下身来询问小乞丐："孩子，你是哪里人？为什么出来乞讨？你家大人呢？"

小乞丐惊恐地向四周扫视一遍，小声地操着外地口音赶着孟子丑："走！快走！你走！"并用力推着他。

这让孟子丑很不解。他想，乞讨有什么可害怕的呢？从这天开始，他一有空闲就装扮成卖瓜子的小贩，在不远处盯着小乞丐，试图探个究竟。

一连几天他都发现，每天很早就有一个中年男人开着一台微型面包车，把小乞丐送来，中午过来扔下一个盒饭，晚间接走，中间如行路人一样若无其事地巡查两次，而且在这一片区段，接送的不止这一个小乞丐，每天从车上都会下来一个扎马尾辫四十岁出头的男人，趁城管不注意，在那里打把式卖艺，监视那几个小乞丐，手中带铁链的铁球耍得呼呼生风。

孟子丑想，他们从哪里来？住在哪里呢？这里面隐藏什么秘密呢？怎样找到他们的住处呢？

他买了一个微型 GPS 定位仪，趁那个中年男人出去巡查的空档，把定位仪粘在了微型面包车的底盘上。接收设备显示，微型面包车每天晚间都停留在郊区的一片棚户区里。

这天，孟子丑、鲁东胜和苗莉莉下午七点多钟驱车找到了那片棚户区，他们躲在一个僻静处，等待面包车的到来。

晚十一时许，那辆面包车开了过来，停在一个院落门前。只见司机下车，贼头贼脑四处张望半天，才拉开车门，从车里陆续下来八个小乞丐，似乎还有个女孩。

这个院落的主人很快发现隔壁多了一个捡破烂、收废品的邻居。两个彪形大汉闯了进来，屋里屋外仔细查看了一遍，一个大汉一条腿支在凳子上，一只手用纸壳扇着风，死死地盯着这个擀毡头发，满脸胡茬，头戴草帽，穿着二十多年前四个兜旧衣服的拾荒人："哪来的呀？"

"啊，吉林通化二道江农村的，听口音你们也是外地来的？"

"身份证呢？拿出来看看。"

"丢了，在老家补办呢。"

"中国这么大的地儿，咋就偏上这来捡破烂啊？"

"老家遭灾，房子失火烧掉了，我这有个远方亲戚，投奔他来了，这里的废品好收。"

孟子丑骑个三轮车，进进出出，三天工夫，整捆的纸壳，整胶丝袋子的塑料瓶子，就堆满了院落。下午睡觉养精神，夜晚，孟子丑打起精神，注视着隔壁的一举一动。

每到深夜，隔壁就会传来小孩儿轻微的哭声。孟子丑轻轻地，一点点地在墙上蘸水掏着洞，声音逐渐清晰起来。

一声惨叫传了过来，一个男人恶狠狠的低沉的声音在教训小乞丐："每个人的业绩你们都听到了吧？一半都给你们存在银行里了，等你们长大了娶媳妇、做买卖用。丢魂儿，你说！今天为什么没有完成任务？叫你偷懒，饿你三天。拐拉三儿，你，唤不起路人的同情心，知道为

老吾老悠悠长生草
Laowulao Youyou Changshengcao

什么吗？你那条腿残废的还不够，有锯、有斧子、有硫酸还有火药，老二，你是这组领班，你说咋办啊？"

只听吱啦一声，随后一声惨叫："给我剁下去吧，疼死我了。"

"我花钱买来你们，就白养你们这些白吃饱吗？"

一个小女孩哀求的声音透过墙壁："叔叔，求你了，你别再锯我的腿了，把硫酸给我，我自己烧。"

孟子丑录下了这罪恶的声音，气得咬牙切齿，用微信和黄梦溪取得了联系，向公安机关报案，发送了位置信息。

听吧录音，黄梦溪指挥刑警队干警迅速包围了拐卖摧残儿童的窝点，抓获犯罪嫌疑人三人，解救被拐卖儿童八人。

突击审讯，办案警察询问犯罪嫌疑人："那几个孩子都是从哪里弄来的？"

嫌疑人："我只管干活，那些只有老大知道。"

"谁是老大？"

"我只知道他在外地上班，家族有买卖，做家具生意的。"

"老大"闻知出事了，已经潜逃，抓住他是案件侦破的关键。"老大"被公安部列入网上A级追逃嫌犯。公安机关对所有"老大"的亲属和他们的银行账户、通信电话，进行了监控。

二十几天过去了，"老大"如同人间蒸发，一点线索也没有。

终于，通过监控"老大"妹妹的手机，发现了线索："听着，别说话，速到师大西南角墙外338号电线杆揭广告。"

公安迅速查询，这是在医院附近的公用电话亭打的电话。

便衣警察迅速在这一带布控，同时先行一步看到了这则广告："现有平房一套，急于救母亲脚疾康安跳广场舞，售价十万现金。联系电话：139101320××。"

"老大"的妹妹揭下广告，并没有发觉被跟踪。刑警们看着拍下的广告进行分析，"老大"是要十万现金没得说，交货地点很可能在平房区，康安路的母亲广场，或者附近。

"那这个手机号码怎么解释?是让这个机主送去呢?还是通过他联系?他们是什么关系?"

黄梦溪果断部署:"查找这个人,24小时进行监控,同时严密监视'老大'妹妹的一举一动。"

副队长疑虑重重地分析:"我总觉得这个电话号码不对,它是个外地号码。现在手机卡都是全球通了,单凭一个电话号码,不能证明人在哪里?会不会是时间呢?你看,10月13日20点,这可就是明天啊。"

副队的话点醒了黄梦溪:"姜还是老的辣,极有可能,立即全天候布控!"

13日晚七点多钟,"老大"的妹妹背个包,急匆匆地出了家门拦下了一辆出租车。便衣刑警驾车紧随其后,一站一站接力跟踪到母亲广场。

"妹妹"焦急地在广场"母亲"雕像前走来走去,已经过了20点,还不见哥哥的身影。

隐蔽的便衣刑警们警觉地观察来往广场的每一个人,20点23分,在广场打扫卫生的一个环卫工人低着头扫着地和"妹妹"擦肩而过,"妹妹"快速走近垃圾箱,从挎包里掏出一个大塑料包,扔了进去,然后转身离去。

环卫工人环视左右,见没什么异常,伸手从垃圾箱取出塑料包,正得意地快要走出广场的时候,被几名便衣警察拦住了去路:"老大!别来无恙啊?这十万块钱用不用验钞机验验货呀?可别拎的是假币呀?"

"你们说什么?我听不懂。"

"铐起来!"

"妹妹"也被"请"上了警车。

狡猾的"老大"和警察玩起了灯下黑,原来他就躲在几家医院住院处附近的小旅店里,那里很少查验身份证,他以护理病人的名义各家来回转。

老吾老悠悠长生草
Laowulao Youyou Changshengcao

"老大"在强大的压力下，供述了他的上家。在上级公安部门组织的协同行动中，一举摧毁横跨八省的集拐骗、运送、摧残、倒卖一条龙的特大拐卖妇女儿童团伙，抓获犯罪嫌疑人29人，解救被拐儿童17人。通过DNA比对，有12人和亲人团聚。另有5人可能永远完不成DNA的比对，因为，他们有3个人先天就有残疾，另外两个有可能是非婚生子女，很可能都是被遗弃的孩子。

孟子丑和苗莉莉、鲁东胜带着食品和衣物，又来到救助站，看望被解救的几个孩子。

"六个小哥哥都回家了，你们俩想家了没有啊？"苗莉莉关切地询问剩下的两个小孩。

小女孩怯生生地说："没有想家，我也没有家，我已经被卖了三家了，他们对我都不好，听他们说，我是被遗弃的私生子，阿姨，我要是找不到亲生父母，我想认你和叔叔做我的爸爸妈妈。"

听到这里，一下子触动了苗莉莉心灵深处的最痛点，她立时联想到自己的身世，眼泪夺眶而出，抱住小女孩，不住地点头。

孟子丑也俯下身来，抚摸着两个孩子的头："孩子，我们就是你们的父母，还有政府在，我们抚养你们长大，供你们上学读书，以后再也不会有坏人伤害你们了。"

小男孩呼喊过来接他的姐姐："姐姐，这就是救我的好心叔叔阿姨。"

"谢谢叔叔阿姨。"姐姐懂事地向他们鞠躬。

姐姐看上去要比弟弟大几岁，苗莉莉问："你想接弟弟去哪里呀？你的家在哪里？还有什么家人？"

姐姐摇了摇头："我也不知道去哪里，我也是被拐卖的。"

孟子丑说："孩子，我们帮你们找母亲，现在央视有一档'等着我'的寻亲节目，我们可以报名上这个节目，现在就先待在这里，哪也别去了，母亲一定能够找到。"

塞外乐园园中园

付三生在建筑行业摸爬滚打了二十多年，自从完成了医养健合作开发项目后，他一直在勾画，要实现一个新的更大的梦想——打造一个现代化的新型宜居温泉小镇。他的想法得到孟子丑、黄梦溪、鲁东胜和苗莉莉的支持，跑手续，跑设计也有了眉目，闻讯争取这个项目落地的各路招商人员，踏破了付三生公司的门槛。

经过考察，选择的理想地点是"鸽子岭"。那里依山傍水，毗邻高速公路，高铁贯通，生态环境好，空气清新宜人。

他最初的设想是找地下热源，先打出温泉，开发温泉游乐保健产业链，利用泡温泉下来的热水源，冬季给居民供暖。

初步规划五个区域：温泉产业园区；以居家养老为主的医养健居民社区；老年公寓养老园区；休闲度假别墅区；商业、医疗和社会服务区。

开发建设计划分三步实施：第一步，寻找温泉，用一年时间建设居民社区一期工程。第二步，开工建设居民社区会所服务工程，启动温泉商业开发项目、旅游项目。第三步，建设居民社区二期工程，启动温泉开发二期"游乐项目"，建设养老院、老年公寓，启动建设商服和社会服务项目。其中规划的住宅项目为，可容纳两万五千人口的一个社区两个居民小区。设计充分满足不同年龄段人口的需求，特别是方便老年人的生活和健康医疗方面的需求；规划建设一个冬季能满足老年人活动的万米阳光采暖明厅，栽种热带花草苗木，打造一个室内三亚湾；所有房盖儿加装"光伏"发电板，发电创收；温泉水供应到居民家中。

老吾老悠悠长生草
Laowulao Youyou Changshengcao

付三生和政府有关部门早已经沟通完，有关部门把这个重要信息及时汇报给主要领导。

领导听了汇报后非常高兴，放下手头的工作，立即接见了他："很好！很好！非常好！付老板，你的想法和政府的想法一拍即合呀！我们正在做一个新农村建设的规划。这样，政府把你的这些设想，规划进来。你启发了我们！对！南北打造以宜居、旅游为依托的温泉经济带，建设一个东北最大的养老避暑温泉小镇，连接东西高速公路两侧的开发区，拉动像'光伏'啊、老龄产业呀，这些环保产业的发展，打造出我区自己的'一带一路'来。那里将要开发现代农业项目，农民的土地要实行流转试点，把宅基地倒出来，进行全方位立体开发，让农民住上楼房。建立农业合作社，土地作为物权，可以入股投资，可以租赁。完全现代化、机械化耕种，粮食、蔬菜、畜牧，都要进行规划开发，对发展合作社、深度建设美丽乡村有没有兴趣啊？我们欢迎像你们这样有实力的公司加盟啊。你的设想太小家子气了，今后恐怕不只是吸纳十万二十万人口的事了。这样，你先把温泉打出来，有什么困难找他们。"

领导指了指陪同的几个部门的负责人，他们频频点头称是。

付三生心中甚是敞亮："谢谢领导！您这么忙还亲自接见我，还是领导有战略眼光，我会慎重考虑的。"

黄梦溪从原来的工作岗位上退了下来，他觉得一下子轻松了许多。辛辛苦苦几十年，身体做了不少的毛病，闲暇下来，身体的病痛反倒隐隐加剧。更让他忍受不了的是，独自在家时的孤独寂寞，时常想念在外地工作的女儿，也偶尔感受到来自外面的冷暖。

早晨，黄梦溪照例一边看电视新闻，一边喝着茶水，随手又拿起一本翻看了又看的厚厚的老影集，这是女儿的一本专集，从孩子出生、百天、周岁开始，镜头记录了孩子成长的每一个阶段。黄梦溪看着一幅幅照片，读着照片下的注释，回忆着和孩子在一起的美好时光，一边自言自语："这小兔崽子，长大了。"

他放下影集，擦了擦眼角，这时一个老同学打来了电话："早上好！大政委！早饭吃了吗？最近身体好吧？可得注意身体呀，最近工作忙吗？有个事儿想麻烦……"

还没等对方说完，黄梦溪就回了一句："啊！我现在不忙了，我退下来了！"

那个老同学有点惊讶："啊？你退了？下来了？啊！"

呱嗒！对方把电话撂了。

他见识的各色人等可谓不少，但是，恰逢自己刚刚退下来，人家还没讨你一杯茶喝，你就已经把茶杯都撤了，这让黄梦溪心里很不是滋味，他轻蔑地自言自语："狗眼看人低，势利小人！"茶水喝着也没了味道，郁闷的他站起身，背着手在屋里转起了弯："大清早撞见水鬼了。"

有了时间，可以随性玩户外了。五脏同调，内外双修，固本扶正，养精蓄锐，是第一要务。

黄梦溪试图把脑子清零，喜欢回幽静的老家小住，玩就全身心地玩个痛快。手机拍照各种景色，往往也引发颇多感慨，图文并茂，偶尔发个朋友圈。

周末，黄梦溪邀请几位朋友登山野游，站在高高的山冈上，俯瞰湖光山色，感慨家乡的美，遥望湖对岸老宅的窗棂，心生阵阵思念，他拍得几张照片，配一首小诗发给了女儿。

家　乡

家乡美，

游山又乐水，

隔岸望窗棂，

空巢盼儿归，

驴行天下品酒炙，

叶落水肥伴根偎！

初冬，孟子丑陪黄梦溪到山里转转，满山枯黄的落叶，增加了几分凄凉。行走了几公里，见不得一只鸟儿的身影。不知从何方传出几

老吾老悠悠长生草
Laowulao Youyou Changshengcao

声笨狗的哀号,湖水从西往东一点点地结冰封冻,几只野鸭子在冰水的分界线上来回穿梭,白桦林中,几簇墨绿的冬青,结满红豆儿,绽放在高高的树丫上。

此情此景又激发了黄梦溪的灵感,在朋友圈上看到了他的郊游照片和配发的杰作。

山 湖

叶落鸟飞垂柳摆,
犬吠林山不见哀。
湖冰水际分冷暖,
雪映冬青雨芽开。

起伏何惧勇者在,
登峰极晓室外天。
草木冬秋润万籁,
释空凡俗康健来!

有了时间,可以住院彻底治治老胃病。女儿女婿赶在双休日,请了几天假,从外地回来看望生病的父亲,陪陪老爸老妈。

短暂的相聚,孩子们要回去上班了,黄梦溪和老伴儿把孩子们送到火车站,孩子们千叮咛万嘱咐:"你们俩可一定好好的呀!按时吃饭,锻炼身体,每天出去走最少三公里,晚间睡觉把门反锁好。"

挥手再见,就在女儿转身要进入候车室大厅门的一瞬间,黄梦溪的眼泪蒙住了双眼,他低下头蹲在地上,让泪水无声地喷涌。

付三生和孟子丑来医院看望他,落座片刻,付三生就不客气地嚷嚷:"装什么病?你就是'屋里憋屈型'的病,赶紧出院,退就裸退到底,我那儿,副总经理的位置还等着你呢!咱们一起干!"

回过头来又指指孟子丑:"还有你,别跟个没事人似的,在单位也不得个烟儿抽,那个班有什么上头?都快点打理完你们那点事儿,上我那报到。"

找温泉成了第一要务，付三生投入两百万，聘请来了石油钻探公司的钻井队，轰鸣的钻探机声，不分昼夜地向地壳深处掘进。钻探到150米深的时候打出了水，采样送检，检验报告显示，水质含有各种矿物质，为适合饮用的矿泉水。这口水井被作为饮用水源。

另选址继续寻找温泉，经过第三次钻探，终于在770米深处钻出了温泉水，温度达到56摄氏度。检验报告的结论是：水质富含偏硅酸、锂、溴、硒、铜、锶等对人体有益的矿物质微量元素48种；所含矿物质含量高，平均每吨温泉水矿物质含量36.5千克，尤其是对人体最有益的氡和氢含量最高；医疗价值高，特别对心脑血管和消化系统疾病具有良好的辅助疗效。富硒温泉，可以预防癌症，泡温泉澡可以消除疲劳，治疗皮肤病、关节炎，对身体有多种保健作用。

孟子丑闻听此消息，马上打来电话祝贺："三生，祝贺你啊！开局很顺利，一定能够成功的！"

付三生很高兴："我正要找你呢，上次我不是和你说了吗？再有几年你就退休了，你也不得个待见，单位缺谁少谁都无所谓，你还赖在那儿干啥？抓紧办手续退休，咱们一起创业。我把你最喜欢的农业开发那块交给你来做。"

孟子丑也痛快："我不就是想置口气嘛，看谁靠过谁。这事你给我三天时间考虑。"

经济发展，水电路通信先行。政府拓宽道路，修建水处理厂，动员农民土地流转。

工作组开进山村，走家串户说服动员，召开村民大会："这个温泉已经打出来了，你们也看到了，下步要干的就是建设温泉小镇。把你们的宅基地倒出来开发，以后你们都住上楼房，集体取暖，在家就泡温泉。还要成立农业合作社，搞现代化生态农业，种粮种菜使用机械化，建现代化的畜牧场，养千头猪万头牛，进行深加工。土地作为物权，可以投资入股分红，也可以转让租赁，获得租金。当然了，土地流转，采取自愿的方式。你们可以在温泉旅游开发公司上班，也可以

老吾老悠悠长生草
Laowulao Youyou Changshengcao

到农业合作社上班,都挣工资,每个月开现钱儿,以后你们就是城里人了,挣工资还有土地出租入股收入。人家公司承诺,以后对温泉小镇上的常住人口,凡是年满七十岁的老人,每年发放老龄津贴一万五,每增长一岁,增加一千元,八十岁以上的老人,生活医疗费全管,还出钱给你雇护工照顾你。"

听得绝大多数村民流着口水,当即表态:"是个好事,我们坚决支持!"也有少数村民还心存疑虑。

拆迁工作有序进行。首批拆迁一半的民房,开工建设六栋住宅楼,其中三栋安置村民。

孟子丑办理了提前退休手续,来工程指挥部报到。熟悉几天情况后,他给付三生提出了建议:"居民社区,一期就做样板工程,一定把居家养老最现代化的各项设施功能建设安装到位,让他麻雀虽小,五脏俱全,这是第一。第二,整个开发计划需要调整,一期过后,不要忙于实施居民的二期、三期计划,把医院先放一下,把温泉项目调整到一期来,全力建设温泉项目。温泉就是泡的嘛,出去几个人到外面考察一下,功能力求多样独特,人无我有,人有我精。有了泡温泉的游客,才有人气。第三,还要加大宣传力度,有了知名度,不担心梧桐树引不来金凤凰。可得吸取盲目开发的教训啊!"付三生还真有些佩服他这个老同学了。

暑往秋来,小区的一期工程如期完工,回迁农户忙于装修。面向社会的楼盘,却销售得不够理想。

付三生明白,是服务功能不完备,温泉效应没开始显现,影响了楼盘销售。温泉区在加紧建设装修中。

元旦,温泉开始对外试营业。室内设有不同温度的药池、冲浪、泳池,200间客房,中西餐厅,娱乐场,酒吧,咖啡厅;室外顺着山脚的山势,排布着各式各样风格的温泉池,最吸引游客的是美式大红彩风情池、法式依云风情池、日式人间'炼狱'风情池、巴厘岛风情池。

一场小雪飘下,孟子丑、付三生、黄梦溪浸泡在室外的法式依云风情池中，在雾气缭绕中品着红酒，憧憬着未来。温泉水驱散了一年的疲劳。

猛然间，黄梦溪跃出温泉池，在雪地奔跑；孟子丑抱起池边的冰块，高高举起；付三生蒙着双眼甩着飞镖，他们要再次挑战一下不可能。

春节前，回迁的村民陆续搬进了新居。孟子丑、黄梦溪陪同付三生来到村民的新居，几户村民正在往楼上搬运公司赠送的家具。

见付三生亲自到小区居民家中来，村民们纷纷围拢过来："董事长好！"

"付总好！"

"大家好啊！怎么样？这家具还满意吧？"

一位大妈拉着付三生的手激动地说："太好了，董事长！我们做梦都没想到啊，这辈子能住上这么好的楼房，还免我们物业费、取暖费，以后还养我们的老，让我们怎么谢谢你呀！该咋是咋的，啥也别说了。"

付三生感慨地说："要感谢就感谢我们在有生之年赶上了好时代吧。"

"是啊，搞了几十年的'阶级斗争'，越斗越穷，改革开放不但给'地主'摘了帽儿，也给我们'贫下中农'摘帽儿了，我们终于过上'小康'的好日子了。"

第一次泡温泉，还是在自己的家里，村民们欢喜得不得了，这年的春节，过得特别有意义。

春节过后，孟子丑开始筹划农业合作社，旋耕机、播种机、拖拉机开回山村小镇。

阳春三月，第二期工程开工。正当工程建设风生水起的时候，银行的第三批贷款迟迟放不下来，眼看工程项目就要被迫停止运行，付三生急得如热锅上的蚂蚁，每天无数次跑银行，得到的答复是，银行贷款额度不足。

孟子丑提议："不行就募集股份吧。"

老吾老悠悠长生草
Laowulao Youyou Changshengcao

付三生无奈,采纳了这个提议,群友、社区居民、志愿者们纷纷报名,二十人为一组,被公司吸纳为股东,有了全体股东的支持,让付三生渡过了难关。

社区会所功能齐备,大型的社区居民餐厅设计为欧亚风格的音乐餐厅,其中助老便民餐厅更具有独特的适合老年人特点的创意,用罢餐,听着古典音乐,坐在按摩座椅上休息,用洗脚盆泡一泡脚。

依山势半卧地下的万米阳光大厅如期竣工,世界上热带雨林名贵树木被请进园内,俨然一个北国四季小植物园。

冬季,老人们从地下通道进入植物园,在椰林里散步,欣赏着美景,喝着茶水,泡泡温泉,聊天娱乐,尽情享受如同南方的温暖世界。

开发楼盘销售一空,公司开始销售期房。鲁东胜帮助招聘社区医院的医护人员。

和温泉旅游相呼应,一座观赏园——三径园,竣工开放。付三生、孟子丑、黄梦溪接待的第一批客人,是区领导陪同视察的各界客人。

走进园区,首先映入眼帘的是大门楼和展馆的墙面,墙面用贝壳以及烧制的陶瓷名画图案装饰而成。

入园顺山势向左前行,明楼下,架着一口"天下第一钟"。青铜铸造的大钟,高8.88米,最大直径5.5米,侧后立有特大号的景德镇瓷瓶。"客人"登上两米高的青铜马鞍,敲了三下钟,"嗡嗡嗡"的钟声,回荡于山谷间。众人附和着:"三生有幸,终生平安!"

来到半山腰欣赏奇石林,碑林篆刻着古今名家的手迹,尤其以王羲之的《兰亭序》最为抢眼。

再往上是二十位古今中外最具影响力的人物雕像群,并刻有他们的名言,孔子——"有朋自远方来,不亦乐乎?""见利思义,见危授命。"孙中山——"振兴中华!"毛泽东——"为人民服务。"邓小平——"发展才是硬道理!"习近平——"人民对美好生活的向往就是我们的奋斗目标!"爱因斯坦——"成功=艰苦的劳动+正确的方法+少说空话。"卓别林——"时间是一个伟大的作者,它会给每个人写出完美的结局来。"

"客人"久久伫立驻足欣赏，不时对陪同人员说："好！好！正能量，很有教育意义和纪念意义。"

和大钟对应的右侧是"天下第一剑"。金猴紧握一把利剑，高高亮起。

往前依次陈列着老爷车、蒸汽机车、坦克，以及从世界各地收集来的稀奇古怪的物件。

走进"稀珍馆"，"民俗厅"陈列了农具、乌拉、烟具、手杖、三寸金莲布鞋；"收藏厅"收藏着像章、奖章、语录、红卫兵袖标、塑像、粮票、布票、粮证、邮票、钱币、商标、烟盒、火柴盒、酒瓶、照相机、收音机、录音机、自行车、摩托车、钟表、锁头、缝纫机、大哥大、传呼机、各式电视机、冰箱、洗衣机；"艺术厅"陈列着各个时期的油画、版画、素描、扇面、工艺品；"珍藏厅"珍藏着辽金到明清、抗战时期的珍贵文物。

参观过后，"客人"游兴尚浓，赞不绝口："我说付总啊，没想到啊，你可真有两下子，你这是博物馆呢？还是大观园？还有点布达拉宫、颐和园的味道。不光是旅游景点，还是爱国主义教育基地。你这个人大代表，合格！不但代表人民说话，还带头为人民办好事、办实事，多一些你这样的商人该多好啊。你那些宝贝都是从哪里弄来的？酒越陈越香啊，以后那些个宝贝呀，可是无价之宝啊，你可给咱们省市打出招牌来了，'三径园'以后还得陆续建设，一定搞出特色来，人无我有，而且是绝无仅有，亭子少了点，这里真是宜居、宜业、宜养啊。"

老年公寓，建设在一面环山，三面环水的人工岛上。幽雅的环境，鸟语花香，无不显示这里世外桃源的意境。低消费区，补贴那些没达到政府救助线的老人；高档消费区，则满足老人们各种奢望；会员区加盟全国连锁养老体系，旅游、养老、医疗一条龙，南北东西一卡通，夏季避暑，冬季赏冰雪，这里的床位已经预约到二十八个月之后。

别墅群，按私人定制模式，满足了主人的设计理念。画家、诗人、

老吾老悠悠长生草

音乐人、作家们慕名前来体验生活。

温泉小镇人气暴涨，也迎来了各路剧组，区里开始规划建设影视基地。

政府修建了森林公园，供人们嬉戏观光锻炼，盘山车道和曲曲折折的人行道联通着各个景观。坐在山顶的"飞碟"里，居高临下，在旋转中品味美食，观赏"温泉小镇"的全貌。

温泉小镇建设成了互联网小镇，达到了WiFi全覆盖，极大方便了当地群众和游客，这也成为吸引八方贤达的新亮点。

"温泉效应"逐渐显现。市级中小学名校分别来这里开办两所分校。受香港老板捐赠，又新建一所孤儿寄宿学校。

周末，孟子丑和苗莉莉来到孤儿寄宿学校，来接被他们解救的几个孤儿回家过周末。孩子们见到亲人，欢呼着奔跑过来。

苗莉莉抱着女孩问长问短，孟子丑亲切地询问孩子们的学习情况："你们跟不上很正常，你们没上过幼儿园，没接受过幼儿教育，不要气馁，我们给你们补课。这样啊，今天男孩和你姐姐跟我回家，女孩跟你们莉莉妈妈回家，下次再调过来，明天都到我家吃饭。"

招商的力度明显加大，中西医结合医院、大型商场拔地而起。招商引资来的光伏产业园启动奠基。

一批养老院、老年公寓，陆续落户"温泉小镇"。这里俨然成了人们追逐梦想的"百老汇"。

苗莉莉被"温泉小镇"社区聘请传授社区管理和志愿者服务经验。

为了和发展相适应，付三生将公司升格为集团公司，孟子丑、黄梦溪分别掌管农业开发有限责任公司和温泉旅游开发有限责任公司。因为对公司的突出贡献，又被奖励五十万元的公司股权，他们成为名副其实的股东。

孟子丑利用休假，带着父母，陪伴着社区老人们，乘坐上了夕阳红的旅游专列。

渔火农耕妙趣生

孟子丑尽情享受着现代农民的快乐，祖辈就是务农的嘛，骨子里流淌着农民的血。

现代化的畜牧场，猪舍和牛舍中间设有安全缓冲区，孟子丑从养牛场出来，跨过缓冲区，经过消毒进入养猪场。技术员正在修理自动化饲料传输带。猪们没有喂饱，"嗷嗷"叫个不停。

孟子丑走上前询问技术员："咋个情况？出什么故障了？"

"就是上饲料不均匀，有的猪分配的食多，有的猪捞到的食特别少，造成猪掐架抢食，有时候还咬伤。"

"出现问题的原因查清了吗？"

"可能是光感原件出了问题。另外，饮水的感应器不太灵敏，浪费水太严重，这些都正在和厂家联系来处理。"

"真是'不患寡而患不均'啊，猪也一样。告诉你们场长，不能完全依赖机械，人工智能毕竟是人造出来的嘛，受人的支配，偶尔不灵敏的时候，派人拎个小桶，给没吃饱的猪吃点小灶，不就安抚下去了吗？"

"孟总，那别的猪不得炸锅呀？"

"死脑筋啊？非得明晃晃地拎个大桶去呀？不能遮盖着点啊？堵住它们的嘴就那么难吗？平时也要多注意那些吃得快、吃得多、挑肥拣瘦、能叫唤、不长肉的猪，真是的。"

沼气有机肥厂的厂长打电话急切地找孟子丑："孟总啊，你有时间吗？想和你汇报一下沼气生产情况啊。"

"别来了,我马上过去。"

到了沼气有机肥厂,厂长焦急地汇报道:"孟总啊,最近这个气压总是不稳,燃气的质量也在下降,居民也总打电话询问,这个问题得解决呀。"

孟子丑吩咐:"把你们的技术人员都叫来,还有猪场、牛场的场长也请过来。"

孟子丑就在沼气有机肥厂召开了现场办公会,他说:"最近燃气出现了一些问题,你们有实际工作经验,就你们分析看,是什么原因造成的气压不稳和质量下降?"

燃气工程师胡工首先介绍情况:"现在看,存在三个问题,第一个问题是养殖场的牲畜粪便输送过来的管道过长,造成粪便不能全部冲到沼气池,这就使产气的原料供给不足。解决这个问题的办法,是在管道沿线修两个压力站,再上一套高压脉冲式管道冲洗设备。另一个不是办法的办法,就是在畜牧场改造化粪池,用槽罐车运送这些原料,这可以做备用方案。"

孟子丑听后表态:"解决问题的方案还是可行的!燃气原料绝对不能断了供应,也必须保证质量,这不只是经济利益的问题,涉及我们企业的信誉和社会稳定啊,我们做事也必须考虑社会效益,要尽企业的社会责任。你们做好预算了吗?得多少钱?动用大额资金,要向董事长请示汇报,召开董事会决定。你继续说。"

"第二个问题就是目前的沼气池少,连罐和池只有二十几个,循环不过来,粪便产气它有一个发酵的过程,起码现在得再增加50%的沼气池,以后小镇人口增加了,还得扩大规模,这个也得有个中长期规划才好,最好多上一些发酵罐,淘汰沼气池。还有就是我们入料的方式还是单一的,不能只有输入粪便这样连续性的,也要有以秸秆为主原料这样一次性的。秸秆的资源更丰富一些,供应很稳定,还解决了农民焚烧秸秆的问题。第三个问题是涉及燃气的产量和质量问题,沼气的主要成分是由甲烷和二氧化碳组成的,温度和湿度还有微生物的作用是必不可少的生产环境，我们可以考虑添加一些化工原料的催化剂。另外，光伏发电在全集团里都推广开了，就我们这里是死角，我们应该争取一下嘛，这样在用电、温控方面可以降低很大生产成本。对了，我想起来个事来，就是防火问题。前几天养牛场的电工跟我讲，他去牛舍修理照明灯，这个灯啊，就安在牛屁股后面的墙上，他跳进牛舍拍着牛屁股刚上梯子两步，正赶上牛放了个响屁，只听'咣'的一声响，一个比篮球大的火球把他从木梯子上崩了下来，注意我说的是木梯子。我开始百思不得其解，当天大晴天的也没有雷电啊。后来我查了一些资料，这个屁呀，它的主要成分就是甲烷和二氧化碳，是可燃气体。那么，问题来了，它是怎么引爆的呢？这是一个火灾爆炸隐患啊，牛跟前没有明火，唯一可能点燃牛屁的就是电火花，电火花是怎么产生的？我们就去做了个模拟实验，我用声控开关控制打火机的点火器，把它挂在牛屁股的后面，看看到底牛屁能不能点燃？你还别说，经过多次实验还真成了。由于没掌握好距离，有一个屁呀，把牛屁股给燎了。回过头来，电火花的疑团也解开了，电工的内衣含有纤维，身体活动多了就产生几千伏的静电，上梯子的时候他的腿对墙上的金属角钢放电，产生了电火花。我们现在正在采集一头牛每天放多少个屁，每个屁有多大容积的数据。减少温室气体排放，也要从动物开始抓起呀。扯远点了啊，这个夏天气温高，牛排气量大，牛舍增加了可燃气体浓度，就增加了火灾燃爆风险。做好防火工作，牛舍的排风要加大，把洒水改为喷水，增加喷水次数。小排量的猪也不能忽视。"

胡工的话引得大家一阵大笑："你可真有一套啊！"

"胡工，军委没找你呀？"

"找我干啥呀？"

"研究新型武器呀！"

"去，去，扯淡，你们不懂。"

厂长提出有机肥问题："废渣加工出来的有机肥料，合作社那边不太愿意使用，嫌麻烦，拉走那么多也不给结账啊。还有，现在咱们生产的都是固肥，液肥可都浪费了，我建议，液肥也生产出来，给咱们合作社用，以后固肥产量多了，可以外销。"

孟子丑很高兴，难得大家有这么高的专业水平，有这么高的敬业精神，有这么高的工作热情。

他总结道："大家都开动了脑筋，为企业的发展献计献策。把企业的事业当成自己家的事业，难能可贵呀，高水平、高境界、高热情，这'三高'是咱们企业的宝贵精神财富，是企业文化的重要组成部分，就得这样干。你们把这些意见尽快形成书面材料，我向董事长汇报，提交董事会研究决定。这个添加化工添加剂呀，啊，是催化剂，啊，这个问题，找专家好好研究一下，我的意见是，环保第一，不能对环境有任何污染，否则，我们的有机肥还有什么意义？它就不叫有机肥了，我们生产出来的有机粮食、蔬菜就大打折扣了。胡工，你的牛屁问题很有意思呀，防火工作就按你的意见办。这个屁呀，看着是个无形无色无用的废气，你的实验启发了我，我在想啊，我们是不是深挖资源，立体开发，变废为宝呢？你们考虑没考虑研究一下，这个能不能利用气体采集技术，个体采集，管道集输，并网利用？装上计量表，一个一个考核，对吃得多、长肉慢、产奶少，只放那些没味的屁的牛优先淘汰，不管它是什么品种。开采屁这一块的净利润嘛，我会建议董事会，全部留给你们几个场。这回好了，五千头的黄牛、两千头的奶牛，既能出肉，又能挤奶，还能收屁，全身上下里里外外都是宝啊。这要是养几万头、几十万头或者更多，这还了得了？这是一个新型移动油气田啊，把它液化了加在汽车里算不算新能源啊？这个喂养的饲料是不是需要调整了？豆饼和黄豆，哪个效果更好一些，是生着吃还是炒着吃，还是粉着吃、拌着吃？对产肉、产奶、产气，要有一个综合评估，要研究投入产出，不能一天喂二斤黄豆，长二两肉，连一个响屁也放不出来吧？增加维生素是好，选点好胡萝卜喂。采购可不能抽条，不能报账是胡萝卜，尽掺和些大萝卜和白菜帮子，放那些个水了吧唧的碎屁。那八百头猪,也别落在牛后边,虽然排量小,积少成多嘛,不能像牛一样采集,可以找找规律,培养它们按时上厕所的习惯,在一个密闭的空间里排水集气,可一定监测好屁的浓度,坚决不能出现火灾和爆闪事故。那两匹马就算了吧,几个马屁也解决不了什么问题。你们单独打一个报告,啊,什么题目好呢?啊,就写《关于畜牧场减少温室气体排放,对屁资源进行综合治理整合开发利用的报告》。"

胡工插话:"这个形成文字,书面上写'屁、屁'的也不文雅呀?用专业术语表述好些,比如动物排放'温室气体'或者动物排泄的副产品甲烷和二氧化碳可燃气体?"

"内部的事,不用那么多的遮羞布了。"孟子丑最后说:"我最后再强调一下,我们必须要有大安全观,不只是防火、防盗、防疫问题,饲料安全等问题,都必须引起重视,任何环节都不能忽视。咱们这也是高危产业,养殖场对沼气有机肥厂而言就相当于上线,千万不能崩盘,否则的话,下线可就真的连个屁都捞不到了,风险意识这根弦,一刻也不能松啊。"

孟子丑利用小型循环经济模式,实现着万头牛、千头猪的目标。他坐在办公室里,翻看畜牧场和沼气有机肥厂送过来的报表,他发现黄豆的消耗量明显比前几个季度增加,消耗与产出明显不成正比。

他找来了场(厂)长们询问:"你们看看这几张表,不合牙呀?"场(厂)长们被问得满头大汗,递不上报单。

孟子丑直截了当地批评:"你们这是数据造假知道吗?总表和分表的误差明显超出了计量器具允许的±3%的误差嘛,你这个误差都达到18%了。说白了,这就是在同一条利益链上,受利益的驱使,你们合起伙来不择手段地造假。再这样下去,我可要报告董事长了。"

"孟总,给我们一个改正的机会。"

"把报表的GDP部分调整一下,下不为例!"

"葡萄沟"采摘园别具特色,这里成了名副其实的"花果山"。既

老吾老悠悠长生草
Laowulao Youyou Changshengcao

可观赏又可采摘食用的蔬菜水果,吸引了八方游客。

七月的樱桃、八月的山杏、九月的李子、十月的红果、反季的葡萄都在大棚中落户。

城里人的"责任田"各具特色,种着自己喜欢的植物蔬果,每到周末节假日,这里携家带口就会出现许多劳动休闲大军。

葡萄架上方分层安装的光伏发电板,给葡萄园增加了几分神秘感,似乎在告诉人们,这里在接收来自远古宇宙的神秘信号。

还没走进"温泉小镇",远山坡的花谷奇观便映入眼帘。从上到下依次弧形种植的串红、步步登高、黄花菜、绿萝、竹芋、水兰花、薰衣草七色花卉,恰似彩虹从道路的两侧东山到西山升起。

山门两侧,高矮不一的向日葵频频点头,笑迎八方来客。大片的红高粱节节拔高,宛如前赴后继、路见不平的梁山好汉。

观赏园的芍药、牡丹、芙蓉、郁金香给温泉小镇又添新宠儿,吸引着一批又一批的游客前来观赏。

带着面纱的村民加工着蜂蜜。夏秋观赏,秋季采药,村民们扎起头饰,收获中药材,送到加工厂去深加工,提取精油销往海外。

网上咨询购买花苗的人越来越多。人气的增长,又让大家看到了商机,培育花卉的大棚如雨后春笋,自发形成了花卉养殖批发集散大市场。

"叶婶!把你的POS机给我用一下,我走了两车货。"村民蓉姐忙得不可开交。

"自己拿去,没看我这儿正忙着吗?"叶婶头都没抬地回答着。

鱼塘边盖起两间茅草屋,很有巴厘岛风格。孟子丑夏季经常把父母接到这里小住,父母很享受这里的环境,母亲随身带着她那盆心爱的仙草——芦荟,父亲也没忘记他的山参和野麦冬。

技工师傅在小屋里给父亲调试酿造山葡萄酒的设备,他坐在一旁翻看研究在葡萄籽中提取长生不老的"原花青素"的资料。

群友们又有了新的根据地。中午,孟子丑躺在茅草屋大铺上,被一阵汽车喇叭声叫醒。

"哇!"付三生、黄梦溪、苗莉莉、鲁东胜、梁过、晓芳、慧玲,一起冲向大铺:"这是我的位置!"

"我先秒杀到的!"

孟子丑揉揉眼睛:"看看,都喜欢这个破炕,再搭两个屋子不就得了,男女分开,夫妻上一个间。这回要是藏一个人,你们就得'三顾茅庐'去找了。"

付三生颇有感触:"还别说,你这个老农民当的还真有模有样的,像那么回事,哎?现在怎么看你越来越像仙人了呢?说真的,以后还回城吗?"

"啥仙人啊?这里生态环境好,空气质量就好,工作顺心,身体倍儿棒,吃嘛嘛香啊,看我年轻了是不是?等我完成任务了,我就老死在这里,哪也不去了。"

苗莉莉难得一见地笑着说:"这要感谢三生哥和子丑哥你们啊,开辟了这么好的一个仙境,在这里生活,不长生不老才怪呢?总书记说得多好啊,绿水青山就是金山银山啊!"

黄梦溪赞叹:"只有仙境才能长仙草,出仙人啊。三生啊,你不是党员却带领我们向'人民对美好生活的向往,就是我们的奋斗目标'奋斗啊!你不愧为人大代表,为人民谋福祉。今天咱们就住这了,体验体验农耕生活。"

付三生有些不好意思了,一边摆手一边说着粤式普通话:"不要随便戴高帽子的了,这样子很不好意思的了。"

清晨,他们来到鸽子岭,观看孟子丑驯养的数百只鸽子。一遍一遍抛撒喂食,鸽子一拨拨绕小镇绕山冈,飞来飞去。

在一个斜坡草地上,他们用鸽子食撒绘出一个巨大的鸽子图案,吸引来几百只白鸽觅食。片刻食罢,一声哨响,只见一只巨大的和平鸽迎着初升的太阳徐徐向远方飞翔。

苗莉莉即兴唱起了:"鸽子啊,在蓝天中飞翔……"大家和着苗

老吾老悠悠长生草
Laowulao Youyou Changshengcao

莉莉的歌声，目送远去的鸽子。

人群走过来惊动了鹅群鸭群，追逐着人们嗅来嗅去。阳光照射下，孟子丑给每个人发个大草帽，一只柳编的小筐，大家一起在草棵里捡拾鹅蛋鸭蛋。

孟子丑不小心在草棵里踢破一个鸭蛋壳，他蹲下身来从破裂开的蛋壳里看到了孵化了的鸭子坯胎的脚。

孟子丑有些费解，喊来大家："快过来，政委，你给分析分析，这是怎么回事？我这里都是下蛋的母鸭呀，这个怎么怀胎了呢？"

黄梦溪用草棍扒拉过来，又扒拉过去："嘶……你的鸭群里有公鸭吗？"

"没有啊，我这三百只抓的都是母鸭呀。"

"你有孵化鸭雏的打算吗？"

"这怎么可能，养鸭子就是要收点野生鸭蛋，再就是没事的时候观赏观赏。"

"你这个鸭群里肯定有鸭妖隐藏在里边和母鸭偷情，导致意外怀孕，下的蛋隐藏在草棵里抱窝，等孵化出小鸭子，要么全家私奔，要么遗弃，一走了之。"

大家听了黄梦溪的分析，都忍不住暗自坏笑，但是也觉得有一定道理。

黄梦溪继续分析："这个事起码证明一点，你每天打扫战场有漏洞。这样啊，这几个鸭蛋你不要动了，你观察一下哪只鸭子来这里抱窝，再观察这只母鸭和哪只鸭子亲近，你就找到那只隐藏的公鸭了，顺藤摸瓜再看这只公鸭都和哪些个母鸭有染，这样你的鸭蛋收成就上来了。但是，我得提醒你一下，这只鸭子可是一只善于玩水不湿鞋的老色鸭啊。"

鲁东胜思索了半天，慢条斯理地说："这个现象起码还说明两点，从医学的角度看，这个鸭群是健康的，鸭蛋能抱出小鸭来，说明鸭子荷尔蒙分泌水平正常，生命力旺盛啊。公母搭配生活不累，你追我赶，身强体健。另外，更加说明这里生态环境优越，否则，你就是一配一的公母，不孕不育不也照样吗？你那些鸽子早就飞没影了。所以动物是人类生存的晴雨表，是人类的好朋友嘛，人和自然和动物必须和谐相处。"

孟子丑暗想："这还有点难办了呢，要急功近利就清除公鸭，要可持续发展，就得把公鸭留下来，不管做什么事都必须树立科学发展观啊。"

他竖起大拇指，佩服得五体投地："高人，高人啊！高！实在是高！这样啊，我找找看，把它送去体检，优胜劣汰。"

苗莉莉有些激动："这块净土，咱们一定誓死把它守住！"

孟子丑微微仰起头笑着说："净土一定会越来越多，国家正在加快小康社会建设和现代化强国建设，加快生态文明建设，推进绿色发展，实施健康中国战略，建设美丽中国，相信在不远的将来我们的祖国一定会天更蓝，水更清，山更绿。我们就撸起袖子、甩开膀子干吧！"

付三生收起嬉笑的表情："人这一生，就是一场戏，前半生几十年的忙忙碌碌，奔波拼搏，都是在体验生活，适应角色，为的是演好一场大戏。彩排过后的帷幕也许在某个清晨拉开，也许在某个黄昏拉开。"

"是啊，我们跟着付总演出的这场大戏，才刚刚拉开序幕，我们一定能够演好这场戏，对得起观众。"

折腾一大早晨了，大家有些累，坐在河边小憩，孟子丑打开音响，交响乐《蓝色多瑙河》的旋律，迎着晨光在小河上下回荡。听音乐成了他平时歇息的最好方式。

伴着音乐，水鸭子在水里翩翩起舞，展示水中芭蕾的美姿，时而"直腿剑鱼"，时而"火鹤屈膝"，时而"侧鱼尾劈叉"。

河边的白鹅静静地听着音乐，鹅头左右有节律地摆动，翅膀忽展忽收，鹅掌上下拍打着水面，不时发出"嘎嘎"的鸣叫。

孟子丑似乎进入梦境中，和大家坐在竹筏上畅游美丽的"多瑙

老吾老悠悠长生草
Laowulao Youyou Changshengcao

河"。蓝蓝的河水,从茂密的森林中静静地开始流淌,就像那黎明的曙光,拨开河面层层薄雾,唤醒了沉睡的大地;万物复苏,鲜花开放,紫罗兰散发着芳香;小蜜蜂嗡嗡地鸣叫,享受那金色的温暖阳光;露珠在绿色的草地上,就像矿中的金子,闪闪发光;春风吹动树梢,玫瑰花在微笑,鸟儿在树丛里高唱,海鸥围着游船撒欢;踏过崎岖,穿越峡谷;岸边的庄园林立,悠闲的人们在林荫里漫步;大片的草原,牛羊香甜地啃着绿草;赏尽维也纳、布达佩斯的美景,远眺阿尔卑斯山脉、喜马拉雅、唐古拉山,雪水在融化;轻舟穿越了银河遨游,慢慢漂向白浪拍岸的黄河,最后,驶入了蓝色的海洋……

仙山寻宝
(2014年冬拍摄于二龙山风景区)